위대한 평민을 기르는
덴마크 자유교육

표지 사진

졸업하는 아이들은 마지막 수업 날 빙 둘러서서 각각 가는 밧줄을 마주 잡아 만든 원을 만들고 그 중심부에 아이들이 차례대로 와서 앉는다. 교사들은 미리 이야기하여 아이들 각자에게 꼭 들어맞을 만한 말 세 가지를 고른다. 신호를 하면 모든 아이들과 교사들은 로프를 잡아당겨 원 중심부에 앉아 있는 졸업생을 들어올린다. 교장선생님이 "우리는 예 네를 '의지력'이라는 말로 배웅해요." 하고 외치면 줄을 잡고 있는 모든 사람들이 "의지력"이라고 외친다. 이런 식으로 예컨대 '유머가 많아요', '힘차요', '명랑해요' 같은 말을 아이들마다 세 가지씩 들려준다. 사진에서 보고 느낄 수 있듯이 이것은 학교를 떠나 이제 새로운 출발을 앞둔 학생들에게 매우 아름답고 힘찬 작별인사가 된다. 이 의식은 '친교'의 관계망으로 들어올려 '자유'의 나라로 내보내는 상징이다.

위대한 평민을 기르는
덴마크 자유교육

송순재 · 고병헌 · 카를 K. 에기디우스 편저

민들레

머리말

덴마크 자유교육을 만나다

    시민대학으로 유서 깊은 애스코우(Askov), 바로 이곳에서 덴마크 교육과 처음 인연이 시작되었다. 지금으로부터 십여 년 전, 그때까지만 해도 중부 유럽의 화려한 교육적 유산에 몰두하고 있었던 때에, 그곳 교사들과 나누던 대화를 통해서 맺게 된 애스코우와의 인연은 당시 유럽의 많은 교사들에게 동경의 대상이던 덴마크 자유교육과 만날 수 있는 길을 열어주었다.

    세월도 참 빠르게 지나 처음 덴마크 땅을 밟은 이래 두세 차례 교육기행단을 이끌고 그 나라를 찾았고, 그곳에서 인연을 맺은 덴마크 자유교원대학의 카를 크리스티안 에기디우스(Karl Kristian Ægidius) 교수를 비롯하여 여러 분들이 한국을 방문했다. 또 개인 자격으로 그곳에 단기간 머물며 교육을 받거나 체험할 수 있는 기회를 가진 분들도 생겨났다. 그 사이 우리나라에서는 여러 차례 강연회와 세미나가 열렸고 그 결과물들은 교육 잡지 『처음처럼』과 『민들레』에 게재되어 독자들의 잔잔한 감흥과 반향을 일으키기도 했다. 짧은 기간 동안 참으로 심도 있게 교류가 일어난 것이다. 이 책은 그런 맥락에서 연구한 성과물이나 탐방기, 혹은 그곳 교육기관에서 체류하거나 수학했던 분들의 보고서, 그리고 그곳에서 보내온 중요한 자료와 연구물들을 담고 있다.

　최근 북유럽, 특히 스웨덴이나 핀란드 교육이 우리 사회에서 주목을 받고 있는데, 사실 교육의 진정성이나 인간존중 혹은 한 나라의 풍토에 고유하게 뿌리박아 성장한 자유교육이자 민주적 시민교육이라는 점에서 덴마크 교육은 어쩌면 그 이상의 주목을 받을 만한 가치가 있다고 믿는다. 또한 자유교육과 민주교육 면에서 역사적으로 가장 오래되고 독창적이며 근세사에서 북유럽 인접 국가들은 물론 세계 여러 나라에 많은 영향을 끼쳤다는 점에서 덴마크 교육에 주목할 가치가 충분하다고 우리는 믿는다.

　덴마크 교육이 어떻게 지금의 모습과 힘을 갖출 수 있었는지를 이해하기 위해서는 자유교육과 시민대학의 사상적 원천인 그룬트비와 자유학교와 시민대학의 실제적 구현자인 콜의 교육사상과 만나야 한다. 지난 십수 년 이래 세계 여러 나라의 교육을 가공할 만한 기세로 압박하고 있는 기술만능적 경쟁교육 이데올로기의 위력이 광폭해질수록 그룬트비와 콜이 꽃피운 덴마크 자유교육의 의미는 우리에게 그만큼 참신하고, 또 그만큼 소중하다.

　우리는 피사(PISA, OECD 국제학생학업성취도평가) 결과가 우리가 추구해야 할 교육이 어떤 모습이어야 하는지 그 길을 찾는 데 큰 도움을 주고 있다고 보지 않는다. 피사가 특정한 학습 영역에 국한된 평가일 뿐만 아니라, 기계적인 읽기 능력이나 교과서 지식을 재생산하는 방식에서 질적으로 크게 벗어나지 못한 한계는 여전하다는 의구심을 지울 수 없기 때문이다. 독창적 사고 능력, 공동체적 혹은 민주적 태도, 예술이나 윤리·종교적 태도 등과 같은 본질적인 주제들을 배제한 채, 혹은 이론과 실천을 아우르는 몸 전체의 도야 같은 문제들을 간과한 채 인간 형성이나 인류의 미래에 대해 우리는 얼마나 정당하게 말할 수 있을까? 요컨대 삶 전체를 일구는 교육 말이다.

　덴마크의 자유교육은 일견 공교육의 한계를 넘어서기 위한 시도로 대안교육적 맥락에서 독해할 수 있는 것이지만, 내용을 찬찬히 들여다보면 이는 실상 최근 우리 사회에서 화두로 떠오른 '혁신학교' 상(像)을 그려내는 데 기여할 수 있는 부분도 적지 않다는 점에서 매우 시사적이다. 이 대목에서 우리 근대교육사에서 인간형성이라는 참된 길을 위해 이례적 몸짓을 보여온 풀무농업고등기술학교에 대해 언급하지 않을 수 없다. 자유교육의 면면이 바로 이 학교에서 이미 오래 전부터 선구적, 토착적으로 연구・실천되었기 때문이다. 우리의 주제는 그러한 배경에서 좀더 생기를 띨 수 있을 것이다.

   이 책 1부는 덴마크의 교육제도 전반과 자유교육을 개략적으로 소개하기 위한 이론적 부분으로, 덴마크 자유교육의 풍속도를 그린 편저자의 글과 덴마크 자유학교협회에서 발간한 소책자에 실린 글의 일부, 카를 크리스티안 에기디우스 교수의 글 두 편이 실렸다. 2부는 다양한 현장을 둘러본 탐방기와 보고서들로 구성되어 있는데, 국내외 여러 저자들의 글 여섯 편을 실었다. 주제에 좀더 쉽게 다가가기 위해 어쩌면 2부를 먼저 읽고 1부를 읽는 것도 방법일 수 있겠다. 함께 기고해주신 분들께 진심으로 감사의 말씀을 드린다.
   이번 개정판 부록에는 지난해 말 내한하여 덴마크 자유교육의 가장 최근 면모를 자국의 공교육 및 다른 나라의 교육과 비교하여 보여준 올레 피더슨(Ole Pedersen, 자유교원대학 학장)과 예네 옌슨(Jane Jensen, 바게래네드 자유학교 교장) 두 선생님의 발제물을 추후 수정 원고로 받아 주요 부분을 발췌, 수록하였다. 또 '좋은교사운동'의 정병오, 김진우 두 선생님이 2011년 1월 중순 핀란드와 덴마크 교육 현장을 탐방하고 돌아와 나눈 대담이 추가되었다. 이 글에서는 북유럽 여러 나라들의 특징과 문제점이 균형감 있게 다루어지고 있는 동시에, 이들 나라의 교육적 정황들 사이에서 우리나라 교육의 현실과 새로운 방향이 의미 있게 검토되고 있다. 그러한 시각들은 향후 여러 각도에서 비판적으로 발전시켜 볼 필요가 있을 것이다. 탐방 자료집에 있는 글을 게재하도록 허락해주신 대담자들께 지면을 빌어 심심한 감사의 뜻을 전한다.

이 책과 함께 그룬트비의 글 몇 편을 묶어 해설을 단 우리말 단행본이 머지않아 출간될 예정이며, 콜이 남긴 단 하나의 저작 『Thoughts on the Primary School』과 그의 사상 및 실천을 해석한 몇 편의 글을 함께 엮은 책이 최근 『Freedom in Thought and Action. Kold's Ideas on Teaching Children』이라는 영역본으로 간행되었는데, 조만간 이 책도 번역 출간될 예정이다. 또 덴마크의 자유교육은 '시민대학' 문제와 긴밀히 연관되어 있어, 향후 연구를 시민대학 방향에서 심화시킬 필요가 있다. 이 주제는 여러 연구자들에 의해 여러 방식으로 다룰 수 있겠으나, 머지않아 이 책과 관련되어 수행된 연구 결과도 볼 수 있기를 기대한다. 모두 진작 나왔어야 하는 것들인데, 지난해 대안교육연대 주최로 열린 덴마크 자유교육 국제심포지엄(공교육 안팎을 아우르는 배움의 권리 보장: 덴마크 자유의 역사를 통해서 배운다, 2010. 11. 12~15)을 계기로 시리즈로 기획하게 되었다.

이 주제에 깊은 관심을 갖고 함께 일해온 민들레 편집진 여러분들의 도움이 없었다면 이 작업과 계획은 빛을 보기 어려웠을 것이다. 글을 선정하고 구조를 함께 짜고 세세히 교정을 보는 데 쏟아 부은 안목과 정성에 감사를 드린다. 초판에서 덴마크어 발음이나 통계치 등 부정확한 부분들은 본 개정판을 내면서 가능한 한 바로잡고자 했음을 밝혀둔다.

그간의 연구나 이 책의 발간은 처음 인연을 맺은 에기디우스 교수의 수고로운 도움과 동역 없이는 불가능했을 것이다. 이 책의 공동 편저자로 '한국의 독자들에게 드리는 인사말'을 본 서문에 이어 게재한다. 모쪼록 이러한 문화적 대화로 우리의 교육적 안목과 지평이 한층 풍부해지고 넓어지기를, 좀더 긴 호흡으로 우리의 교육을 구상하고 담금질해갈 수 있기를 바라 마지않는다.

2011년 2월 28일
엮은이 송순재·고병헌

한국의 독자들에게 드리는 인사말

덴마크는 '국가'(입법, 사법, 행정 영역을 포괄하는 정치적 단위)와 '시민사회'(사회가 제 기능을 하는 데 중요한 과제를 수행하는 제도와 조직, 사적 영역의 사업 등을 포괄하는 단위) 사이의 평화로운 공존이라는 시각에서 150년이 넘는 전통과 경험을 쌓아왔습니다. 덴마크에서는 자유학교나 대안학교, 사립학교 제도에 대한 국가의 재정 지원을 법적으로 보장하는 한편, 사립학교 학부모들은 세금 납부를 통해 공립학교제도 운영에 기여하고 있는데, 이는 바로 이러한 전통에서 가능할 수 있는 것입니다. 이 두 제도는 서로 경쟁하는 관계지만, 서로 생산적 영향을 주고받고, 교육학적 사상과 진보라는 문제를 두고 상호 의견과 경험을 교환하고 있습니다. 흥미로운 사실은 이 두 제도 모두 모든 교육제도에 공통적인 두 가지 핵심 과제에 대해 인식을 공유하고 있다는 점입니다. 그 하나는 '개개인의 인격적 발달에 기여하는 것'이며, 또 다른 하나는 '개개인의 실질적 복지를 위해 실제적이며 유용한 지식과 도구들을 제공하는 것'입니다.

지난 십여 년 동안 저는 한국을 여러 차례 방문했으며 교육적 물음을 위한 여러 대화와 회의에 참가했습니다. 저는 기쁘게도 이 여행을 통해서 학교와 교육을 발전시키기 위해 한국의 선생님들이 기울이는 노력과 열정은 물론, 또한 다른 나라의 교육적 환경, 새로운 사상과 방법, 교육의 구조 등을 이해하기 위한 한국 교육자들의 관심과 개방적 자세도 경험할 수 있었습니다. 또한 덴마크의 학교와 교육을 연구하기 위해 덴마크를 방문하신 한국의 여러 선생님들과 교육 관계자들께서 보여주신 뜨거운 지향성도 제게는 큰 경험이 되었습니다.

이번에 출간되는『위대한 평민을 기르는 덴마크 자유교육』과 제가 이 책에 기고한 두 편의 글을 통해서, 한국의 선생님들과 교육 관련 공무원들이 덴마크의 교육 환경을 좀더 깊이 이해하고 실천하시는 데 어떤 영감을 얻을 수 있다면 저로서는 매우 기쁘겠습니다. 제 글은 덴마크의 대안적 교육제도에 관한 것이지만, 공적 교육제도의 성격과 문제도 다루고자 했으며, 같은 맥락에서 대안적 사립학교제도에 대해서도 간간히 언급했음을 밝혀둡니다.

뢴델세에서 2011년 2월 20일
카를 크리스티안 에기디우스(Karl Kristian Ægidius)
덴마크 자유학교협회 국제위원회 위원

차례

머리말
　덴마크 자유교육을 만나다 ······················· 4
　한국의 독자들에게 드리는 인사말 ················· 8

1부_덴마크 자유교육의 역사와 현황

덴마크의 자유교육 ································· 17
　1. 간추려 본 자유학교의 역사와 유형 ··············· 19
　2. 자유교육운동에서 그룬트비와 콜의 역할 ·········· 23
　　　1) 니콜라이 그룬트비　2) 크리스튼 콜　3) 그룬트비와 콜의 관계
　　　4) 덴마크 자유교육운동의 사상적 배경
　3. 자유학교의 전개 양상과 주요 특징 ················ 46
　　　1) 자유학교의 설립과 이후 자유교육의 전개 양상　2) 초창기 자유학교의 특징_
　　　역사적, 교육학적 견지에서　3) 자유학교의 전개 양상. 교육 단계와 유형별 특징

자유학교의 운영 원리와 실제 ························ 66
　1. 간추려 본 덴마크의 학부모운동 ··················· 67
　　　1) 자유학교의 원리
　2. 부모의 권리 ··································· 70
　3. 소수자의 권리 ·································· 73
　4. 자유학교에서의 자유 ··························· 74
　　　1) 이념적 자유　2) 교육적 자유　3) 재정적 자유
　　　4) 교사 임용의 자유　5) 학생 선발의 자유
　5. 그룬트비와 콜의 이념에 따른 자유학교들 ·········· 79

    1) 학부모가 운영한다　2) 노래와 이야기를 강조한다　3) 종교적 전통이 살아 있다
  6. 다른 종류의 사립학교 ……………………………………………… 81
  7. 네 학교 이야기 ……………………………………………………… 82
    1) 구덴오댈렌스 자유학교　2) 오덴세 자유학교　3) 쇠어비움 자유학교
    4) 스테운스 자유학교

덴마크 공교육과 자유교육의 법제화 과정과 쟁점 ……………… 94
  1. 1950년대 이전 ……………………………………………………… 94
  2. 1950~2000년 사이 덴마크 사회의 발전 양상 ……………………… 95
  3. 공립기초학교, 폴케스콜레 제도의 발전사 및 현황 ……………… 96
    1) 1937년 학교법　2) 1958년 학교법　3) 블루 가이드　4) 1975년 학교법
    5) 새로운 문제와 논쟁　6) 1993년 학교법　7) 2002년 11월 협약
  4. 자유학교가 덴마크 교육제도 전체에서 차지하는 위상 ………… 105
    1) 운동의 전개 양상　2) 일반 학교 유형에서 자유학교가 갖는 의미와 위치
  5. 덴마크의 김나지움 - 공립중등교육 II 단계 ……………………… 108

덴마크의 공식 교육과 비공식 교육 ……………………………… 110
  1. 초등교육과 중등교육 I 단계 ……………………………………… 111
    1) 공립기초학교, 폴케스콜레　2) 사립학교와 자유학교　3) 자유중등학교
  2. 중등교육 II 단계_청소년교육 ……………………………………… 127
    1) 중등교육 II 단계의 네 가지 교육과정　2) 중등교육 II 단계의 내용과 조직
  3. 고등교육_대학 ……………………………………………………… 136
    1) 고등교육기관의 유형　2) 덴마크 대학입학제도
    3) 성인들의 여가를 위한 교육과 개방교육제도
  4. 공식 교육과 비공식 교육의 경계 ………………………………… 151

2부_덴마크 교육 현장을 둘러보다

시민사회에 뿌리내린 자유교육 · 159
1. 덴마크 교육제도와 그 배경 · 160
   1) 민중운동의 역사 속에서 태어난 교육   2) 헌법이 보장하는 부모의 권리
   3) 삶을 위한 학교
2. 자유교육의 다양성을 키우는 다원적 네트워크 · 163
   1) 다양한 자유학교들   2) 자유학교를 연결하는 네트워크
   3) 부모 참여와 자유로운 학교 만들기
3. 자유를 살리는 제도 · 169
   1) 보조금   2) 자유학교의 교육평가 및 경영에 대한 감사   3) 이사회와 교장
   4) 교육부와 자유학교의 관계   5) 유연한 조직운동체
4. 앞으로의 과제 · 176
   1) 자유는 어디까지 허용될까   2) 최근의 사회변화
5. 끝내면서 : 소수파라는 것의 의미 · 178

삶을 위한 교육 · 182
1. 북(北) 륀델세 자유학교 · 183
2. 퓐 학습자료지원센터 · 188
3. 베스터댈 자유중등학교 · 191
4. 자유교원대학 · 194
5. 감회 · 196

위대한 평민을 기르는 덴마크 교육 기행 ·········· 200
1. 덴마크 공립학교의 현황 ·········· 202
1) 칼 닐슨 스콜렌 2) 베스푄스 김나지움
2. 자유학교의 이모저모 ·········· 210
1) 뢴델세 자유학교 2) 그람스비어 프리 오 에프터스콜레 3) 올러롭 음악학교
4) 뤼스링에 시민대학 5) 자유교원대학 6) 체육시민대학

시민대학과 교사공동체 ·········· 235
1. 영국의 대안대학 ·········· 235
2. 덴마크의 시민대학 ·········· 239
3. 대안을 꿈꾸는 세계 교사들의 연대, 교사공동체 ·········· 241
1) 여행시민대학과 대안사범대학 2) 교사공동체에서 본 교사라는 존재

학교 같지 않은 학교, 니 릴레스콜레 ·········· 248
1. 학교 같지 않은 학교 ·········· 248
2. 학교 풍경 ·········· 252
3. 아이들은 학교에서 무엇을 하나 ·········· 254
4. 이 학교가 잘되는 이유 ·········· 258

부록
1. 덴마크 자유학교의 기본 교육철학 아홉 가지 ·········· 265
2. 덴마크 자유학교 관련 법 ·········· 269
3. 핀란드, 덴마크 교육에서 무엇을 배울 것인가 ·········· 276

용어 정리

덴마크 자유학교들의 명칭을 다음과 같이 우리말로 옮겼음을 밝힙니다.

공립기초학교_폴케스콜레 Folkeskole
덴마크어 그대로는 '국민학교'이다. 우리나라의 초등학교와 고등학교 1학년까지를 포괄하므로 국민학교나 초등학교로 옮기기에는 적절치 않아 '공립기초학교'라고 옮겼다.

자유학교_프리스콜레 Friskole
프리스콜레는 1~9/10학년 어린이와 청소년을 위한 공립기초학교에 대응하는 자유학교로 폴케스콜레와 마찬가지로 초등교육뿐만 아니라 중등교육도 포괄하므로 문자 그대로 '자유학교'로 옮겼다.

작은학교_릴레스콜레 Lilleskole
1960년대 미국과 유럽에서 일어났던 반문화운동 내지 개혁교육운동의 흐름을 타고 설립된 자유학교. '작은 학교'라는 뜻으로 보수적인 공립학교에 대한 좌파 성향의 대안학교이다.

자유중등학교_에프터스콜레 Efterskole
영어로는 afterschool 또는 continuation school로 번역되는 에프터스콜레는 우리나라의 중학교 2학년에서 고등학교 1학년 단계의 청소년을 대상으로 하는 기숙형 자유학교이다. 폴케스콜레나 프리스콜레를 졸업하거나 졸업하기 직전인 8~10학년 학생들이 선택해서 갈 수 있는데, 대개 1년 과정이지만 1년 정도 더 다닐 수도 있다. 적절한 번역어를 찾기 어려워 '자유중등학교'라 옮겼다.

시민대학_폴케회어스콜레 Folkehøjskole
민주사회 시민 양성을 목표로 하는 단기 기숙학교로, 고등학교를 졸업한 학생이나 성인이 선택할 수 있는 4개월~1년 과정이 있다. 이를 모태로 오늘날 다양하게 발전되어 운영되고 있는 평생교육기관과의 역사적 연관성을 고려해 '시민대학'이라고 옮겼다.

자유교원대학_프리에 래러스콜레 Den Frie Lærerskole
자유학교 교사를 양성하기 위한 대학으로 올러룹(Ollerup)에 한 군데 있다. 하지만 반드시 이 대학을 나와야만 자유학교 교사가 될 수 있는 것은 아니다.

1부
덴마크 자유교육의 역사와 현황

74개 덴마크 시민대학(Folkehøjskoler)

덴마크의 자유교육
_자유학교, 자유중등학교, 시민대학을 중심으로

다양한 자유교육을 위한 서구의 시도들은 오늘날 새로운 교육 패러다임을 모색하는 데 끊임없는 상상력의 원천이 되고 있다. 기존의 공교육에 대한 비판적 극복과 대안 제시라는 점에서, 또 한편으로는 공교육과 연계된 구조 속에서 교육 전반에 걸쳐 새로운 지평을 열어보일 수 있다는 점에서 그러하다. 자유교육은 처음 생겨난 이래부터 공교육에 대한 반명제로 인식되어 왔으나, 최근에 들어서는 이들 사이에 생산적인 대화와 협력 관계를 찾아볼 수 있다. 이를테면 프랑스의 '프레네 교육'은 공교육 안에서의 대안 모색이라는 이례적 시각을 통해서 유럽은 물론 아시아 여러 나라에서도 매우 신선한 자극이 되고 있다.

덴마크의 자유교육 역시 그 탁월한 사례 가운데 하나로, 해방 후 1970년대까지 간헐적으로 소개되어 왔으나 하나의 연구 주제로는 지금까지 여전히 미진하게 다루어져 왔기 때문에 이 글에서 일단 그 대강을 살펴본다. 어떤 풍속도를 그려보는 정도라고나 할까. 개괄적 이해라는 점에서 신뢰할 만한 2차 문

송순재 이 글은 "덴마크 자유교육"『신학과 세계』69(2010 겨울) 356-410을 수정 보완한 것이다.

헌들을 읽기자료의 전거로 삼았으며, 이 주요 연구물들을 본 글의 취지에 맞게 간추려 엮으면서 논평을 곁들였다. 먼저 자유학교의 역사와 유형을 살핀 후, 그 기반이자 배경이라 할 수 있는 니콜라이 그룬트비와 크리스튼 콜의 사상과 활동의 주요 면모와 특징, 상호 공통점과 차이점을 알아본다. 다만 그룬트비에 대한 소개는 그 인물됨과 사상의 심대한 폭 때문에 별도의 자리로 돌리고 여기서는 간략히 다루었다. 이어서 초창기 자유학교를 기점으로 오늘날까지 전개된 다양한 자유학교들의 전개 양상과 주요 특징들을 살핀 후, 끝으로 덴마크 자유교육의 역사적 의미와 한국 상황에 시사적인 점들에 대해 간략히 생각해보았다.[1]

---

1) 기본 논지를 위해 주로 참고한 문헌은 다음과 같다.
자유학교 풍속도에 관해서는 보덴슈타인(Eckhard Bodenstein)의 "덴마크 연구" ("Länderstudie Dänemark", in: *Reformpädagogik und Schulreform in Europa*, Bd. II, hrsg. von M. Seyfarth-Stubenrauch, Hohengehren 1996, 437-442)와 덴마크 자유교육협회(Dansk Friskoleforening)가 편집·간행한 『덴마크 프리스콜레, 그룬트바-콜 식의 학교 전통*(Die dänische friskole - ein Teil der Grundtvig-koldschen Schultradition)*』 (1995, V.5)을 뼈대로 삼았으며, 대표적인 두 사상가 중 그룬트비의 생애와 작품 활동에 대해서는 닐스 뤼네 옌슨(Niels Lyhne Jensen)이 편집한 그룬트비 선집(*A Grundtvig Anthology. Selections from the Writings of N.F.S.Grundtvig*, Cambridge: James & Co., 15-30)을 토대로 하고 아울러 다음 자료를 참조했다. Arthur Macdonald Allchin. *N.F.S. Grundtvig. An Introdution to his Life and Work*, Aarhus Uni.Press, 1998; Royal Danish Embassy. "N.F.S.Grundtvig". www.denmark.org/grundt.html. 콜에 대해서는 쿨리히(Jindra Kulich)의 "덴마크 시민대학의 기초자 크리스튼 콜"("Christen Kold: Gründer der Dänischen Volkshochschule. Mythen und Realität", in: *Die Österreichische Volkshochschule* 186/Dezember 1997: 7-15)를 주로 하고 베르커(Peter Berker)의 『크리스튼 콜의 시민대학. 19세기 덴마크 성인교육 연구*(Christen Kolds Volkshochschule. Eine Studie zur Erwachsenenbildung im Dänemark des 19.Jahrhunderts)*』 (Münster 1984)를 아울러 참조했다. 최근의 상황을 반영하기 위해 덴마크자유교육협회(Dansk Friskoleforening)의 인터넷 자료(www.friskoler./dk) 및 덴마크 자유교원대학 인터넷 자료(www.dfl-ollerup.dk) 중 자유교원대학 교사양성과정에 관한 소개 글("Die freie Lehrerschule"), 그리고 덴마크 자유학교협회 국제위원회 위원이자 교사요 역사가인 비어테 훼네 룬(Birte Fahnoe Lund)이 2008년 유럽자유교육협회(European Forum for Freedom in Education, www.effe-eu.org)에 기고한 덴마크 자유교육 관련 보고문과 덴마크 자유교원대학 학장이자 자유교육협회 자문위원인 올레 피더슨(Ole Pedersen)의 글

1. 간추려 본 자유학교의 역사와 유형

19세기 세계교육사와 자유교육사 지형도에서 덴마크는 이례적이며 매우 인상적이다. 첫째는 아주 이른 시기인 1814년에 최초로 학령기 아동(7~14세)을 대상으로 7년간의 의무교육제도가 국가 차원에서 도입되었다는 점이다. 당시 전국적으로 모든 아동을 위한 학교가 세워졌으며 잘 정비된 교사양성제도가 마련되었다. 주목할 만한 것은 의무교육이 여자아이에게도 마찬가지로 적용되었다는 점이다.[2]

둘째로, 이 국가적 제도와는 별도로 혹은 상반된 견지에서 19세기 중엽 자유학교(friskole, 프리스콜레)[3]가 태동하기 시작했다는 것이다.(19세기 중엽은 자유로운 정신이 여기저기서 태동하는 시기여서, 의무교육제도에 제한을 가할 수 있었다. 이를테면 1855년 학교법에서는 만일 부모가 아이를 공립학교[4]에 보낼 의사가 없을 경우 관계 부처에 합리적 근거를 제시하고 의무교육을 면제받을 수 있었다.) 프리스콜레는 이 시기 절대왕정 치하의 덴마크 사회를 근본적으로 뒤바꾸어 놓은 시민사회의 풀뿌리운동과 함께 시작되었다. 당시의 국가 공교육체제에 명백하게 반대하는 목소리를 반영하는 것이었다.

"Education in Denmark"(대안교육연대 주최 덴마크 자유교육 국제심포지엄 자료집 "공교육 안팎을 아우르는 배움의 권리. 덴마크 자유교육의 역사를 통해 배운다" [2010.11.12 13], 11 23)에 의기히여 앞시 인급한 사료들 중 지난 몇 년간 변동이 있는 부분들을 수정 보완했다.

2) Karl K. Ægidius, "덴마크의 학교풍속도", 송순재 역, 『처음처럼』 35 (2003.1/2): 82~83.
3) 프리스콜레(friskole)는 1~9/10학년 어린이와 청소년을 위한 공립기초학교인 폴케스콜레(folkeskole)에 대응하는 자유학교로 우리나라의 초등학교와 중학교 3학년 내지 고등학교 1학년에 해당한다. 기초교육을 담당한다는 점에서 우리나라의 초등학교로 옮길 수도 있겠지만 중등교육도 포괄한다는 섬에서 오해의 소지가 있어 문자 그대로 '자유학교'로 옮겼다.
4) 덴마크의 공립학교는 지자체를 단위로 조직되어 있다. 공립학교와 개개 학과의 공통목표를 정하는 것은 중앙정부지만, 이 목표에 어떻게 도달할 것인지는 지방정부가 정한다. 하지만 중앙정부는 몇몇 교과에 대해서는 의무적으로 시험을 부과한다.

19세기 초, 덴마크 정부는 유럽을 풍미하던 계몽주의 사상의 영향 아래 1814년 최초 학령기 아동을 대상으로 7년간의 의무교육제를 도입했지만 새로운 정신으로 각성한 농민층으로부터 점차 강한 반대에 부딪쳤다. 의무교육제도가 가정 공동체에 무분별하게 개입하고, 아이에 대한 부모의 권리를 대폭 제한한다고 여겼기 때문이다. 농민들은 학교교육을 받는다 해도 사회적 상승 기회를 갖기가 거의 불가능했고, 국가는 위법 행위에 벌금형이나 체형을 가했다. 이러한 상황은 결국 학교교육에 대한 새로운 접근 방식을 낳았다. 그리하여 교육에 대한 국가의 독점을 거절하고 학부모와 교사가 힘을 합쳐 정치적으로나 교육적으로 자유로운 형태로 설립·운영하는 독자적 교육기관인 자유학교, 프리스콜레를 탄생시킨 것이다.

이러한 시도는 명백히 오늘날 대안학교의 선구적 형태라 할 수 있다. 현재 자유학교는 1~9/10학년 아이들을 위한 통합적 종합학교 형태로 운영되며, 2010년 기준으로 260여 개교에 학생 수 32,000여 명에 이를 정도로 성장했다.[5]

셋째는 자유학교와 같은 정신적 토양과 맥락에서 자유중등학교(efterskole, 에프터스콜레)[6]와 시민대학(folkehøjskole, 폴케회어스콜레)라는 두 유형의 학교가 탄생한 점이다.

자유중등학교란 시민대학으로부터 유래한 학교다. 시민대학은 성인교육기관으로, 본래 18세기 중엽 민주적 정치체제를 향해 새로운 변화를 맞이한 덴마크 사회를 배경으로 태어났다. 특히 농촌 청소년과 농민이 사회, 경제, 정치, 문화 영역에서 부르주아 문화에 맞서 '자유롭고 참여적인 시민'으로 자랄 수 있게 하려는 목적에서였다.[7] 처음에는 농촌 청소년을 위한 '농민고등학교' 형

---

5) www.friskoler/dk
6) 에프터스콜레(efterskole)는 우리나라의 중학교 2학년에서 고등학교 1/2학년 단계 청소년을 대상으로 하는 학교로 적절한 번역어를 찾기 어려워 '자유중등학교'라 옮겼다.
7) 폴케회어스콜레(folkehøjskole)은 처음 주로 농민대학 형태로 출발했다는 점에서 '농민대학'이라 번역할 수 있으나, 근본적으로는 왕과 귀족 및 사제 계층과 구별된 국민 전체

태로 출발했다가 차츰 청소년 교육을 위한 자유중등학교와, 다른 경로의 성인 교육을 위한 시민대학으로 분화되었다.

오늘날 자유중등학교는 보통 14~18세 연령층의 8~10학년 청소년을 위한 자유중등학교(우리나라의 중학교 2학년에서 고등학교 1학년 정도에 해당)로서, 공교육제도에 병렬하는 구조로 설치되어 있다. 음악, 체육, 수공예, 자연 및 생태 등 특별한 영역에 재능 있는 학생들이나 혹은 학교생활에 싫증을 내거나 공부하는 데 어려움을 겪는 아이들이 1~2년간 자유롭게 공부할 수 있도록 한 학교다.[8] 한편 시민대학은 주로 18세 이상 청년과 성인을 대상으로 하는 평생교육기관으로, 오늘날 덴마크에서 볼 수 있는 높은 수준의 정치 문화적 민주주의는 이 대학의 역사적 기여 덕분이라고 종종 평가된다. 오늘날 자유학교의 발전은 이 시민대학을 모태로 한다는 점이 중요하다.

넷째는 이상과 같은 시도들이 다양한 유형으로 또 상당한 규모로 이루어졌을 뿐 아니라, 또한 오늘날까지 맥이 끊어지지 않고 계속 성장해 왔다는 점이다. 그 역사적 근원은 지금으로부터 160여 년 전에 시작된 민중운동으로까지 거슬러 올라가는데, 이는 세계사적으로도 보기 힘든 사례다.

다섯째는 앞서 세 유형의 학교를 배경으로 20세기 중엽 이후 또 다른 세계관이나 사회문화적 근거 아래 다음과 같이 다양한 자유학교들이 생겨났다는 점이다.[9]

- 작은학교(lilleskole, 릴레스콜레): 1960년대 미국과 유럽에서 일어났던 문화운동 내지 개혁교육운동 흐름을 타고 설립된 자유학교다. 릴레(lille)란 '작

의 교육을 목적으로 했다는 점에서 '국민대학', '민중대학', '평민대학' 같은 용어로 번역할 수 있겠다. 하지만 무엇보다도 민주화된 사회에서 살아가기 위한 시민의 양성을 의도했다는 점에서 그리고 이를 모태로 오늘날 다양하게 발진되어 운영되고 있는 평생교육기관과의 역사적 연관성을 고려하여 '시민대학'이라는 번역어를 쓰기로 한다.

8) Efterskolernes Sekretariat (ed.), *Meet the Danish Efterskole*, Copenhagen 2000, 4-5, 14-15.
9) Eckhard Bodenstein(Hrsg.), "Länderstudie Dänemark", in: *Reformpädagogik und Schulreform in Europa*, Bd.. Ⅱ, 1996, 438-439.

은'이란 뜻으로, 보수적인 공립학교에 대한 사회주의적 대안학교 성격을 띠고 있다. 2010년 현재 52개 학교, 7,400여 학생이 있고, 이들이 모여 결성한 릴레스콜레협회가 있다.

- 자유실업학교(realskole): 19세기 후반에 자유학교와 같은 방식으로 설립되었다. 이념이나 교육학 때문이 아니라, 농촌이나 도시에서 지적으로 재능 있는 아이들에게 공립학교보다 좀더 나은 교육을 제공하기 위한 목적에서 설립되었다. 학생 수는 대부분 200~1,000명 정도로 현재 116개에 이른다. 이들 학교들로 결성된 덴마크실업학교협회가 있다.
- 1970년대에 들어 경건주의적이며 성서에 충실한 근본주의 개신교 종립학교가 세워졌으며 29개의 학교가 모여 기독교자유학교협회를 결성했다. 2010년 현재 37개교에 6,000여 명의 학생이 있다. 아울러 16개 정도의 가톨릭 사립학교로 구성된 가톨릭스콜레협회가 있다. 다원주의적이고 세속화된 공립학교에 대한 대안이라 할 수 있다.
- 독일계 소수민을 위한 16개의 학교가 있으며, 20개 정도의 발도르프학교(Rudolf-Steinerskole)도 있다. 그 외 유대인과 프랑스인 및 영어권과 이슬람권 사람들을 위한 사립학교들이 있다.
- 기초교육 단계에서 다양한 자유학교들이 공교육에서 차지하는 비율은 2010년 기준 13.5%(총 2,100개 학교 69만 명 학생 중 500여 개 학교의 약 9만7천 명)이며 이중 전통적인 그룬트비콜 식의 자유학교는 260개로 학생 수는 3만2천여 명이다.(www.friskoler/dk)
- 이들 초중등교육 단계의 학교들과는 별도로 자유학교 교사를 양성하기 위한 자유교원대학(Den frie Laererskole)이 올러룹(Ollerup)에 한 곳 있다.(이 대학을 나와야만 자유학교 교사가 될 수 있는 것은 아니다. 자유학교 현장에서는 다양한 교육적 배경을 가진 교사들이 어우러져 일하고 있다. 2008년 당시 자유학교 교사들의 학력 분포를 보면, 국립사범계 졸업자 53%, 자유교원대학 졸업자 7%, 일반대학 졸업자 10%, 다른 대학교육을 받은 이들이 9%, 교원양성과정 졸업자 12%, 그 외 다른 경로의 수업을 쌓은 이들이 12%를 차지하고 있다.)[10]

이렇게 볼 때 덴마크는 학교의 변화를 모색하려는 거대한 실험실처럼 보인다. 이 학교들 가운데 자유학교(friskole)와 자유중등학교(efterskole), 시민대학(folkehojskole)은 오늘날 덴마크 자유교육의 역사적 기원과 전개 상황을 특징적으로 보여주는 대표적 사례들이자 세계적으로도 널리 알려진, 가장 영향력 있는 자유학교들이라 할 수 있다.

덴마크의 모든 중요한 학교법(구조, 재정, 교사양성 등)은 정치적 합의 위에 기초한다. 따라서 자유학교와 공립학교는 동일한 국가 조직과 학교법의 테두리 안에 놓여 있다.[11] 덴마크 교육 지형도가 보여주는 이 특이한 현상은 역사적으로 니콜라이 그룬트비와 크리스튼 콜이라는 두 사상가로부터 유래한다. 따라서 두 인물의 교육사상을 그들이 구현해 낸 다양한 자유학교들의 사례와 맥락에서 간단히 살펴보기로 한다.

2. 자유교육운동에서의 그룬트비와 콜의 역할

1) 니콜라이 그룬트비(Nikolaj Frederik Severin Grundtvig)

(1) 그룬트비의 역사적 위치

그룬트비(1783~1872)는 번영을 구가하던 19세기 중엽의 덴마크 사회에서 살았다. 당시 덴마크는 왕징체제 아래에서 오랫동안 평화로웠고 상업과 교역은 동북아시아와 서인도에 이를 만치 번창했다. 중산층은 이제까지 볼 수 없었던 부를 향유했고, 농민들이 겪는 사회적 억압과 경제적 곤궁을 개선하려는 개혁 조치도 일부 이루어지고 있었다. 이 시기 덴마크는 물론 유럽 전체에 널리 알려진 인물로는 동화작가 안데르센(Hans C. Andersen - 원어식 발음으로는 '아너

---

10) Die freie Lehrerschule, www.dfl-ollerup.dk
11) 학교개혁은 의회에서 상반된 입장에 서 있는 정당들 간의 합의를 전제로 한다.

슨'), 실존주의 철학자 쇠렌 키르케고어(Soren Kierkegaard), 신고전주의 조각가 베아틀 토어벨슨(Bertel Thorvaldsen)이 있다. 하지만 오늘날의 덴마크 사회를 위해 누구보다 중요하고 다방면에 걸쳐 불후의 업적을 남긴 사람은 바로 그룬트비다.

그룬트비는 덴마크 루터국교회에서 지도적 영향력을 행사한 목사이자 시인으로, 라틴어와 앵글로색슨어, 현대 덴마크어 분야에서 독보적인 언어학자로, 당대를 대표하는 역사가이자 문화철학자로, 독보적인 북유럽신화 연구가로, 덴마크에서 널리 사랑받는 1,400여 편에 이르는 방대한 찬송가의 번역자 겸 작가요 편집자로, 정치가이자 교육자로, 근대의 덴마크가 종교, 문학, 역사, 정치, 경제, 교육 등 문화 영역에서 새로운 면모를 갖추는 데 결정적 영향을 끼친 인물이다.

그룬트비는 자신이 속해 있던 중부 유럽과 스칸디나비아 문명권, 특히 영국의 영향권 안에서 덴마크의 어제와 오늘 그리고 내일에 몰두한 사람이었다. 또 1848년부터 1849년까지 2년간 제헌의회 의원으로 절대왕정의 종식을 의미하는 '신자유헌법(New Free Constitution)' 제정을 둘러싼 논의와 투표에 참여했다. 19세기 강력한 독일의 정치적 위협과 긴장 관계 속에서 덴마크의 정신과 삶을 지키고자 거국적인 투쟁과 스칸디나비아 여러 나라들을 위한 정신운동, 교육운동에도 참여했다. 이 모든 영역에서 그룬트비는 당대 어떤 사람들보다 왕성한 활동을 했다. 그의 저작물은 130여 권에 이르며 그 사상의 방대한 폭 때문에 종종 독일의 괴테에 비견되기도 한다.

(2) 그룬트비의 자유교육과 시민교육

그룬트비의 사상과 활동은 기독교 신앙과 덴마크 문화와 민중들의 삶에 대한 독특한 문제의식을 근거로 전개되었다. 그 사상을 요약하자면, 현재 일어나는 사건으로서의 '살아 있는 말'과 '살아 있는 삶', 덴마크 국민과 문화, 국민의 계몽, 특히 농민 계층의 독자적인 의미와 가치, 자유와 자유교육 등이라 할 수 있다.

니콜라이 그룬트비
Nikolaj Frederik Severin Grundtvig, 1783~1872

그림 (P.C. Skovgaard, 1847)

덴마크 근세사에서 그룬트비만큼 영향력 있는 인물을 찾아보기는 어렵다. 이를 입증하듯 "사람들은 그를 나라의 경계에서부터 만난다"는 말이 있다. 덴마크 땅으로 들어서게 되면서부터 사람들은 자연과학 및 기술공학적이라고 각인된 덴마크 사람들의 기질과 그룬트비가 남긴 유산 사이의 긴장관계를 경험하게 된다. 인간성, 자유 그리고 살아 있는 교류와 교육에 관한 그룬트비의 사상은 끊임없는 투쟁과 영감을 불러일으킨다. 이 주제들은 특히 그룬트비가 만든 수많은 애국적인 노래와 찬송가에 잘 나타나 있다. 그룬트비는 시민대학, 자유중등학교, 자유학교와 같은 여러 학교의 사상적 연원이 되었다. 이런 학교들은 덴마크 전역의 학교와 교육의 전통을 만들어 냈다. 그는 교회 예배 양식에도 깊은 영향을 끼쳤다. 덴마크 교회의 예배 시간에는 그룬트비의 찬송가가 꼭 불려진다.

그룬트비의 근본 사상은 인간은 다른 사람에게 나아가기 전에 자기 자신에게 나아가야 한다는 것이다. 사람들은 우리에 대해 말하기 전에, 나에 대해 말할 수 있어야 한다. 우리 모두가 알아야 할 하나의 중요한 사실은 인간은 각기 독특한 특성을 가진 존재라는 것이다. 자신을 하나의 인격으로 흥미롭게 발견하는 일은 전적으로 필요하다. 그러나 자신만을 유일하게 흥미로운 존재라 여겨서는 안 된다. 모든 사람이 그렇기 때문이다! 마찬가지로 중요한 것은 자기 자신이 된다 함은 자기 자신만으로는 충분치 않다는 사실을 아는 것이다. (Jorgen Carlsen: Die Dänische Folkehøjskole, 1993, 14~15)

덴마크 자유교육협회 (Dansk Friskoleforening)가 편집 · 간행한 『덴마크 자유학교_그룬트비-콜 식의 학교 전통(Die dänische friskole_ein Teil der Grundtvig-koldschen Schultradition)』 (1995, V.5) 중에서 발췌 번역.

'살아 있는 말'이란 성서 해석 대상으로의 텍스트가 아니라 교회 공동체의 성례전에서 현재 시점에 생생하게 선포되는 신의 말씀이요, 책에 있는 글이 아니라 구전과 이야기, 대화를 통해서 현재 이 시점에서 말해지는 말이다. 또 '살아 있는 삶'이란 단지 존재한다는 의미가 아니라 힘과 온기, 그리고 사랑으로 추동된 삶을 뜻한다. 자유는 그의 사상적 이력과 긴밀히 연관지어 생각해 볼 수 있는 주제로, 그에게 자유는 삶이 다양한 영역에서 충만하게 전개되기 위한 필수적인 조건이었다. 그는 종교적 영역에서 기존의 교리적 틀이나 지배적 이론에 얽매이지 않고 자유롭게 말하고자 했으며, 정치적 영역에서 자기 자신뿐 아니라 국민과 농민 계층이 자기 권리를 자유롭게 구현할 수 있기를 원했으며, 교육 영역에서는 아이들과 국민 대중의 고유한 삶이 자유롭게 전개되기를 원했다.

기본적으로 그룬트비의 교육론은 '정치적 성격'을 함축하고 있다. 당시 세간에는 학교와 여타 모든 교육의 목적은 자라나는 세대들을 지배 계층의 상(像)에 따라 형성해야 하며, 도시 중상층의 가치로 하층민을 이끌어야 한다는 견해가 지배적이었다. 그룬트비는 이에 맞서 평민과 농민에게 깃들어 있는 내적 가치에서 그들을 위한 고유한 가능성을 보는 동시에 미래는 이들 자녀들이 주도할 것이라 주장했다. 따라서 평민과 농민에게 마땅한 교육은 그들이 사는 세계 외부에서 주어지는 형태가 아니라, 내부로부터 출발해야만 한다는 것이 그룬트비의 생각이었다.

이 맥락에서 그룬트비는 '폴켈리folkelig'라는 말을 즐겨 사용했다. 이는 덴마크 국민들이 전통적으로 향유해 온 삶과 문화에 관련한 말로, 민중적이라는 뜻도 있지만 민속적 생활양식, 구전에 의한 설화와 시를 뜻하기도 한다. 이 말은 국민 모두가 관련된 전통과 가치로부터 오는 문화적, 사회적 삶을 일컫는 것으로, 다시 말해 국민 모두에게 덴마크어와 문학, 역사에 기초한 교육을 제공함으로써 각자의 인격적 삶을 풍요롭게 하고 스스로 자기 확신과 위엄을 가지고 공적 생활에 참여할 수 있도록 한다는 의미를 담고 있다. 그런 뜻에서 학문적인 개념과는 상반된다. 그룬트비의 정신세계를 사로잡았던 것은 덴마크 국민과 농민에게 깃들어 있는 특정한 삶의 양식, 공동체적 삶의 활기와 풍요로움이었다. 그는 덴마크 농민 문화가 비록 충분히 발전된 것은 아니라 하더라도 그리스-라틴 문화와는 별도로 독자적 문화를 구성할 요건을 갖추고 있다고 생각했다. 이를 관습과 실용적인 지식, 문제 해결 능력, 민담과 민요, 언어, 삶과 죽음의 근본 원리에 대한 농민들의 표현에서 확인하고자 했다. 그는 농민 문화 안에서 그리스-라틴 문화와는 달리 민족 정체성과 민족문화를 일구어 내기 위한 순수함과 굳건함을 찾아냈다. 이는 부르주아 계층의 견해와는 명백히 상충되었는데, 당시 발흥한 낭만주의와 민족주의가 이러한 사상의 배경을 이루었다.

그룬트비는 민중적 문화의 개화를 위해 청소년을 비롯한 평민과 '삶의 계몽(Enligtenment of Life)'이라는 명제를 제시했다. 그 전망을 현실화하려는 발판으로 1930년(7월 혁명이 일어났던 해로 이후 민주사회로의 이행이 결정적으로 예고된 시점)경부터 시민대학(folkehøjskole)을 구상했다. 이는 향후 국민 대중의 참여로 정치체제상 변화가 불가피하리라는 판단과, 그럴 경우 국민 대중이 사회 제반 문제에서 자유롭고 강력하게 자기 목소리를 낼 수 있을 정도로 민주적 교육을 받아야 하리라는 인식에 상응하는 구상이었다. 그는 이 시민대학을 덴마크 국민이라면 누구나 들어가 교육받을 수 있으며, 장차 도래할 민주사회에서 법적 권리를 행사할 수 있는 당당한 시민을 준비시키려는 민주적 대학으로 만들고자 했다. 여기에는 신중한 정치적 고려가 작용하고 있었는데, 즉 그렇지 않을 경우 지적 엘리트 그룹이 지배적 권력을 행사할 위험이 있었기 때문이었다. 지적 엘리트 그룹이 나은가? 현명한 왕정제가 나은가? 그는 만일 정당한 조건이 충족되지 않을 경우 후자가 차라리 낫다는 입장이었던 것으로 보인다.

그룬트비는 이 구상을 위해 거의 20년 동안 힘을 기울였으며, 그 학교가 설립되도록 마지막 왕 크리스티안 8세를 거의 설득하기까지 했다. 하지만 1848년 절대왕정이 폐기되고 의회가 설립되었을 때 정권을 잡은 자유주의적 엘리트 그룹은 국민 대중을 위한 그런 식의 시민대학을 무의미하게 여겼다. 그들은 국민 대중을 위한 교육은 위로부터 와야 한다고 생각했다. 엘리트 그룹은 국제적 위상을 가지며 옛 고전적 교육이 가능하게 했던 세계를 대표하는 이들로 여전히 이 패러다임 안에서 사고하면서 또 새로운 시대정신 아래에서도 이를 지지했다. 민주주의를 대변하고자 했던 젊은 계층이 그룬트비의 진보적 사상을 억누르게 된 것은 참으로 모순된 일로, 이는 그룬트비가 이전에 예상했던 그대로의 결과였다.

시민대학에 대한 구상에서 그룬트비는 학교의 위상을 라틴어 학습을 전제로 하는 사회 상층부와 지적 엘리트 그룹을 위한 대학에 '필적'하는 것으로 설정했다. 교육의 주요 내용으로는 덴마크 사회와 문화의 기반이 되는 신화, 모국어, 민요, 조국의 역사와 문학 등을 제시했다. 특이한 것은 특정한 사회적 직종을 위한 특정한 시험 구조는 아예 폐지하고, 다만 그러한 요구에 맞는 자질과 능력을 갖출 수 있도록 가르치는 데 있었다.

시민대학의 교육목표가 계몽이었던 것만큼 그룬트비는 루소에게서 흡사한 점을 발견했으나 그가 인간의 본성에 원천을 두려 하고 영적 차원을 간과한 것에는 반대했다. 그러나 삶의 계몽이라는 점에서는 신학적으로가 아니라 역사적으로 사고하려 했다. 그는 인간의 삶 그 자체의 의미를 드러내고자 했고, 역사가로서 역사의 계속인 현재의 삶을 해석하고자 했다. 또 한 개인이 속해 있는 삶의 연속적 맥락에서 역사의 특징을 보고자 했다. 그는 삶의 계몽을 '역사적 시집'이라 표현했다. 시민대학이란 한 민족의 부분인 개인에게 이러한 연속성의 의식을 품도록 하려는 인위적 방법으로써 '삶을 위한 학교'여야 했다. 내세를 위한 학교가 아니라, 계몽을 요구하는 현재의, 직접적이고 일상적인 생활을 위한 것이어야 했기 때문이다. 삶을 위한 학교는 부자연스럽고 딱딱하고 냉랭하고 어둡고 죽은 태도에 반하는 것이다. 그는 훌륭한 교사의 필수 요건으로 풍부하고 내면적이며 영혼적인 것을 들었다. 이 시각으로 시민대학에서는 문어체가 아니라 '살아 있는 말', 즉 일상생활에서 입으로 사용하는 언어를 통해서 가르칠 것을 주장했다.

계몽을 위한 방법에서 그가 첫 번째로 중시한 것은 자유였다. 자유는 결코 윤리적 언설이나 요구의 형태 따위가 아니라 유순하고 온화한 방식으로 이루어져야 한다고 했다. 이를테면 '상호작용Interplay'을 통해서 이루어질 수 있다고 했다. 이는 학생은 교사로부터 배우지만 교사는 학생으로부터 배워야 함을 의미한다. 물론 그러한 접근 방식의 기초는 교사가 먼저 놓아야 한다고 했다. 가르침에서 중요한 것은 살아 있는 흥미를 바탕으로 해야 한다고 보았다. 이를테면 여러 이유로 우연히 흥미를 가지게 된 문제를 가지고 다루는 식으로. 그 때문에 삶의 계몽은 명백히, 또 열정적으로 제시될 수 있다. 그러한 상호관계를 이끌어 내기 위해서 그는 활력 있는 강의 형태를 선호했다. 그러한 상호작용은 학생들 사이에서도 발생해야 한다고 했다.

시민대학에서 그룬트비는 학생들로 구성된 회의 구조를 구상했는데, 구성원들 사이에서 상호작용의 방식으로 문제가 결정되는 것을 중시했다. 이것이 상호작용의 두 번째 형태다. 그룬트비는 놀랍게도 아무런 프로그램도 갖고 있지 않았다. 그는 모든 것이 현재적 과정에서 상호작용을 통해 이루어지기를 바랐다. 책보다는 훌륭하고 정직한 마음, 건전한 상식, 좋은 귀, 좋은 입을 중시했다.

상호작용의 세 번째 형태는 방랑시인과 청년들 사이에서 발견했다. 방랑시인들은 진실한 자연 속에서 영감을 얻어 모국어로 노래하는 시인들이기 때문이다. 그런 점에서 삶을 위한 학교는 역사적이며 시적인 학교라 할 수 있다. 이 점에서 그룬트비는 모국어를 삶의 계몽을 위한 핵심 요소 가운데 하나로 여겼다. 그는 식자층이 사용하는 라틴어와 독일어에 덴마크어를 대비시키면서 모국어의 권리를 위해 싸웠으며, 또한 학구적 문화에 민속 문화를 대조시키면서 그 가치를 옹호했다.

최초의 시민대학은 1844년 독일과 대립 관계에 있던 슐레스비 지방 최북단 뢰딩(Rodding)에서 애국심을 고양시키고, 젊은 농부들의 능력을 향상시킬 목적으로 세워졌다. 이 학교는 그룬트비 사상을 모형으로 세워졌으나 그룬트비가 설립에 관여하지는 않았다. 그는 교회와 교육과 정치에서 새로운 대중운동의 핵심 위치에 있기는 했지만 조직가나 정당의 지도자로 나서지는 않았고 다만 운동의 정신적 지도자로 여겨졌다. 그룬트비는 슐레스비 북단 지역에서 열린 대중 집회에서 국민들이 모국어를 잘 지키고 사용할 줄 알아야 한다고 역설하면서 시민대학 설립을 위한 용기를 고취시켰다. 그가 의도한 것은 덴마크어를 듣고, 토론하며 즐기고, 정치적 자에서 자기 의견을 개진하는 능력이었다. 그 요지는 그룬트비를 존경했던 요핸 베제너(Johan Wegener)교장이 말한 학교 목표에 잘 나타나 있다.

> 젊은이들은 이곳에서 명료하고 분명하며 올바르게 말하고 생각하고 쓰는 법을 배워야 한다. 그러나 이 배움은 민족주의적이고 대중적인 방식으로 이루어져야만 한다. 젊은이들의 심장은 조국과 조국의 언어 그리고 조국의 역사와 전통에 대한 사랑으로 젖어 있어야 하며, 민족의 장점뿐만이 아니라 단점도 알고 있어야 한다. 이것 없이는 모든 배움을 실패하고 말 것이다. 이것 없이 영혼은 형성되지 않고 마음의 발전도 없을 것이다. 이것 없이 소작농은 공동체에서 독립하지 못할 것이다. 이것 없이 소작농은 모든 사람들에게, 심지어 적들에게도 그들이 자신의 적인지를 알면서도 의지만 할 것이고 모든 일에서 그들의 도움에 기댈 것이다.[12]

뢰딩 시민대학은 덴마크 남부에서 애국심을 고취시키기 위한 전초기지가 되었으며, 1865~1920년에는 애스코우(Askov) 쪽에 자리를 잡았다. 시민대학은 처음부터 소작농들과 다른 계층 간의 평등을 목표로 삼았는데 그룬트비가 바라던 바였다. 그룬트비가 뢰딩 대학을 방문한 적은 없으나 이 학교의 발전을 위해 힘을 보탰고, 역대 교장들은 그와 상의를 거쳐 취임했다. 초기 시민대학들은 그룬트비와 관련을 맺고 있는 이들이 설립했는데, 후대를 위해 결정적 모형이 되었던 최초의 대학은 1851년 크리스튼 콜이 설립한 학교다. 시민대학은 1863년에 15개로 불어났고, 1865년과 1867년 사이에는 25개 학교들이 추가

---

12) Poul Dam. 『덴마크의 아버지 그룬트비 (Nikolaj F. S. Grundtvig)』 김장생 역 (누멘, 2009), 65-66

되었다. 동시에 북유럽 다른 나라들로도 확산되었는데, 노르웨이에서는 1864년, 스웨덴에는 1867년, 핀란드에서는 1889년에 최초로 세워졌다. 그 사상에 대한 관심은 20세기에 들어서도 영국, 독일을 비롯한 유럽 여러 나라와 북미, 남미, 아프리카 탄자니아 등지에서도 커져 가고 있다.

그룬트비는 교육에 관련된 모든 글에서 교육의 제반 형태를 두루 다뤘지만, 아동교육에 관한 체계적 저술은 내놓지 않았다. 그럼에도 그의 사상은 덴마크의 아동교육에도 중대한 영향을 끼쳤다.

그룬트비가 아동교육에 관심을 갖게 된 것은 청년 시절 가정교사 일을 비롯한 교육 경험과 관련이 있다. 이때 그는 기존의 교육에 많은 의문을 품었다. 그가 보기에 당시 학생들이 받던 교육은 상당 부분 기계적 암기법과 생기 없는 교수 자료로 채워져 있었고 학생들은 게으르고 무관심했다. 그 상황은 이원화된 제도 아래 상층부나 서민들을 위한 교육 구조에서 동일했다. 그룬트비는 이를 전통적 교수법의 한계, 혹은 국민 대중을 위해 국가가 도입한 의무교육제도의 한계 때문에 발생했다고 보았다. 그는 당시의 의무교육제도가 다만 국가의 도구로서, 국민을 국가권력이 바라는 바에 따라 조련시키려는 강제적 훈련기관에 지나지 않는다고 호되게 비판했다. 따라서 이를 죽음에 이르게 하는 학교로 단정 지으면서 삶을 위한 학교가 필요하다고 주장했다. 인간 정신의 창조적 가능성을 발현시키기 위함이었다.

그는 아동들에게 지식뿐 아니라 시민 의식(citizenship)을 길러주고자 했으며, 최선의 학교란 선량한 시민을 기르는 집이어야 한다고 생각했다. 교육의 목적이 그러하다면 교육의 내용과 방법도 기존과는 확연히 달라야 했다.

그러한 교육의 자리란 바로 부모와 교사가 자발적 의사에 따라 설립한(국가가 강제하지 않는) 자유학교나 집에서 부모가 자유롭게 시행하는 교육을 뜻하는데, 그룬트비는 학교보다는 집에서 하는 교육을 좀더 이상적이라고 보았다. 부모는 이런 교육에서 책임을 져야 하고, 국가는 이를 함부로 가로막아서는 안 된다고 했다. 하시만 실제로 홈스쿨링은 소수만이 선택했고 대부분은 자유학교를 이용했다. 이후에 세워진 자유학교들은 그룬트비와 콜, 그리고 그룬트비 노선에 서 있던 이들이 깔아 놓은 기초 위에서 운영되었다.

교육의 내용과 방법에서 그룬트비는 '생동성'과 '자유', 그리고 '자연스러움'을 중시했다. 당시 서양에 보편화되어 있던 기계적 암기 학습을 폐기하도록 했고, 대신 이야기와 노래, 놀이를 추천했다. 학생들은 학교에 즐거움과 기대를 가질 수 있어야 한다고 했다. 아울러 쌍방 의사소통(two-way communication) 및 상호적 인간관계를 중시했다. 즉 학교에서는 교사와 학생, 교사와 부모 등 다양한 주체들 사이에서 살아 있는 상호작용(a living interplay)이 일어나야 하고, 강의와 시험이 능사가 아니라 자유로운 담화가 있어야 한다는 것이었다. 교육 과정의 기본 축은 읽기, 쓰기, 셈하기 외에도 동물과 식물에 몰두하기, 삶의 실제적인 기술 익히기 같은 데에 두었다. 조국의 역사와 종교를 중시했으며 이들 과목은 교사의 '이야기하기'와 '노래하기'를 통해 가르쳐야 한다고 했다.

특히 종교교육의 경우 그룬트비는 학교에서 의무로 가르치는 종교 수업이 종종 아이들을 메마르고 경직되게 만든다는 점에 주목했다. 그는 그 원인을 교리주의적 종교 수업에서 찾으면서 다른 해법을 모색했다. 근본적으로 성경과 기독교 신앙은 학교에서 강제할 문제가 아니라, 가정에서 부모들이 책임을 지고, 교회에서 가르쳐야 할 문제라는 입장이었다. 방법에서도 역시 일방적 주입이 아니라, 역사 과목처럼 이야기하기와 노래하기를 권장했다. 그룬트비 스스로 학교에서 생생하게 쓰일 수 있는 많은 노래를 작곡했는데, 그 주제는 성경과 세계사와 덴마크 역사에서 취했다. 이 노래들 중 상당수는 아직까지도 프리스콜레에서 불린다.

아동교육에 대한 그룬트비의 관점은 교사교육기관을 통해 덴마크 교사 양성 과정에 커다란 영향을 끼쳤으며 대부분의 덴마크 학교들에 폭넓게 스며들어 갔다. 이러한 흐름을 타면서 또 다른 독자적 관점에서 자유학교를 현실적으로 구현했던 인물이 바로 크리스튼 콜이다. 이 점에서 그룬트비와 콜은 늘 한데 엮어서 일컬어진다. 하지만 콜은 단순히 그룬트비 이론의 실천적 계승자라기보다 또 다른 정신적 배경과 이력 속에서 독자적 관점을 갖고 활동했던 인물이다. 따라서 두 사람의 사상과 활동을 각각 제대로 살필 때 덴마크 자유교육의 역사적 위상과 후세를 위한 의미도 정당하게 다루어질 수 있다. 이제 크리스튼 콜의 생애와 자유학교를 위한 그의 활동에 대해 간략히 살펴보자.

2) 크리스튼 콜(Christen Mikkelsen Kold)

(1) 크리스튼 콜의 역사적 위치

크리스튼 콜(1816~1870)은 자유학교 영역에서 그룬트비와 비슷한 비중으로 거론되어 왔다. 콜은 그룬트비의 사상적 영향권 안에 있기는 했지만 독자적 사상을 발전시켜 현실에 구현한 실천적 사상가였다.

콜은 구두업자의 아들로, 교사가 되기를 바라는 어머니의 품에서 자라났다. 그는 청년 시기부터 이미 공립학교 보조교사로서, 또 대농장의 가정교사로 일하기 시작하면서 본격적으로 교사가 되기 위한 정규교육을 받았다. 콜의 사상 형성에는 다음 세 가지가 결정적 영향을 주었다. 첫째는 30세 중반쯤 경건주의 평신도 설교가 피더 라슨 스크래펜보어(Peder Larsen Skraeppenborg)의 설교에서 깊은 종교적 각성을 체험한 것이고, 둘째는 베에스 잉에만(B.S. Ingemann)의 역사소설에서 민족적 각성을 체험한 것이다. 이 두 가지 계기로 그는 30세 후반에 교사로서 어린이와 어른을 위한 교육활동에 몸바칠 것을 각오한다. 마지막 세 번째는 그룬트비의 정신세계와의 관련성이다. 콜은 비록 정규 교사교육을 받기는 했지만, 아주 짧게 공립학교에 근무했고 대부분의 시간을 여러 곳에서 가정교사로 또 야간학교 교사로 보냈다. 터키의 스미르나(Smyrna, 현재의 이즈미르Izmir)에 가서 선교사 일을 한 적이 있는데, 5년간의 체류 기간 끝에 1847년 트리스트(Triest)로 항해한 후, 손수레를 하나 사서 짐을 싣고는 1,200킬로미터를 걸어서 귀향했다. 두 달간에 걸친 이 믿기지 않는 여정에서 그는 풍부한 삶의 체험을 쌓는다. 이 여정에서 귀향한 후 콜은 링코빙에 사는 라슨 해센펠트 목사(C.F.Hassenfeldt in Ringkobing)의 가정교사 일을 맡았는데 그때 처음으로 그룬트비의 저서를 접하게 되었다.

크리스튼 콜
Christen Mikkelsen Kold, 1816~1870

사진 (approx. 1866)

크리스튼 콜은 구두업자의 아들이었다. 그는 교사수업을 받긴 했지만, 자신이 행하는 살아 있는 인격적 수업의 관점을 근거로 하여 당시에는 절대적이었던 효과적인 주입식 교육에 맞서 공립학교에서 공식적인 교사 생활을 하지 않고 여러 곳에서 수년간 가정교사와 야간학교 교사로 일했다. 1851년에는 뤼스링에(Ryslinge)에 시민대학을 세웠고, 그 후 댈뷔(Dalby)에 자유학교를 세웠다. 콜이 54세에 숨을 거두었을 때, 그는 시민대학의 위대한 지도자로서 덴마크 전역에 널리 알려졌다.

크리스튼 콜은 문필가는 아니었다. 그는 인격적인 참여와 살아 있는 말로써 교육을 행했다. 이러한 교육적 영감은 기록하는 게 아니라 입으로 전하는 방식으로, 살아 움직이는 형태로 전승되었다. 이런 방식은 오늘날 프리스콜레에도 여전히 살아 있다. 저서로는 『어린이 학교』라는 짧은 작품 하나를 남겼을 뿐이다. 이 소책자는 그가 숨을 거두고 난 1850년에 출간되었다. 그가 남긴 인상 깊은 한 구절을 인용한다.

"참된 수업이 이루어지기 위해서는 다음 두 가지가 충족되어야 한다. 첫째, 교사의 자질은 사랑과 당면 주제에 대한 살아 있는 흥미에 기초해야 한다. 그래야만 학생이 스스로를 열어 살아 있는 말이 갖는 신비한 힘을 통해 교사가 의도하는 사유와 개념을 빨아들일 수 있게 된다. 둘째, 학생이 저마다의 정신적 수준에 따라 교사의 가르침을 받아들여 정신적 삶을 깨우치거나 스스로 그런 소양을 기를 수 있도록 교수와 학습이 이루어져야 한다. 이 두 가지는 정신적 결실을 맺는 데 필수적이며 교육의 근본 원칙이다."

덴마크 자유교육협회(Dansk Friskoleforening)가 편집 간행한 『덴마크 프리스콜레. 그룬트비-콜 식의 학교 전통(Die dänische friskole - ein Teil der Grundtvig-koldschen Schultradition)』, (1995, V.5) 중에서 발췌 번역.

초기의 여러 영향 속에서 콜은 농촌을 자기 이상을 구현하기 위한 터전으로 삼았다. 그가 1849년 처음으로 농촌 청소년을 위한 농민고등학교를 설립한 이래 일군 성과는, 오늘날 덴마크 자유교육이라는 세계교육사에서 아주 독특하고 다채로운 양상인 시민대학과 자유학교, 자유중등학교, 자유교원대학의 원형을 처음 현실화시킨 인물로 평가하는 데 일조한다. 오늘날 모든 자유학교 양태의 성격과 역사적 위치를 정당하게 이해하자면 콜의 역사적 실천 과정의 주요 대목을 좀더 자세히 볼 필요가 있다. 이들 다양한 자유학교들은 성격상 유기적으로 얽혀 있는데 역사적으로는 시민대학이 가장 먼저 시작되었기 때문에 여기서부터 이야기를 풀어보기로 하자.

(2) 콜의 시민대학과 프리스콜레

시민대학은 19세기 중엽 이후 덴마크 사회에서 진행되었던 정치적, 교육적, 종교적, 법적 체제의 변화와 어깨를 나란히 하며, 현대적 덴마크 사회의 건설과 민주주의 정치체제로 이행하는 과정에서 매우 중요한 역할을 담당했다.

그룬트비는 성인을 위한 시민대학을 구상하면서 형식교육이나 직업훈련보다는 '삶의 계몽'을 추구했다. 따라서 시험 따위는 생각하지 않았다. 교수 기술은 자유롭고 개방적이며 시적인 역사적 이야기를 나누는 것이었다. 그가 주창했던 '살아 있는 말'로 하는 교수법은 학생들의 능동적 태도를 만들어 냈고, 실제 생활과 구체적인 관계를 가지도록 했다. 여기서 학생들은 자유로운 학습을 통해 7년간의 기초석 학교 수업에서 부족한 부분을 보충하도록 했다. 그가 가장 우선시한 대상은 농촌 청년들이었다. 그 기본 아이디어는 농민을 참여적 시민의 일원으로 만드는 것이었다. 하지만 그는 앞서 언급한 것처럼 이를 실제로 구현하지는 못했다.

좀더 정확히 말해 오늘날 시민대학의 실제 형태는 콜에게서 유래했다고 할 수 있다. 콜은 그룬트비의 사상에 깊은 영향을 받았으나 이를 자신의 관점에서 창조적으로 재구조화해냈다. 그룬트비가 성인 이상의 청년들을 위한 교육을 생각했다면, 콜은 청소년 연령층까지를 포함한 학교를 생각했다. 이런 뜻에서 1849년 처음 농민고등학교의 형태로 학교를 시작했다. 이 경험을 바탕으로 콜은 시민대학을 구상하게 되었고 코펜하겐으로 가서 처음으로 그룬트비를 만나 그에게 재정지원을 약속받았다. 또 국가 지원도 받을 수 있었으며 비어켈(Birkel) 목사로부터 재정적 도움을 받을 수도 있었다. 콜은 뤼스링에(Ryslinge)에 있는 토지를 팔고 그곳에 첫 학교를 세워 1851년 11월 1일 문을 열었다. 학생은 단 10명이었고, 3개월 후 4명이 더 입학했다. 학생들의 나이는 14~15세였다. 그의 옛 친구 풀슨 댈(Anders Christian Poulsen Dal)이 콜의 학교 사업을 도왔다. 학교는 교실 하나와 거실, 주방으로 이루어진 건물이었다. 콜과 댈은 다락방에서 학생들과 함께 잤다. 이런 스파르타식 생활에 대한 불평은 한마디도 없었다. 매일같이 풍성한 이야기 잔치가 벌어졌고 지적인 토론이 이어졌다.

　학교의 일상은 농가의 일상과 비슷했다. 교사와 학생들은 한 가족처럼 어울려 지냈다. 학기는 11월 1일부터 다음 해 4월 1일까지 계속되었다. 교과는 다음과 같았다. 세계사, 성서, 교회사, 북유럽 신화, 덴마크 역사, 지리, 덴마크 문학, 노래와 읽기, 쓰기와 계산. 육체노동도 역시 도입되었다. 청년들은 소를 먹이고 주방에 물을 길어 왔다. 책을 만들고, 목수일과 밭일을 했는데, 그런 작업들에 필요한 도구와 규정도 있었다. 학생들에게 일정한 휴식 시간도 주었다. 수업은 아침부터 저녁까지, 한 주에 6일 동안 이루어졌다. 콜은 저녁 시간을 이용해 한 주에 세 번 강의를 했다. 북유럽 신화와 덴마크 소설에 관한 것으로 외부 방문자들도 강의를 들었다고 한다. 콜의 힘과 매력은 학생들이 사용하는 '일상어'로 이야기할 줄 안다는 것이었다. 강연과 이야기를 할 때 일상 생활에서 취한 설명 자료를 사용했다.

　1852년 여름 콜은 댈뷔(Dalby)에 어린이를 위한 최초의 자유학교인 프리스콜레를 열었다. 콜은 시민대학 일로 아이들의 기초 수업을 포기하지 않았고, 그러한 과제를 위한 교사 양성에도 관심을 소홀히 하지 않았다. 1853년 콜은 뤼스링에에 있는 자기 재산을 팔고 시민대학을 댈뷔로 옮겨 1862년까지 그곳에 머물렀다. 재정적 어려움이 있던 시기였으나 간신히 파산의 위기를 넘겼다. 댈뷔의 자유학교 재정이 여유가 있었기 때문이다. 좀더 중요한 것은 자유학교와 시민대학 간의 상보 관계다. 즉 청소년들은 시민대학 강의를 청강했고, 교사 지망생들은 자유학교 아이들을 보면서 무얼 어떻게 해야 할지 생각했다. 콜은 지역 교육청과의 투쟁에서 성공을 거두었고 그 결과 학교는 비약적으로 발전했다. 1859년에는 학생 수가 24명으로 불어났다.

시간이 지남에 따라 콜은 그가 처음 사용했던 그룬트비 식의 교육과정으로부터 자기 생각에 따른 교육과정으로 옮겨갔다. 역사적-시적인 문제 대신 예수의 단순함과 형제 사랑이 핵심 사안이 되었다. 가장 강조한 것은 절제, 자기희생, 고강도의 노동이었다. 이를 그는 언어적으로 또한 일상생활의 도덕적 모범을 통해서 가르쳤는데 기독교에 대한 그룬트비의 해석과는 다른 것이었다.

콜의 교육과정에서 또 하나의 변화는 학생들에게 시험을 부과하려는 교육청과의 투쟁 결과에서 나타났다. 콜이 국가 재정지원을 요청하고자 교회 당국과 공립학교를 관장하는 관청에 매년 제출한 보고에 의하면, 당시 시민대학에 물리, 화학 및 측량 과목이 설치되어 있었던 것 같다. 그러나 이 과목들을 콜은 그리 중시하지 않았다. 그는 자연과학보다는 농업을 중시했다.

콜이 댈뷔로 옮겨갔을 때, 부농이었던 크리스튼 라슨(Christen Larsen)이 설립한 덴마크 협회를 통해 농민을 위한 성인교육의 기회를 주변 지역민들에게 제공했다. 협회 회원은 대략 80여 명 정도로 일요일 저녁마다 모임을 가졌다. 댈뷔에서 몇 년을 지낸 후 콜은 시민대학이 확장되기를 바랐다. 3년여 계획을 세운 후 망설이던 끝에 그는 댈뷔에 있던 시민대학을 오덴세(Odense) 곁의 댈룸(Dalum)으로 옮겼다. 프리스콜레는 댈뷔에 남아 있었다. 첫 번째 겨울 이 시민대학에 58명의 입학생이 들어왔다. 콜은 교육과정을 스스로 만들어 내고자 했다. 당시 주무관청은 콜의 학교를 그룬트비의 종교적 선전장으로 파악했다. 따라서 지역 관청은 이 학교로부터 국가 지원금을 환수하도록 중앙정부에 요청했다. 사립대학이라는 이유 때문이었다. 그러나 정부는 계속해서 지원했다. 콜이 이 싸움에서 성공을 거두었던 것이다.

1863년 4월 1일 콜은 여성을 위한 시민대학을 열었다. 최초의 시민대학 프로그램으로 30여 명의 소녀와 성인 여성이 지원했다. 시민대학의 개교는 의도적이었다기보다는 우연의 결과였다. 많은 젊은 여성들이 댈뷔의 학교를 방문했고 같이 배울 수 없는지 간청한 데서 비롯되었던 것이다. 청년들은 그들의 애인과 자매들도 함께 배우면 좋겠다고 생각했다. 그러면 같은 수준에서 이야기를 나눌 수 있을 것 같았기 때문이었다. 부엌에서 가사를 돌보던 콜의 자매들은 소녀들에게 약간의 수공예와 가사 일을 가르쳤다. 그 외에는 청년들과 같은 내용을 배웠고 다만 농사일은 제외했다.

1868년과 그 이듬해인 1869년 겨울 학기에는 백여 명의 학생들이 등록했다. 그 다음해도 마찬가지였다. 여름 학기는 여성들을 위해 개설했다. 가축을 기르고 농사를 짓는 일은 시민대학을 재정적으로 독립할 수 있도록 했다. 1870년 2월 콜은 주무관청에 편지를 썼다. 이제 재정적으로 독립할 수 있으니 더 이상의 국가 보조는 받지 않아도 되겠다는 내용이었다.

콜은 1862년 자신의 시민대학을 교사양성(자유학교와 공립학교 모두에 해당)을 위한 중심적 자리로 만들고자 했다. 그러나 어떤 모임에서 공립학교제도를 잘못 공격하여 좌초하고 말았다. 1865년 여름, 교사를 위한 18일간의 여름 과정이 개설되었고 마흔 명이 참가했다. 자유학교와 공립학교, 교사 세미나에서 몇몇 사람들이 이 과정에 참여하기 위해 왔다.

1870년 콜의 사후 댈룸의 시민대학은 소녀들을 위한 학교가 되었으나 학생 수는 줄어들어, 1883년 매각되었고 3년 후 기숙형 농업학교로 전환되었다.

콜에게 한 가지 중대한 한계가 있었다면 강한 카리스마와 압도적 리더십 때문에 동료 교사들이 종종 부차적인 존재로 전락하고, 아울러 후계자를 길러내지 못했다는 점을 들 수 있다. 때문에 사후 일정 정도 공백기가 있을 수밖에 없었다. 그러나 얼마 가지 않아 사람들은 그의 정신과 활동이 뜻했던 중대한 의미를 다시금 붙들면서 시민대학을 위한 새로운 불꽃이 타오르기 시작했다. 이러한 콜의 사상과 실천은 오늘날 덴마크의 '자유교육'이라는 독특한 현상에서 원형으로 작용하고 있다.[13]

---

13) 콜의 자유학교와 시민대학에 관해 좀더 상세한 연구로는 최근 간행된 다음 연구가 있

콜이 설립한 학교는 이후 덴마크 시민대학의 모형이 되었고 영향력은 오랫동안 지속되었다. 그룬트비는 수차례에 걸쳐 콜을 언명했다. 스파르타적인 삶의 양식이 콜 학교의 성공 요인으로 보인다. 모두 같은 음식을 먹었고, 커피나 차도 마시지 않았다. 설탕도 거의 먹지 않았다. 스프 한 접시에는 땅콩 한 알만 들어 있었다. 콜과 동료 교사는 침실을 같이 썼고 종종 두세 명의 학생들이 같은 매트리스를 썼다. 모두가 하루 종일 같이 있었으며 가족공동체 같은 분위기를 나누었다. 콜은 단순한 농민복을 걸치고 살았고 학생들에게는 청결과 질서를 요구했다. 학교 수업은 농한기인 겨울 다섯 달 동안으로 제한했고 나머지 시간에는 일을 했다.

콜의 활동은 농민들에게 광범위한 영향을 끼쳤다. 한때 콜의 제자였던 자유학교 교사들의 활동을 통해서, 시민대학의 책임자 역할을 통해서, 그리고 교사 집단의 활동을 통해서 영향력이 번져 갔다. 그룬트비의 후광은 콜의 활동 전체에 깔려 있다. 그룬트비는 콜의 학교에 권위를 부여했던 것으로 보인다. 그룬트비의 젊은 추종자들은 1864년 이후 시민대학을 설립하면서 콜의 실천적 사례에 매우 고취되었다. 1870년 콜이 죽었을 때 그는 1,300명의 학생들을 가르친 스승이었을 뿐만 아니라 향후 학교의 살아 있는 원천으로서 영감을 불어넣은 사람이 되었다. 학생들뿐 아니라 목회자와 평신도 모두가 그를 사랑했다.

콜은 자유학교 교육이념에서 자유·평등·사랑이라는 세 가지 기본 축을 설정했다. 그 내용을 이해하기 위해서는 콜의 기독교 경건주의적 신앙 체험의 요체가 무엇인지 알아야 한다. 앞서 경건주의 설교자와의 만남을 거론했는데, 요컨대 스크래펜보어가 "우리 주님이 인간을 사랑한다"는 말씀을 전했을 때, 그는 기독교 복음의 핵심에 도달했던 것이다. 하나님이 인간을 사랑한다는 사실, 그리고 내가 나 스스로를 사랑할 수 있게 되었다는 인식은 콜에게 자유를

다. Birte Fahnoe Lund & Vester Skerninge (ed..), *Freedom in Thought and Action. Kold's Ideas on Teaching Children*, Copenhagen 2003.

체험하도록 했던 것이다. 이 개인적인 체험은 추후 그의 생애 전체의 방향을 결정했을 뿐 아니라, 나아가서 자유학교의 성격을 규정하게 되었다. 이는 콜이 기독교를 어떤 이데올로기가 아니라 평등과 자유를 포괄하는 살아 있는 전제로 받아들였음을 뜻한다. 세계관이나 교육 프로그램보다 중요한 것은 바로 이 살아 있는 전제에 따라 교육을 추구하고, 아이들을 그 자체로 받아들이는 것이다. 다시 말해 아이들이 먼저고 방법은 나중에 온다는 뜻이다. 기독교란 삶의 입장이지 의견의 집합체가 아니기 때문이다. 그래서 교사와 학부모는 이런 입장을 충분히 이해하지 않으면 안 된다고 했다. 그렇다고 아이들에게 신앙을 강요하지는 않았다. 이 문제는 삶의 진지한 교류와 대화로 풀어야 한다고 생각했다. 자유가 자유학교의 '전제'라면, 그 '방법'도 자유롭지 않으면 안 된다는 뜻이다. 오늘날 덴마크 자유학교 전반에서 종교 수업은 기독교 신앙을 주입하는 것이 아니라, 대화 구조로 기독교뿐 아니라 세계의 다양한 종교를 배우게끔 하는 구조를 지향하고 있다. 이는 콜의 사상을 따른 결과로 판단된다.

3) 그룬트비와 콜의 관계

자유학교와 시민대학의 정신적 기원은 그룬트비로 거슬러 올라간다. 그룬트비는 시민대학의 사상적 기초를 쌓았고 아울러 자유학교를 위한 정신적 기틀을 마련했다. 하지만 그는 자유학교를 포함한 어떤 학교 형태보다 가정교육을 선호했다. 반면에 두 가지 학교 형태를 실제로 설립한 것은 콜이었다. 콜이 없었다면 오늘날과 같은 상황 전개를 기대하기 힘들었을 것이다. 때문에 보통 자유학교는 '그룬트비-콜 식의 학교'로 지칭된다. 양자의 관계에 대해서는 좀 더 상세한 논의가 필요하다.

지금까지 두 사람의 관계를 설명하는 방식은, 시민대학에 대한 그룬트비와 콜의 생각은 같은 맥락이고 콜이 이를 현실화시켰다는 것이다. 하지만 자세히 살펴보면 차이점도 존재한다. 이를테면 두 사람 모두 책에 담긴 지혜를 혐오했고 인간을 '살아 있는 말'로 각성시키고자 했다. 다만 그룬트비가 인간으로서의 가능성을 불러일으키고 국민을 계몽시키고자 했다면 콜은 경건주의적 의미에서 기독교적 삶으로의 각성을 교육의 최우선 과제로 여겼다는 점이 다르다. 그룬트비가 생각한 학교에 종교는 있을 자리가 없었다. 종교는 가정에서 가르쳐야 할 것이라 보았기 때문이다. 그러나 콜은 계몽보다는 신앙적 각성을 우선시했다. 그룬트비가 계몽된 시민을 추구했다면 콜은 실천적 그리스도인을 추구했다.

그룬트비는 코펜하겐에 살았고 대학에서 가르치면서 좋은 교육을 받고 높은 식견을 가진 사람들이나 널리 인정받던 목사들과 교제를 나누었던 학자요 시인이었다면, 콜은 민중의 사람으로 단순한 사람들 사이에서 살았다. 그는 농부처럼 입고 다녔고 그들이 말하는 일상어를 구사했다. 콜은 책이라곤 『어린이 학교 Om Borneskolen』(1850)라는 단 한 권을 남겼고 그것도 사후에 출판되었다.

콜은 민족과 기독교 신앙에 대한 그룬트비의 생각에 공감하고 어느 면에서 그를 따랐다고 볼 수도 있다. 아울러 정신적으로 빚진 사람이 있다면 바로 그의 어머니와 경건주의 설교가인 스크래펜보어, 실존주의 철학자인 키르케고어 같은 이들이었다. 이 점에서 콜은 독자적 정신세계를 가진 사람이었다. 콜은 그룬트비 추종자들이 걸었던 길과는 다른 길을 걸었다.

시민대학 영역에서 그룬트비가 어머니 격이라면 콜은 아버지 격이라 할 수 있다. 콜은 자신이 살았던 시대에 각인되었기 때문에 그룬트비의 역사적-시적 환상을 띠를 수 없있다. 시민내학은 그 때문에 그룬트비가 생각했던 것과는 다른 형태와 내용을 갖추게 되었다. 시민대학은 기존의 일반대학에 대한 하나의 '대안'이다. 두 사람 모두 시험을 거부했고, 수업을 보편적 인간이라는 주제 아래 강연과 이야기 나누기 방식으로 진행했다는 점에서 그렇다. 콜은 시민대학을 농가 생활 구조로 만들어 제시했고, 감정을 중시했다.

인간 발달에 관한 견해에서도 양자는 달랐다. 그룬트비는 인간 발달을 아동기와 청소년기, 성인기의 세 단계로 나누었다. 아동기는 상상력의 단계, 청소년기는 감정의 단계, 성인기는 이성의 단계다. 청소년기는 시와 역사에서 끄집어 낸 '살아 있는 말'을 통한 깨우침을 위한 시기로 보았다. 그런 점에서 시민 대학에 입학하려면 최소한 18세가 되어야 한다고 보았다. 하지만 콜은 농촌 청소년들과의 경험으로부터 18세는 너무 많다고 생각했다. 농촌의 청소년들은 파이프 담배를 너무 많이 피우고 호주머니 시계를 사는 데 관심을 기울인다. 청소년기는 시와 신화에는 별로 관심을 보이지 않는 시기라고 보았다. 그래서 시민대학 입학 연령을 14세로 잡았다. 그러나 뤼스링에의 첫 번째 경험으로 콜은 자신의 생각이 옳지 않다는 것을 발견했다.

이상 거론한 몇 가지 점에서 종종 그룬트비-콜 식의 학교라는 지칭에는 특정한 단서가 필요하다는 점을 알 수 있다. 이런 전제 아래 초창기 자유학교들의 설립과 이후의 전개 양상을 좀더 자세히 살펴보기로 한다. 그룬트비와 콜의 사상과 활동은 순수하게 독자적이라기보다 당시 유럽에서 전개되던 다양한 정신사적 흐름과 맥락을 함께한다. 그 주요 모티브가 무엇인지 살펴보자.

4) 덴마크 자유교육운동의 사상적 배경

덴마크 초창기 자유교육운동의 배경을 이루는 몇 가지 사상적 흐름이 있다. 계몽주의(Aufklärung)와 경건주의(Pietismus), 자유주의(Liberalismus), 이 셋은 17세기부터 19세기에 걸쳐 유럽 사회에 맹위를 떨치면서 철학, 종교, 사회, 정치, 교육 영역에서 대대적인 변화를 일구어 냈던 사조들이다. 계몽주의는 17세기 후반부터 18세기 후반에 이르는 사이(로크에서 칸트까지) 유럽 사회에서 기존 가치 체계와 질서에 맞서 이성과 진보와 자유, 보편성과 이성으로 인간을 성숙시키려는 기본 명제를 구현하기 위해 씨름했던 정신적 사조다. 경건주의는 계몽주의와는 다른 축에서 루터 정통주의 신학 노선에 합류시킬 수도 있지만 애초부터 교파적 관심사는 없었던 자유로운 신앙운동으로, 신비적-영적 전승과 관련을 맺으면서 개인의 주체적-내적 각성(Erweckung)과 선행, 성화를 추구했던, 또한 그에 상응하여 교회의 내적 쇄신을 꾀했던 기독교 정신운동이다. 이 둘에 의해 강력하게 추동되고 또 결합하여 작용했던 사조가 바로 자유주의

이다. 이 시기 자유주의는 전통, 인습, 교리로부터 벗어나 삶을 스스로의 힘으로 추구하려는 자유로운 정신적 태도를 지칭하며, 철학과 종교, 정치, 경제, 교육 등 문화 전반에서 영향력을 발휘했다. 자유주의는 새로운 사회·정치적 범주로서의 민주적 시민사회를 태동시켰다.

그룬트비와 콜은 덴마크 사회가 앞서 거론한 세 가지 모티브라는 의미에서, 즉 과거의 정치적, 종교적 인습으로부터 새로운 단계로 이행하고 있던 시대를 살았다. 정치적 민주화의 바람 속에서 절대왕정이 종식되었는가 하면, 국가제도적 교회의 신앙 틀은 신앙의 주체적이고 내적인 체험을 강조하는 신앙 양식에 위협을 받게 되었다. 전자가 계몽주의와 관계있다면, 후자는 경건주의와 관계있다. 자유주의는 이들 맥락에서 동시에 작용하고 있었다. 핵심 모티브는 19세기 중엽 변화의 분위기 속에서 사람들이 모든 문제를 자기 책임으로 혹은 자기 체험의 방식으로 이해하려는 데 있었다. 경건주의 신앙운동의 영향 아래에서 사람들은 하나님과 자신들과의 관계를 국가교회를 통해서가 아니라, 스스로 규정지으려 했다. 이 문제가 해결되자 경제, 직업 생활, 정치 문제도 그런 방향에서 해결하기 위해 씨름하기 시작했다. 자유교회나 낙농 및 도축 협동조합, 소비자협동조합, 민중들의 집회 장소 같은 모든 것들이 이러한 노력으로 탄생되었다. 정부나 관청이 움직이지 않으면 민중들은 곧바로 주도권을 행사했다. 이 새로운 정신적 흐름을 배경에서 살면서 또 그 모티브들을 새로운 차원에서 발전시킨 이들이 바로 그룬트비와 콜이다.

아울러 세 사조와 함께 낭만주의(Romantizimus)와 민족주의(Nationalismus)에 대해서도 언급해야겠다. 낭만주의는 양상이 너무도 다양하여 한마디로 규정하기 어렵지만 간단히 설명하자면, 계몽주의적 사고 맥락에 서 있지만 그것과 피할 수 없는 논쟁 속에 자리 잡은 정신적 태도로서,[14] 과도한 이성주의에 반

---

14) 이 사조를 계몽주의와 같은 맥락에서 보려는 이유는 낭만주의자들이 계몽주의자들의 지나친 합리주의를 배격했을 뿐 이성이나 합리성 그 자체를 거부한 것은 아니며, 다른 한편 계몽주의자들이 추구했던 지적·정치적 자유와 해방의 문제에 공감했고, 그런 점에서 개혁적 노선에 서 있었다고 볼 수 있기 때문이다. 계몽주의자들 역시 감정을 배격

하여 감정과 열정적 경험을 추구하는 정신적 성향을 지칭하는가 하면, 보편성이나 불변성에 반하여 개별적인 것, 특수성과 다양성, 유기적 형식, 지역적인 것, 가변적인 것, 비합리적이며 형언할 수 없는 것, 환상적인 것 등을 탐닉하거나 추구하는 태도라고 할 수 있다. 낭만주의는 "어떤 진부함으로부터의 탈출을 방해하는 인간 삶의 내부에서 움직이는 힘들을 이해하는 문제"(스탕달)라든지, "무한으로 솟구치고 싶은 충족되지 않는 끔직한 욕망과 개체라는 비좁은 굴레를 박차고 나가고 싶은 열에 들떠 갈망하는" 마음이라든지, 강력한 "자기 중심적 성향"에 이끌려 "더 큰 세계를 희생해 개인을 강조"하는 태도 같은 것을 뜻한다. 그 특징적 양상은 열정과 감정, 태고성과 원시성 또 그에 대한 향수, 젊음, 자연 상태의 인간에게 넘쳐흐르는 삶에 대한 감각, 소요, 혼돈, 충동, 풍요로움, 끝없이 샘솟는 다양성에서 나타난다. 또한 평화, 위대한 자기 존재와의 합일, 자연 질서와의 조화, 천국의 음악, 모든 것을 포함하는 영원한 정신 안에서의 용해, 낯섦, 무상한 현재, 이국적인 것, 그로테스크한 것, 신비롭고 초자연적인 것, 폐허와 달빛, 마법의 성, 요정들, 폭포, 강변의 낡은 물방앗간 등 같은 주제들에서 나타난다. 낭만주의자들의 자연관은 특히 흥미롭다. 이들은 자연을 신적인 것이 깃든 신비로운 존재로 여겼다. 낭만주의의 단서는 영국에서 시작됐다고 종종 추정하지만 본격적 전개는 독일에서 이루어졌다.15)

한편 민족주의는 특수하고 지역적인 것을 추구하려는 낭만주의적 특징과 연관되어 나타난 정신적 태도라 할 수 있다. 통일된 중앙정부를 갖지 않고 작은 나라들로 구성된 일종의 연방적 정치구조 속에서 살아가던 독일인들은 계몽주의자들의 보편 이성이 파악해 낸 역사관에 공감할 수 없었다. 이들은 한

하지는 않았나. 그들은 오히려 김징을 그들 사상고 행위의 본질적 부분으로 귀속시켰는데, 이성적 비판에 의한 사회 변혁적 행위는 정열이나 애착 같은 감정적 차원을 늘 함축하고 있었기 때문이다. Duncan Heath & Judy Boreham, 『낭만주의(*Introducing Romanticism*)』, 이수명 역 (김영사, 2002), 14~15.

15) Isaiah Berlin, 『낭만주의의 뿌리 (*The Roots of Romanticism*)』, 강유원 · 나현영 역 (이제이북스, 2005), 28ff.

민족의 의미와 가치는 민족 외부에 존재하는 보편적 척도로 가늠할 수 없고, 다만 민족 자체가 가진 고유성에 의해서 비로소 드러난다고 보았다. 요한 고트프리트 폰 헤르더(Johann Gottfried von Herder, 1744~1803)가 대표적 주자였다. 그는 칸트의 보편주의적 사고를 거부하고 자국 문화를 올바르게 이해하기 위한 과제를 설정했는데, 이를 위한 중요한 도구를 언어로 보았다. 언어는 한 문화권의 사고를 결정짓는 문제로 파악되었고, 그 언어란 모국어를 뜻했다. 이 과제와 관련해 문헌학 연구의 필요성이 제기되었다. 헤르더는 토착 문화의 존재 가치를 입증하고자 열심히 민요를 수집하였고 그런 맥락에서 민속적 전통도 열렬히 옹호했다. 또한 영국의 셰익스피어에 필적할 만한 독일만의 문학을 꽃피우고자 했다. 젊은 시절 괴테의 작품 세계는 그러한 관심사와 맞닿아 있었다. 헤르더는 이러한 일련의 노력으로 근대 인류학의 토대를 닦은 사람이 되었다.

낭만주의와 민족주의에서 공통적으로 나타나는 주요 모티브 중 하나는 유기체적 사고다. 이는 개체와 사회를 하나의 커다란 생명적 전체 속에 연관되어 있는 통합체로 보려는 것이다. 민족은 하나의 살아 있는 유기체로서 그 내적 법칙에 따라 탄생하고 성장하고 쇠퇴하는 자연적 과정을 따른다는 견해다. 따라서 모든 민족이 각기 고유한 역사를 갖는데, 연속적이고 직선적인 계몽주의적 역사관과는 다른 것이었다. 계몽주의 사고 형식의 문제점이라면 개인들의 경험 세계 외부에 추상적인 총체성을 설정하는 것으로 자칫 전체주의적 사고로 귀결될 수 있다는 데 있다. 하지만 헤르더는 유기체적 사고를 극단적인 형태로 밀고 가지는 않았다. 이는 최대한 외부적 강제 체제로부터 독일 민족의 독자성을 드러내고자 했던 노력의 표현으로, 종종 민족들 간의 폭력적 갈등을 조장했던 배타주의적 태도와는 무관했다.

낭만주의와 민족주의의 주요 모티브는 그룬트비의 정신세계에서 두루 찾아볼 수 있다. 그의 북유럽 신화 연구, 덴마크 역사와 모국어에 대한 사랑, 조국을 주제로 한 노래와 시편, 농민과 평민의 삶과 문화적 역량에 대한 가치 인식, 민담과 민요 수집 같은 주제들이 그것이다. 하시만 그룬트비를 낭만주의자나 민족주의자라 부르기는 어렵다. 그는 조국을 뜨겁게 사랑한 사람이었지만 전통적 의미에서 민족주의자나 국수주의자는 아니었다. 타국에 공격적인 팽창주의와도 무관했다. 그는 스칸디나비아 국가들의 문화적 연대를 강조했지만 1840년대와 1850년대 젊은 자유주의 계열의 학자층이 추구했던 범스칸디나비아주의와는 명백히 거리를 두었다. 이는 그룬트비가 계몽주의와 경건주의, 자유주의의 정신적 분위기 속에서 살았지만 그를 어떤 특정한 '~주의자'로 규정하기 어려운 점과도 통한다. 이는 콜의 경우도 비슷하다. 콜은 경건주의의 직접적인 영향권 아래에서 살았고 또 거기서 깨달은 것을 교육에 반영했지만 매우 엄격했던 독일의 전통적 경건주의 교육학[16]과는 달리 아동의 '자유'에 역점을 둔 교육을 구현코자 했으며, 이런 점에서 경건주의 교육학으로 부르기 어려운 점이 있기 때문이다. 어쩌면 흡사 계몽주의 정신에서 자라난 박애주의(Philanthropinismus)[17]의 교육적 풍미가 물씬 풍기기도 한다.

3. 자유학교의 전개 양상과 주요 특징

1) 초창기 자유학교의 설립과 이후 자유교육의 전개 양상

---

16) 대표자로는 독일의 프랑케(A. H. Francke, 1663~1727)를 들 수 있다. 교육을 오직 종교적인 것으로 파악하며, 어린이를 참된 경건과 기독교적 지혜로 이끌어 경건한 교인을 육성하고자 한 교육 사조를 일컫는다. 오인탁 외, 『기독교교육사』, 2008, 기독한교, 215. 아울러 양금희, 『근대기독교교육사상』, 한국장로교출판사, 2001에서 경건주의 교육 부분 참조.

17) 계몽주의 시대 바제도(J. B. Basedow, 1724~1790)를 비롯, 그 같은 방향에서 활동한 사람들의 사상 유형을 지칭하는 말로 '박애학교(Schule der Menschenfreundschaft, 1774~1793)'라는 말에서 유래하는 교육 사조로, 인간 안에 내재된 선함을 신뢰하고 행복에 이르는 확실한 길을 이성에서 찾으면서 다양한 양식의 집필 활동과 학교 설립 등을 통해 삶 전체를 인간화시키고자 했다. 오인탁 외, 『기독교교육사』, 215.

두 개척적인 인물을 중심으로 살핀 자유교육운동의 사상적 배경에 이어서 자유학교의 초창기 설립 과정 및 역사적 전개와 특징을 살펴보기로 하자.

앞서 소개했듯이 자유학교의 첫 형태는 농민학교(Peasant School) 혹은 청년을 위한 농민대학(Peasant High School)이었다. 프리스콜레, 즉 어린이를 위한 자유학교는 그 이후에 세워졌다. 그중에서 최초의 시도이자 가장 성공적인 것이 콜의 자유학교다. 1860년 말에 이르러 콜의 모형을 따라 자유학교운동은 대대적으로 확산되기 시작했다. 학부모들은 지역의 공립학교가 마음에 들지 않으면 자신들의 손으로 학교를 세웠다. 학부모가 아이를 학교에 보내는 대신 집에서 가르쳤으며, 만일 스스로 할 수 없으면 다른 부모들과 힘을 합쳐서 가르쳤다. 이러한 노력이 바탕이 되어 다양한 자유학교들이 탄생하기 시작했다. 학부모들은 후견인이나 교육 전문가를 필요로 하지 않았고, 다만 필요할 경우 교사들에게 도움을 요청했다. 이런 시도를 한 학부모들은 대개 시민대학의 졸업생이었다는 점을 지적해 둘 필요가 있다. 따라서 이런 형태의 자유학교에서 학부모가 차지하는 위치와 역할은 결정적인 것이라고 할 수 있다.

20세기 들어, 특히 1950년대에 확정된 상황에 따르면 덴마크의 학령기 아동은 교육의 다양한 권리를 향유할 수 있게 되었다. 1953년 7월 5일 제정된 학교법 제76조에 따르면, "학령기의 모든 아동은 공립학교(folkeskole)에서 무상으로 수업을 받을 권리를 가진다. 학부모와 교육에 대한 권리를 가진 사람들은 공립학교 교육 내용에 상응하는 수업을 스스로 시킬 수 있는 한, 학교에 보내야 할 의무가 없다." 이는 덴마크가 수업에 대한 의무만을 규정하고 있음을 뜻하며, 세계의 거의 모든 나라들이 학교교육을 의무로 규정하는 것과는 근본적으로 차이가 있다. 어떤 아이나 학부모든 만일 공립학교 수업을 받지 않는다면 다음 두 가지 중 어느 한 편을 택하는 셈이 된다. 자유학교를 포함한 사립학교 또는 홈스쿨링이 그것이다.

홈스쿨링의 경우 지역 교육청은 가정에서 이루어지는 수업에 일일이 간섭하지 않고, 다만 학년말 핵심 교과인 덴마크어와 수학, 영어 교과 능력에 대해서만 학업 성취도가 어떠한지 감독한다. 학업성취도는 공립학교 성적 평균 수준 정도면 인정된다. 2008년 현재 덴마크 전역에서 홈스쿨링을 하는 가정은 250여 명 정도 된다. 이 경우는 "학교로부터의 자유(skolerfrihed)"에 의한 교육이라 지칭한다.

자유학교의 경우, 본질적으로 학부모들이 운영하는 사립학교 형태에 해당한다. 세계관과 교육학적 식견에서 공통 기반을 갖고 있는 학부모들이 운영하며, 이들은 학교운영위원회나 총회를 통해서 교사와 교장의 채용 및 해임에 대한 권한을 행사한다. 공교육제도에서 벗어나 있다는 점에서 학생들에게 일정한 조건 아래 학비를 청구할 수 있는데, 이중 일부는 학부모가, 일부는 국가가 부담한다. 국가는 학생 개개인에게 학비의 75% 정도를 지원하며 학교에 시설 운영과 방과후 교육에 드는 경비를 지원한다.[18] 사립학교법은 경제적 형편이 어려운 집 아이들도 배려한다. 이런 학교에 관심 있는 아이가 학교를 선택하는 데 어려움을 겪지 않도록 하려는 배려라 할 수 있다. 이렇게 국가는 학부모들이 누려야 할 공교육제도부터의 자유를 공적으로 보장하고 있다.[19]

2) 초창기 자유학교의 특징: 역사적, 교육학적 견지에서

초창기 자유학교의 성격을 역사적 견지에서 조명하자면 다음 네 가지를 들 수 있다. 첫째, 종교적 차원에서 자유학교는 덴마크 국교의 신앙 양태를 개혁하고 갱신하려는 관점을 바탕으로 삼았다. 둘째, 국민적 차원에서는 독일 문화권과 구별된 북유럽 민족이라는 연대 구조 속에서 덴마크의 정체성을 강화하기 위한 의도가 강력하게 반영되었다. 셋째, 사회적 차원에서는 당시 국민 대다수를 차지하고 있던 농민의 자유로운 삶을 고양시키고 지원하려 했다. 넷째, 정치적 차원에서는 절대왕정의 잔재를 청산하고 옛 정치 구조적 패러다임을

---

18) "Independent (free) schools in Denmark" (www.friskoler.dk).
19) Eckhard Bodenstein, "Länderstudie Dänemark", 438-440. 아울러 Karl K. Ægidius, "덴마크의 학교 풍속도", 『처음처럼』 35 (2003. 1/2): 85-87 참조.

넘어서기 위한 의도가 있었다. 여기서 농민 스스로 능동적으로 정치에 참여하면서 동시에 정치적 반대자에 대해 관용적 태도를 가지는 것을 원칙으로 삼는 '정당'이 설립되었다.

교육학적 견지에서는 내용상 다음 다섯 가지 특징을 들 수 있다. 첫째, 모국어를 강조했다. 둘째, 실생활에서 쓰이지 않는 죽은 언어와 죽은 책의 지식에 대항했다. 그런 뜻에서 반(反)주지주의적 성격을 표방했다. 셋째, 종교를 집에서 가르쳐야 할 과제로 이해하고 학교 교과로 하는 것을 반대했다. 넷째, 종교를 지식의 문제로서가 아니라 삶에 관철시켜야 할 문제로 이해했으며 따라서 학교의 내면적 성격 역시 종교적으로 관철시키고자 했다. 다섯째, 학교 수업의 기조를 덴마크 역사를 바탕으로 민족적 성격을 강조하는 형태로 만들고자 했다. 교육 방법으로는 다음 여섯 가지 특징이 눈에 띈다. 첫째, 암기와 벼락공부에 대한 비판. 둘째, 체벌 반대. 셋째, 어린이에게 적합한 상상력을 불러일으키는 수업 모색. 넷째, 문자보다는 구술, 즉 말해진 언어(이야기, 강의, 동화, 대화, 노래) 중시. 다섯째, 읽기 수업에 동기 부여가 가지는 의미. 여섯째, 학생의 자기 주도성과 능동적 역할 촉진. 이상의 특징을 살펴볼 때 초기의 자유학교는 교육 내용상으로는 부분적으로 보수적 성격도 함축하고 동시에 민족주의적이었지만, 방법적으로는 놀라우리만치 현대적이며 시대를 앞서간 것이었다.

초창기 자유학교의 역사에서 이러한 그룬트비-콜 식의 접근 방식은 결정적이었다. 자유학교는 시간이 지남에 따라 특히 20세기에 접어들면서 부분적으로 외부 영향 속에서 새로운 선개 양상을 보이기 시작했다. 그렇다면 학교의 성격은 어떠한가? 계속해서 20세기 자유학교의 면모를 간추려 살펴보자.

3) 20세기 이후 자유학교의 전개 양상과 특징

(1) 20세기 초엽의 상황과 독일 개혁교육학의 영향

20세기 초엽 덴마크에서는 그룬트비-콜 식의 접근과는 또 다른 양상이 전개된다. 그것은 바로 독일 바이마르 공화국 시대에 형성된 개혁교육학

(Reformpädagogik)[20] 영향으로, 가장 중요한 전달자는 페터 페터젠(Peter Petersen, 1884~1952)이다. 예나대학 교수였던 페터젠은 예나플란슐레(JenaPlan-Schule)를 발전시킨 인물로 수많은 강연에서 자신의 사상을 전파했다. 이 학교는 1923년 처음 예나대학 부속 실험학교 형태로 시작되었으며, 후에 '노작과 생활공동체 학교'(Arbeits-und Lebensgemeinschaftsschule)로 전환·발전되었다. 페터젠은 여기서 기존의 학교를 '인위적인' 것으로 규정하고 그 폐단을 극복하기 위해 '자연스런 삶을 위한 학교'를 구상했다. 그 특징은 여러 해 동안 이어지는 줄기 모둠(학년제를 폐지하고 대신 도입한 3년을 단위로 묶은 연령 혼합 학습 모둠), 다양한 형태의 율동적인 주간 학습계획, 원탁 대화 모둠, 놀이·학습놀이와 체조놀이(Lernspiele und Turnspiele), 그룹학습, 다양한 축제 등에 있었다.[21] 핵심 부분에서 그룬트비-콜의 방식과 페터젠의 방식 사이에는 많은 공통점을 찾아볼 수 있다. 삭막한 책 지식을 거부함, 체벌 금지, 벼락치기 공부와 암기 거부, 엄격히 구획한 교과 구분에 따른 도식적 시간 분배 거부, 아동의 활동 욕구 촉진, 상상력을 불러일으키는 수업 촉진, '살아 있는 말(이야기, 대화, 노래)'의 촉진, 학부모 역할 구현, 교직을 소명으로 받아들이기, 인간적 규모의 학교, 가족적이며 친근한 관계 방식 등이 그것이다.

하지만 개혁교육학과 그룬트비-콜 식의 접근법 사이에는 명백한 차이도 존재했다. 이를테면 개혁교육학의 경우 도시를 기반으로 일어난 지적 운동으로 국제적 성격을 띠고, 사해동포주의적이며 급진 민주주의를 지향한다. 국가와 학부모에 맞서 어린이 스스로의 자기규정을 촉진하고자 했고, 이런 방향에서 공교육제도를 개혁하고자 했으며, 교육학을 자기 목적적인 것으로 이해하고

---

20) 19세기 말에서 20세기 초에 아동의 선천적 가능성에 대한 낙관적 신념에 기초하여 다양한 이론과 실천적 차원에서 교육과 학교를 쇄신하고 개혁하려는 뜻으로 선개된 독일의 개혁교육이론 혹은 개혁교육운동.
21) Winfried Böhm, *Wörterbuch der Pädagogik*, Kröner, 1988, 299. 아울러 김명신의 『대안교육』(문음사, 2002)에서 소개된 네 학교 사례 중 '예나플랜스쿨' 부분 참조. 1989년 통독 이후 현대적인 '예나플란슐레'들이 출현하기 시작해 현재 독일과 네델란드 등지에 확산되고 있다. 이 사례는 다음 홈페이지에서 찾아볼 수 있다: www.jenaplanschule.jena.de.

자 했다. 이에 비해 그룬트비콜 식의 자유학교운동은 농촌 지역을 기반으로 비교적 안정된 농촌 문화에 뿌리를 박고 전개되었으며, 덴마크 역사와 신화를 중시했고, 가부장적 성향을 가지고 있었다. 국가에 대한 학부모의 자기규정 행위로서 국가 공교육제도의 한계를 넘어서고자 했으며 교육학을 종교적, 민족적 깨우침과 갱생이라는 목적의 수단으로 이해했다.

그런 방향에서 개혁교육학적 학교를 설립하려는 시도가 있었다. 실제로 코펜하겐에 공립학교가 하나 세워지기도 했다. 그러나 1920년대와 1930년대에 걸쳐 덴마크에서 제대로 뿌리를 내리지 못했다. 무엇보다 자유학교처럼 국가로부터 법적, 재정적 지원을 받아 내지 못했기 때문이다. 또 1933년부터 1937년에 걸쳐 학부모의 참여에 의해 확산된 공립학교의 세속화 과정 속에서 사회민주주의 이념에 따른 학교개혁이 시도되었던 점을 들 수 있는데, 이런 와중에서 개혁교육학적 사상을 순수한 형태로 구현하려는 힘은 상실되고 말았다. 마지막으로 1933년 독일에서 등장한 국가사회주의 때문에 독일로부터 오던 영감의 원천도 단절될 수밖에 없었다.

농촌 지역에서 확산되던 자유학교와는 대조적으로 도시에서는 좀 보수적인 경향의 실업학교(realskole)가 확산되었다. 규모가 작은 학교들은 1958년 학교법에 따라 좀더 규모가 큰 학교로 통폐합되었다.

(2) 또 하나의 현대적 자유학교 릴레스콜레의 특징

지난 1930년대 설립된 수많은 사립학교들은 상당 부분 개혁교육학적 단초를 함축하고 있다. 자유실업학교나 종립학교의 경우는 좀 덜했으나 또 하나의 현대적 자유학교인 '작은학교(릴레스콜레)'의 경우 이 성격이 강하다. 이 형태는 사립학교 영역과 공립학교 영역에서 구현되었는데, 실제 문제가 있어서이기도 했지만 학부모들 스스로 그렇게 느낀 데서 기인하기도 했다. 그래서 공립학교에서 사립학교로 옮겨 가거나 사립학교를 설립하는 식으로 상황이 전개되었다. 종교 수업을 너무 적게 한다고 생각하는 경우는 기독교 사립학교 형태를 대안으로 삼았다. 반대로 너무 많다고 느낀 경우는 개혁교육학적 정신을 기반으로 하지만 '사회주의적 노선에서 작은학교'를 대안으로 삼았다. 최근 사립학교들은 특히 대도시를 중심으로 번창하고 있다. 이들 학교 안에서 이루어지는 교육은 보통 공립학교와는 분명 다르다.

(3) 자유학교의 최근 상황과 특징

자유학교는 2차 대전 이후 현재까지 발전을 거듭했다. 최근의 상황과 특징을 간추려 보면 다음과 같다.[22]

자유학교의 설립과 운영

- 학부모들은 자체로 모임을 구성하여 자유학교를 설립할 수 있으며 국가로부터 재정지원을 받을 수 있다. 단, 재단은 학교의 설립에 관한 계획과 규약을 만들어 제시해야 한다. 이 경우 재단은 학교를 설립하기 위한 경비로 4,000유로(원화로 600만 원 정도)를 국가에 납입해야 한다.
- 자유학교는 국가가 규정한 교육의 틀로부터 벗어나 학교의 일상과 문화를 자체적으로 조직할 자율성과 자유를 보장받는다. 자유학교에서는 교육 구조를 창조적으로 바꾸고 실험할 수도 있다. 교사와 학부모는 학교에서 힘을 모아 대안적 틀을 만들 수 있다.
- 학부모회가 있으며 위원회가 대표한다. 위원회는 재정에 책임을 지며 교장, 교사와 함께 학교 문화와 미래를 구상한다.

교육이념의 주요 특징

- 국가가 규정한 교육의 틀로부터 자유로운 교육. 자유학교는 교육학적, 철

---

22) 이하 내용은 다음 세 가지 자료의 관련 부분을 간추린 것임: Birte Fahnoe Lund. "Denmark report" (www.effe-eu.org); "Independent (free) schools on Denmark" (www.friskoler.dk); Ole Pedersen. "Education in Denmark". 대안교육연대 주최 덴마크 자유교육 국제심포지엄 자료집 <공교육 안팎을 아우르는 배움의 권리. 덴마크 자유교육의 역사를 통해 배운다'(2010.11.12-15)>, 11-23.

학적, 종교적 믿음에 따라 자체 목표와 교육과정을 운영할 수 있는 법적 권한을 가진다. 평가 방법과 내용의 경우도 마찬가지다. 교육법은 자유학교에 대해 광범위한 유연성을 부여하고 있다.
- 민주적 학교, 즉 '민주적 사회 안에서 살기', '기본적 자유의 권리와 인간의 권리', '양성 평등적 가치를 존중하기' 등의 목표 구현 - 민주 이념과 목표는 덴마크 학교 체제에서 매우 중시된다. 민주주의가 제대로 구현되기 위해서는 다양한 요인들이 필요하다. 하지만 일반적으로 학교제도 내에서 일률적으로 운영되는 조직이 있다. 교육학적, 사회적 계획과 도전들은 토의에 붙여지고 모든 교사와 직원들의 토의를 거쳐 결정된다. 학부모는 학교에서 중요한 역할을 한다. 학부모는 일 년에 몇 차례 초대 받아 아이들에 관한 대화에 참여하여 아이들의 사회적, 창조적, 학문적 능력에 대해 이야기를 나눈다. 이러한 대화를 통해 아이들은 적절한 도움을 받는다. 아이들의 역할은 학교에 따라 다르지만 일반적으로 능력과 연령에 따라 주요 결정에 참여한다. 대부분의 학교에는 학생회가 있고 대의 민주주의 방식으로 운영되는데, 직접 민주주의를 시행하는 학교도 있다.
- 종교(기독교)적 전통. 그룬트바콜 식의 자유학교는 그룬트비와 콜의 특정한 기독교 정신에 입각한 교육적 실천에서 비롯되었으며, 이 전통은 오늘날 학교를 떠받치는 하나의 중심축으로 작용하고 있다.
- 학교를 일종의 '확장된 가정'으로 보기
- 아동의 욕구와 능력에 초점을 맞춘 교육
- 사회적 관계와 교류 능력의 촉진.
- 공립학교의 경우 공통적 목표를 기본 원칙이라는 형식으로 제시하고 이에 따라 개별 교과에서 다루어야 할 요체를 제시한다. 목표에 도달하기 위한 학교의 자유는 국립이나 사립이나 동일하다. 이 목표에 도달하기 위해 주제, 내용, 교육적 재료를 선택하는 것은 학교와 교사의 몫이다.
- 교사의 자유. 자유학교 교사들(공립학교 교사 역시)은 교육학적 신념을 구사하기 위한 자유(확장된 형태)를 보장받고 있다. 교육 방법을 자유로이

구사하기 위한 역사적 전통도 있다. 이 전통은 덴마크 교육제도에서 매우 중요하다. 참여, 창조성, 사회적 인식은 좋은 교사가 되기 위해 지녀야 할 중요한 가치다. 모든 교사는 그들의 공통된 목표에 도달하기 위해 자기 자신만의 길을 발견해야 한다. 팀워크 역시 중요한데, 이는 가르치는 과정에서 교사 개인의 자유를 긍정적 길을 통해 구현하도록 이끈다.
- 초창기 자유학교의 초미의 관심사가 자유와 민주시민사회 형성이었다면 현재와 미래라는 맥락에서는, 지식기반사회에서 강조되는 '경쟁' 관계를 어떻게 비판적으로 소화해 낼 수 있는가, 현 문명이 직면한 '생태학적 위기'에 어떻게 대처할 것인가, 세계화된 삶의 방식에서 어떻게 '세계 시민'으로 성장할 것인가 하는 등의 물음이 새로운 관심사로 떠올랐다.

학제와 교육과정 및 교수-학습의 특징
- 학령 전 유치원 교육을 받는다.
- 입학 연령은 만 7세(6세의 경우도 있으나 보통은 그렇게 하지 않음)이다.
- 1~9학년은 통합교육을 하되 성취도에 따라 수준별 분류는 하지 않는다.
- 교육과정은 모든 학생들에게 '추천'하는 형식이다
- 국정교과서는 없다.
- 낙제가 없다.
- 노작활동, 즉 손과 두뇌간의 협응 작용을 중시하기.
- '지식을 발전시키고 강화하기', 단 지식을 위한 지식이 아니라, '배우는 법을 배우기'.
- 살아 있는 말, 즉 '구술언어(the spoken word)'의 중시. 이것은 주로 '이야기하기(storytelling)'를 통한 수업방식이나 '아침모임'의 형태로 구현한다.
- 9학년 이후에는 3년간의 김나지움 과정이 이어진다.
- 경우에 따라(자유의사에 따라) 10학년까지 다닐 수도 있다. 10학년은 성숙을 위한 기회이기도 하고 또 앞으로 받을 교육 기회를 적절하게 선택할

수 있도록 잘 준비시키기 위한 기간이기도 하다.
- 공립학교의 경우 7학년부터 성적을 매기지만, 자유학교는 자체 평가 방식에 따른다.
- 9학년 말(경우에 따라서는 10학년 말에) 교육부가 시행하는 졸업 시험을 치른다. 이 경우 핵심 교과인 덴마크어, 수학, 영어, 과학 시험이 부과된다. 시험은 지필 고사와 구술 고사로 이루어진다. 핵심 교과 영역에서 기본 능력과 기본 지식을 습득했는지를 국가가 평가하기 위해서다. 그러나 최종 단계까지 어떤 방법으로, 어떤 수업 매체와 교재를 써서, 어떤 교육과정으로 공부할 것인지는 전적으로 자유학교의 의사에 달렸고 또 국가는 여기에 대해 아무런 문제도 제기하지 않는다. 하지만 교육법에 따르면 9학년 말 국가시험을 보지 않을 수도 있다. 2008년 당시 30여 개 정도의 자유학교가 시험제도를 도입하지 않기로 했다. 그뿐 아니라 역사와 종교 과목도 학교 자체의 기준에 따라 면제 신청을 할 수 있다.
- 2010년 현재 260여 개 학교가 있다.

이상 언급한 것처럼 자유학교는 상당한 폭의 자유를 누리지만 일정한 체제에 따라 감독을 받기도 한다. 학부모의 감독, 학부모가 선출한 사람에 의한 감독, 교수 과정에 대한 검토, 이 세 단계에 따른 감독 체제가 작동하고 있다. 감독 과정에서 만일 학교가 법적 요건을 충족시키지 않고 있음을 발견할 경우 교육부는 법에 따라 재정지원을 중단할 수 있다.

자유학교인 프리스콜레를 전통적인 공립기초학교인 폴케스콜레와 비교해 보면 다음과 같은 차이가 드러난다. 공립기초학교의 경우, 학년별 학급 운영제이고 45분 단위로 과목별 수업을 한다. 수업은 학급 담임 교사가 맡아 주별로 진행한다. 이론적이며 앉아서 하는 수업 형태이다. 세 명의 어린이가 의무를 분담한다. 이를테면 두 명이 우유를 가지러 가고 한 명이 칠판을 닦는다. 음악과 창조적 활동을 위한 수업 시수는 적다. 거의 모든 수업을 교실 안에서 진행한다. 교재와 교구는 책과 종이를 주로 사용한다. 학교의 일상은 하나의 시간표 안에서 규정된다. 놀이터는 푹신한 아스팔트가 깔린 교정이다. 어린이는 보통 자기 반 아이들과 교사 몇 사람을 알 뿐이다. 이에 비해 자유학교의 경우, 연령층을 섞어 학습 집단을 구성한다. 학습은 프로젝트법을 통해 학문 영역 간 상호 연관 구조를 통해 이루어진다. 수업 구조는 학급별로 운영하며 하루에 하나의 수업이 단위가 된다. 청소, 장보기, 계획 세우기 등 모든 아이들이 책임을 분담한다. 음악과 창조적 학습 시간을 인지적 교과와 균등하게 배정한다. 수업 중 상당 부분을 학교 밖에서 진행한다. 실험과 관찰을 강조한다. 어린이와 학부모는 학교 안에 머물러 활동할 수 있다. 놀이는 학교뿐 아니라 자연 안에서, 이를테면 모험 놀이, 동물 놀이, 정원 작업 등의 형태로 이루어진다. 아이들은 학교의 모든 아이들과 모든 교사를 알고 지낸다.[23]

4. 자유중등학교(Efterskole)

1) 자유중등학교의 역사적 전개 과정

자유중등학교의 역사적 전개 과정을 초기부터 현재까지 연표로 간추려보면 다음과 같다.[24]

- 1851년 크리스튼 콜이 뤼스링에에 최초의 자유중등학교를 설립.
- 1874년 몇몇 자유중등학교가 독일 점령 지역의 덴마크 학생에게 덴마크 교육을 촉진하기 위한 목적으로 국경 지역을 따라 설립되기 시작.
- 1879년 갤트룹에 자유중등학교가 설립됨. 현존하는 자유학교 중 가장 오래된 학교임.
- 1930년 덴마크 국회에서 자유중등학교에 관한 법이 제정되고, 이어서 일

---

23) Eckhard Bodenstein, "Länderstudie Dänemark", 444-448.
24) Efterskolernes Sekretariat (ed..), *Meet the Danish Efterskole*, 11-13.

련의 법적 변화(1942, 1954, 1967, 1992, 1994, 1996, 2000)가 뒤따름.
- 1960년 비형식 교육에서 형식 교육(공교육)으로 어떻게 이동해야 할지에 대한 논쟁이 벌어짐.
- 1967년 자유중등학교는 공교육 졸업 시험 중 몇몇 부분을 준비하기 위한 과정을 개설하도록 허가 받음. 그럼으로써 일정 부분에서 진통과 균열이 생겨남.
- 1975년 공립학교와 동일한 조건에서 모든 교과의 종합 시험을 준비하도록 허가 받음. 하지만 1970년대까지 대부분의 자유중등학교는 그룬트비와 콜의 교육사상에 따라서 운영되었고, 특수 과목에 초점을 맞추지 않고 일반 교과를 폭넓게 가르쳤음. 현재 이렇게 하는 곳은 36% 정도임.
- 1975부터 1990년까지 매년 새로운 학교가 설립되고 학생들이 꾸준히 증가하는 추세임.
- 1994년 지방정부가 학비 지원 조치를 취함. 그 결과 더 많은 학생들이 자유중등학교를 지원할 수 있게 됨. 1994년 학교법은 평가와 결정, 책임을 중앙정부(교육부)로부터 지방정부에 이양하도록 규정함.
- 1996년 국회가 국가 재정지원 조건에 관한 법을 개정함. 모든 학교는 진정으로 자유롭고 독립적이어야 하며, 각 가정이 모든 것을 결정하도록 하는 문제가 중점적으로 다루어짐. 이는 학교운영위원회가 학교와 학생들의 이익을 위해 더 많은 짐을 져야 함을 뜻한다.
- 2000년 모든 자유중등학교는 교육 목적상 각각 고유한 기본적 가치를 설정하고, 이에 따라 비판적 견지에서 매년 말 자체 평가를 하도록 함.

2) 현대적 자유중등학교의 유형과 특징

오늘날 자유중등학교는 고전적 모형을 바탕으로, 좀더 다양하고 복잡하게 진화하여 운영되고 있다. 이를 개관하면 다음과 같다.[25] 2010년도를 기준으로 260개교가 있으며, 매년 28,500명 정도가 재학하고 있다. 학생 수는 매년 증가

해왔으며 최근에는 더욱 증가 추세다. 종교단체(경건주의 단체, YMCA나 YWCA) 와 관련된 학교들이 1950년대와 1970년대에 설립되었으며, 이러한 현상은 최근 들어 다시 나타나고 있다. 1970년대 후반과 1980년대에는 노동자 단체와 정치 조직, 교육 단체들이 각자의 이념에 기초하여 학교를 설립했다. 트빈스쿨 협회(Tvind School Cooperation)는 13개 이상의 자유중등학교를 설립했다.

1980년대와 1990년대에는 영재 아동이나 학습 부진아를 위한 특별한 목적 아래 학교들이 설립되었다. 정규학교에서 독서 장애, 학습 부진, 지적인 문제 등으로 어려움을 겪고 상처받은 아이들에게 두 번째 기회를 주기 위해서였다. 이런 학교들은 이론적 학습과 동시에 실제 생활에 관련된 폭넓은 학습 기회를 제공한다. 이들 중에는 현장에 바탕을 둔 최신 과학이나, 혹은 완전학습법이나 다중지능이론 등을 사용하여 탁월한 성공을 거둔 학교들도 있다. 학습 부진아를 위한 학교도 14% 정도를 차지한다.

1980년대와 2000년대에는 체육, 음악, 연극, 자연 및 생태에 초점을 맞춘 학교들이 증가했다. 이들 학교는 모두 창조적이고 자기 성취적 방향에서 인격적 발달을 도모하려는 목적을 설정하고 있다. 이는 보통의 전통적 학교에서는 기대하기 어려운 것으로 간주된다(15% 정도). 나머지 13% 정도는 유형화시키기 어려운 사례들이다.

자유중등학교의 특징을 소개하면 다음과 같다.[26]
- 14~18세의 청소년들이 다닐 수 있고 학년으로는 8~10학년에 해당한다.
- 공립학교를 다니는 대신 1~2년간의 재학 기간을 선택하여 다닐 수 있다. 졸업 시험을 통과하면 공립학교와 동일한 자격을 부여받는다.
- 모두 기숙학교 형태이다.
- 학생 수는 적게는 30명 많게는 500명 정도이며 평균 105명이다.

---

25) Efterskolernes Sekretariat (ed.), *Meet the Danish Efterskole*, 14-16.
26) Efterskolernes Sekretariat (ed.), *Meet the Danish Efterskole*, 22-25.

- 대부분의 자유중등학교는 전원이나 마을 가까이에 있다.
- 일반 교육(general education)을 제공한다. 기초적 과제를 다루며 개인의 전체적 발달을 목적으로 한다.
- 자유중등학교는 사회적 기능을 수행하는 것을 목적으로 한다. 그렇지만 이를 사회기관으로 볼 수는 없다. 자유중등학교는 엄연히 하나의 학교다.
- 자유중등학교는 자기결정 구조를 갖춘 사립교육기관이다. 사립학교운영위원회가 커다란 책임과 권위를 가지고 운영한다. 한편 학교는 덴마크 교육부의 감독을 받는다.
- 학비와 생활비를 납부한다. 금액은 학교마다 다르지만 차이는 그리 크지 않다. 학비의 일부는 부모가, 일부는 국가와 지방 정부가 책임진다. 이러한 공적 지원체제의 도움을 받아 원하는 사람은 누구나 자유중등학교를 자유롭게 선택하여 다닐 수 있다.
- 공립학교 교육과정과 아주 다른 교육과정을 자유롭게 운영한다. 모든 학교들이 같은 교육과정을 갖고 있지 않으며, 과목 선택과 교수법을 학교 스스로 정한다. 그 내용과 방식은 학교가 어떤 노선을 취하고 있느냐에 따라 다르다. 예컨대 그룬트비-콜 식의 학교는 일반교육과 계몽이라는 노선을 견지하되, 폭넓게 창조적 교과를 운영한다. 체육에 초점을 맞춘 자유중등학교는 신체 교육을 강조하기는 하나 그룬트비 사상을 실천한다는 점에서 매우 고전적이다. 어떤 학교는 경건주의적 성서 읽기에 기초한 교육과정을 운영한다. 또 다른 학교는 교실 수업보다는 다양한 워크숍과 현장 연구에 치중한다. 어떤 학교는 몇 개의 주제에 초점을 맞추어 운영한다. 여기서는 학생과 교사가 함께 기간을 정해서 공부할 주제를 모두 함께 논의하여 결정한다. 이러한 차이에도 자유중등학교는 공립학교와 동일한 종합 졸업 시험을 치르게 되어 있다. 그러므로 각각의 학교는 이러한 점을 고려하여 그들의 특수성을 고려해서 아주 유연하게 학기를 운영해야 한다. 자유중등학교는 작은 사회이다. 그만큼 여기서 함께 살기 위해서는 다음 사항들을 유의해야 한다.

- ▶ 계획으로 잡힌 활동은 공통이든 의무든 선택이든 반드시 참여해야 한다.
- ▶ 일상의 허드렛일을 해야 한다. 빨래, 방청소, 공동 구역에 배정된 일, 순번(일 년에 일주일씩)으로 돌아오는 부엌이나 바깥마당 청소.
- ▶ 남의 일을 자기 일처럼 돌봐야 한다. 환경도 역시 자기 소유물처럼 가꾸어야 한다.
- ▶ 타인과 자신의 차이를 안다.
- ▶ 술이나 마약을 해서는 안 된다. 학교 안은 물론 학교 활동이 외부에서 이루어지는 경우, 혹은 등하교 시 이 규칙을 어길 경우 즉시 제적된다.
- ▶ 방과 후, 학생들은 일정한 규칙에 따라야 한다. 남학생은 남학생 방만 방문할 수 있고, 여학생은 여학생 방만 방문할 수 있다. 이 규칙을 어길 경우 즉시 제적된다.

맺는 말_덴마크 자유교육이 우리에게 주는 시사점

자유교육을 위한 그룬트비와 콜의 사상과 활동은 덴마크 역사뿐 아니라 세계교육사, 특히 개혁교육운동과 시민교육운동의 맥락에서 뜻 깊은 일이라고 할 수 있다. 이런 노력은 1890년 이래 전개되기 시작한 서구의 개혁교육학 내지 신교육운동 혹은 진보주의운동보다 40년 정도 앞서 이루어진 것으로, 비슷한 시기에 견줄 수 있는 사례는 러시아에서 세계적 문호 톨스토이(L. Tolstoj)가 시도한 자유교육 사상과 실천 사례[27] 정도이다.

덴마크 자유교육의 개념과 다양한 자유학교들은, 한국의 현 초중등학교 교육제도 아래에서, 그리고 시험 성적을 위해 프로그래밍되어 있는 사교육 구조 속에서 살아가는 학부모와 학생들에게 교육과 삶의 의미를 반추하도록 말을 걸어온다. 학교교육에 대한 의무보다 그에 상응하는 학습에 대한 의무 규정은,

---

[27] 송순재, 『유럽의 아름다운 학교와 교육개혁운동』, 내일을 여는 책, 2000, 2장.

오늘날 포스트모던적 요소를 지닌 한국 사회에서, 그리고 초중등 대안학교에 대한 사회적 요구가 점증하는 시점에서 적지 않은 시사점을 준다.

덴마크의 자유학교는 한편으로 종교적 기반과 배경을 가지고 있다는 점에서 오늘날 한국의 종립학교나 기독교 대안학교들의 교육적 방향 정립에 시사하는 바가 있다. 미션스쿨의 경우, 상당 부분 목표설정에서 교리주의적·일방적인가 하면, 방법에서도 예배 출석의무와 종교수업을 의무로 강제하며 전통적·교사중심주의적·언어주의적 교수법에 의거한, 한마디로 고답적 틀에 고착되어 있기 일쑤이며, 기독교 대안학교의 경우도 상당 부분 옛 경건주의적 내지 근본주의적 목표설정과 교수법에 의거하여, 이들을 과연 아동의 자유에 초점을 맞춘 대안학교라 할 수 있는가에 대한 물음을 던지게 하기 때문이다. 그룬트비의 경우, 성서뿐 아니라 민족의 역사와 세계사를 종교수업의 또 다른 중심축으로 보았다든지, 생동성과 아동의 자유, 자연스러움, 상호대화, 이야기와 노래, 놀이 등을 중시했는가 하면, 콜의 경우 경건주의적 교육학의 전통에 서 있으면서도 아동이라는 존재와 그 자유를 기반으로 교육을 수행하려 했다는 점에서 그리고 바로 이 점에서 전통적 경건주의 교육학의 구조 내지 특징과는 확연히 구분된다는 점이 중요할 것이다. 이 대목에서 우리나라에서 언급할 만한 사례는 '온양한올고등학교'(천안, http://www.hanol.hs.kr)로, 이 학교는 지난 수년간(2003년 이래) 수행해 온 개혁프로그램을 통해서 종래의 기독교 종립학교의 틀을 과감히 벗어버리고 청소년의 삶과 자유에 기초한 교육과 종교교육의 틀을 새롭게 발전시켰기 때문이다. 이 주제는 그룬트비와 콜에 관한 별도의 연구를 통해서 보다 심도 있게 다루어질 수 있을 것이다.

교육과정과 교수학습 구조상 덴마크의 자유학교는 20세기 초엽 독일 예나에서 시작된 예나플랜슐레와 많은 점에서 유사성을 보인다. 인위성이 아니라 자연스러움을 경험할 수 있는 학교, 생활공동체, 삶의 즐거움과 행복, 줄기 모둠 내지 연령별 혼합 모둠, 아침 원탁 대화 모둠, 상호 대화, 자기활동, 노작, 놀이, 축제 등 다양한 중심주제들에 대해서는 향후 지속적인 연구와 발전을 위한 노력을 요하며, 최근 한국의 혁신학교운동을 위해서도 매우 시사적이다.

덴마크 시민대학은 현대적 시민사회를 형성하는 데 크게 기여했다는 점에서 우리 사회에 시사하는 바가 크다. 평생교육 담론이 점점 세력을 확장해 가고 있지만 자본주의적 모순이나 사회 양극화 문제에 제대로 응답하지 못하고 있다는 점에서, 그리고 우리 사회의 민주적 재구성이라는 중대한 역사적 과제를 앞두고 민주시민 양성 측면에서도 시사하는 점이 많다. 또 오늘날 교육 내용이 매우 풍성해진 시민대학은 적용하기에 따라 우리나라 교육제도의 모순과 한계를 극복할 수 있는 길을 제시할 수도 있을 것이다.

교육학적 자유라는 점에서 덴마크 자유학교는 풍부한 자유를 누려 왔다. 이는 공립학교의 경우에도 일정 부분 해당된다. 하지만 최근 덴마크에서도 경쟁력을 높여야 한다는 강력한 목소리에 부딪혀 적지 않은 어려움을 겪고 있다. 공립학교 경우도 마찬가지다. 이를테면 지난 몇 년간 현 단계에서 의무교육제를 10학년으로 늘릴지에 대한 문제가 교육 전문가와 정치가들 사이에서 꾸준히 논의되었으며, 몇 년 전 교육부는 10학년 의무제 법안을 상정했다. 하지만 자유학교에 가거나 홈스쿨이 불가능한 청소년들만이 10년 동안 학교를 다녀야 한다는 의견이 이에 팽팽히 맞서서, 결국 모든 청소년들이 10학년을 다니도록 한 법안은 부결되었다. 이처럼 최근 덴마크에서는 학교 공부를 이전보다 일찍 마치도록 하는 경향이 두드러지게 나타나고 있음을 볼 수 있다. 또 최근까지 평가 방식은 공사립을 막론하고 학생의 사회적, 학문적, 창조적 능력에 대해 학부모와 교사와 학생이 함께 이야기를 나눈 결과를 토대로 했으며, 서로에 대한 신뢰가 핵심적 가치를 지니고 있었다. 이렇게 다양한 경로를 통해 이루어지는 대화식 평가에서 좀더 표준화된 방식의 기술식 평가로 바뀌고 있다. 이리하여 지금까지 존속되어 오던 참여와 신뢰성 및 유용성은 점점 흔들리고 있다.[28]

하지만 이런 어려움에도 불구하고 덴마크 자유학교가 덴마크 사회와 교육 전반의 기본 축에서 차지하는 의미는 여전히 뜻 깊다. 또 현재의 모습이 한국

---

28) Birte Fahnoe Lund, "Denkmark report" (www.effe-eu.org).

사회의 대안교육은 물론 사회와 교육 전반에 주는 시사점 역시 매우 인상적이며 많은 대화와 논란의 소지를 준다. 중요한 것은 그간 비교적 많은 자유를 구가하던 서구의 학교들이 세계화 과정에서 학력의 중요성과 학습의 긴장도를 강조하는 추세를 보인다고 해서 우리 역시 그럴 수는 없다는 것이다. 왜냐하면 우리는 이미 오랫동안 강도 높은 학습에 주력해 왔기 때문이다. 따라서 앞으로의 우리 교육을 위해서는 학습자의 자유문제가 본격적으로 다루어져야 할 것이다.

덴마크에서는 자유교육과 자유학교를 위해 학교, 시험, 감독, 국가보조금, 회계 및 감사, 지방정부분담금, 홈스쿨링, 유치원 및 취학 전 교육활동 등에 관한 법적 보장과 지원체제를 발전시켰는데, 이는 한국의 대안교육에도 매우 시사하는 바가 크다. 여기서 깊이 있는 논의를 하기는 어려우므로 축약하여 말하자면, 덴마크 사례에 비추어 볼 때, 우리나라의 아동과 청소년들이 다양한 교육 현장에서 배움의 권리를 향유할 수 있도록 법적 권리를 보장하는 것이 마땅하다는 것이다. 여기에는 홈스쿨링 같은 학교 밖 교육도 포함된다. 하지만 이러한 법적 지위를 향유하기 위해서는 국가와 대결하기보다 서로에 대한 이해의 폭을 넓히면서 꾸준히 대화할 필요가 있다.[29] 현대적인 대안학교운동의 법적 지위 문제는 조선조 사학기관이던 서원이 국가에 청원하여 법적 지위를 획득하였던 역사적 사례를 통해서도 새롭게 접근할 수 있을 것이다.

---

29) Ole Pedersen, "Education in Denmark", 대안교육연대 주최 덴마크자유교육 국제심포지엄 자료집, 11-23 참조.

참고문헌

고병헌. "그룬트비와 풀무학교". 『처음처럼』 36 (2003.3/4): 84-93.
김명신. 『대안교육』. 문음사, 2002.
김성오. "그룬트비 읽기". 『처음처럼』 36 (2003.3/4): 66-83.
김영희. 『대한민국 엄마들이 꿈꾸는 덴마크식 교육법』. 명진출판, 2010
송순재 편저. 『대학입시와 교육제도의 스펙트럼』. 학지사, 2007.
송순재. 『유럽의 아름다운 학교와 교육개혁운동』. 내일을 여는 책, 2000.
양금희. 『근대기독교교육사상』. 한국장로교출판사, 2001.
오인탁 외. 『기독교교육사』. 기독한교, 2008.

Aegidius, Karl K. "덴마크 사회와 그룬트비의 사상". 김자경 역. 『처음처럼』 23 (2001.1/2): 72-75.
Aegidius, Karl K. "그룬트비와 콜의 교육사상과 덴마크의 프리스콜레". 송순재 역. 『처음처럼』 23 (200.1/2): 78-110.
Aegidius, Karl K. "덴마크의 학교풍속도". 『처음처럼』 35 (2003. 1/2): 82-103.
Aegidius, Karl K. "교육에서의 자유". 『처음처럼』 35 (2003. 1/2): 104-163.
Allchin, Arthur Macdonald. *N.F.S. Grundtvig. An Introduction to his Life and Work*. Aarhus Uni.Press, 1998.
Berker, Peter. *Christen Kolds Volkshochschule. Eine Studie zur Erwachsenenbildung im Dänemark des 19.Jahrhunderts*. Münster 1984.
Berlin, Isaiah. 『낭만주의의 뿌리 *The Roots of Romanticism*』. 강유원·나현영. 이제 이북스, 2005.
Böhm, Winfried. *Wörterbuch der Pädagogik*, Kröner, 1988.
Bodenstein, Eckhard. "Länderstudie Dänemark". In: Länderstudie Dänemark. In: *Reformpädagogik und Schulreform in Europa*, Bd. II. Hrsg.v. M.Seyfarth-Stubenrauch, Hohengehren 1996, 437-442.
Poul Dam. 『덴마크의 아버지 그룬트비 (Nikolaj F. S. Grundtvig)』. 김장생 역 (누멘, 2009)
Dansk Friskoleforening (Hrsg.). *Die dänische friskole - ein Teil der Grundtvig koldschen Schultradition*, Faaborg 1995.
Efterskolernes Sekretariat (ed.). *Meet the Danish Efterskole*. Copenhagen 2000.

Grundtvig, N.F.S. "삶을 배우는 학교". 김성오 역. 『처음처럼』 36 (2003.3/4): 94-116.
Heath, Duncan Heath & Boreham, Judy. 『낭만주의 Introducing: Romanticism』. 이수명 역. 김영사, 2002.
Jensen, Niels Lyhne (ed.). *A Grundtvig Anthology. Selections from the Writings of N.F.S.Grundtvig.* Cambridge: James & Co.
Kulich, Jindra. "Christen Kold: Gründer der Dänischen Volkshochschule. Mythen und Realität". In: *Die Österreichische Volkshochschule* 186 (Dezember 1997): 7-15.
Lund, Birte Fahnoe. "Denmark report" (www.effe-eu.org).
Lund, Birte Fahnoe. "Independent (free) schools on Denmark" (www.friskoler.dk).
Lund, Birte Fahnoe & Skerninge, Vester (ed.). *Freedom in Thought and Action. Kold's Ideas on Teaching Children,* Copenhagen 2003.
Pedersen, Ole. "Education in Denmark". 대안교육연대 주최, 덴마크 자유교육 국제심포지엄 자료집 <공교육 안팎을 아우르는 배움의 권리. 덴마크 자유교육의 역사를 통해 배운다(2010.11.12-13)>, 11-23.
The Association of Folk High Schools in Denmark (ed.). *The Danish Folk High Schools,* Copenhagen, 2001.
Thodberg, Christian & Thyssen, Anders Pontoppidan (Hrsg.). *N.F.S. Grundtvig. Tradition und Erneuerung.* Übersetzt von Eberhard Harbsmeier. Kopenhagen: Dänisches Institut, 1983.

자유학교의 운영 원리와 실제

덴마크의 프리스콜레(friskole), 즉 자유학교는 덴마크 자유교육 전통의 일부를 이룬다. 이 전통은 학교교육에 관한 그룬트비와 콜의 사상에 뿌리를 두고 있으며, 시민대학(folkehøjskole)과 자유중등학교(efterskole)도 여기서 생겨났다.

자유학교는 160여 년의 역사를 가졌으며 오래된 시민사회운동의 산물이다. 자유학교는 그 자체가 살아 있는 전통이기 때문에 그 다양함을 포괄적으로 서술하기가 어려우며, 또 인간 상호작용 안에 함축된 의도를 나타내야 하기 때문에 이를 잘 묘사해 내기가 쉽지 않다. 이런 한계를 감안하여 자유학교의 개략적인 성격을 살펴본다.

자유학교 사람들은 널리 알려진 안데르센의 동화 '바보 한스(Klods-Hans, Numskull Jack)' 이야기를 자주 한다. 이 이야기가 자유학교의 성격을 잘 나타내기 때문이다. 한스는 잘난 두 형제들(대다수 사람들처럼 확실히 성공할 수 있다고

이 글은 덴마크 자유학교협회(Danish Friskole Association)가 덴마크 교육부의 지원으로 간행한 『덴마크의 자유학교』(Die dänische friskole – ein Teil der grundtvig-koldschen Schultradition, Martin Groh 역, 1995)에서 발췌해서 송순재가 옮긴 것이다. 덴마크어 원본은 최근 개정되어 나왔으며 현재 영어와 독일어로 번역 중이다. 따라서 이 글에서 시간적으로 제약이 있는 부분, 이를테면 덴마크의 자유학교에 대한 법적 지위와 상태 등에 대해서는 다른 자료를 참고해 수정, 보완했음을 밝혀둔다. 그럼에도 최근 상황을 반영하지 못한 부분은 여전히 남아 있다. 협회의 종류나 협회에 가입한 학교와 재학생 수 등은 변동 가능성을 열어두는 것이 좋겠다. 하지만 그러한 제약에서 비교적 자유로운 역사 기술 부분에서는 덴마크 자유교육의 상황을 이해하는데 요긴한 도움을 받을 수 있을 것이다.

믿는 허상에 빠진 형제들)보다 문제를 더 잘 풀 수 있는 사람이다. 그는 한 보따리의 용기와 남들보다 그다지 뛰어나지 않은 재간 덕분에 예측할 수 없는 삶의 과제를 완숙하게 해낸다. 결국 바보 한스는 공주와 왕국의 절반을 얻을 수 있었다.

자, 이제 자유학교에 대해 살펴보자. 덴마크 학부모들은 아이들을 공립학교나 국가 보조로 운영되는 다양한 형태의 사립학교들 중 하나를 마음에 드는 대로 선택해서 보낼 수 있다. 용기와 끈기가 있다면 스스로 옳다고 생각하는 원칙에 따라 새로운 학교를 설립할 수도 있다. 덴마크에는 이런 형태의 다양한 사립학교들이 있다. 학교의 색깔은 종교적, 정치적, 교육학적 스펙트럼에 따라 모두 다르다. 진보적 성향의 학교도 있고, 보수적 성향의 엘리트 양성 학교도 있다. 독일계 소수민족 학교와 회교권 아이들을 위한 학교도 있다. 여기에 대해서는 따로(6, 8장) 해설하기로 한다.

그러나 이 글에서는 무엇보다도 그룬트비와 콜의 자유학교 전통과 그 생명이라 할 수 있는 자유에 대해 밝히고자 한다. 우선 그 역사적 뿌리를 살펴보고, 이어서 학교운영의 주체가 되는 학부모와 소수자의 권리에 대해 이야기해 보겠다. 여기서 말하는 자유의 원리란 이념으로서의 자유, 교육학적 토대로서의 자유, 경제적 자유를 의미하며 또한 교원 임용과 학생의 자유를 의미하기도 한다. 그다음에는 자유학교에서 공통적으로 내려오는 기조 중 몇몇 부분에 대해 살피고, 마지막으로 세 군데의 자유학교를 교장이 설명해주는 방식으로 좀더 사세히 들여다보겠다.

1. 간추려 본 덴마크의 학부모운동

덴마크의 자유학교는 학교나 교육학에서 시작된 것이 아니다. 그것은 19세기 중엽 이래 덴마크 사회를 근본적으로 뒤바꾼 시민사회의 풀뿌리운동과 함께 시작되었다. 절대왕정시대의 왕은 일종의 국부(國父)로서 떠받들어졌고, 국민은 미숙하고 우매한 존재로 여겨졌다. 정치, 경제, 교육, 교회 등 모든 영역에서 그러했다. 그러나 19세기 중엽에 이르러 덴마크 민중들은 스스로의 문제를 자기 책임으로 해결해야겠다고 생각하기 시작했다.

먼저 종교적 각성운동이 일어났다. 사람들은 교회와 목사만이 구원에 이르는 길을 제시할 수 있다는 오래된 믿음에서 벗어나 신과 직접적 관계를 맺으려 했다. 종교 문제를 이런 식으로 통찰하자 다른 문제들도 쉽게 해결되었다. 교육과 아이를 학교에 보내는 문제도 그들 스스로 해결해보려 했다. 또 계속해서 경제, 정치 문제를 스스로 해결하려 했다. 아무리 복잡하게 보이는 일이라 할지라도 신과 관계 맺는 문제와 아이들을 좋은 삶으로 이끄는 물음보다 더 중요한 것은 없었다. 사람들은 목회자가 무능력하면 스스로 자유교회(free congregations)를 세워 목사를 초빙했다. 농사를 지어서 돈을 벌고 싶으면 낙농협동조합이나 도축협동조합을 세웠다. 상인들이 폭리를 취한다고 느끼면, 곧바로 소비자협동조합을 만들었다. 서로 이야기를 나눌 장소가 마땅치 않으면 커다란 집회 장소를 만들었다. 덴마크 사람들은 중앙정부나 지방정부의 관리들이 일을 시작할 때까지 기다리고만 있지 않았다. 정부나 관리가 움직이지 않으면 곧바로 주도권을 행사했다. 비록 때마다 재정적인 어려움이 따르고, 해결 방법도 잘 알지 못했지만 그렇게 했다.

이런 식으로 그들은 학교도 만들기 시작했다. 당시 지역에 있는 대부분의 학교들은 좋은 평가를 받지 못했다. 부모들은 자기 아이들에게 무엇이 좋은지를 판단했다. 지역의 공립학교가 좋으면 전폭적으로 신뢰했지만, 그렇지 못할 경우에는 스스로 학교를 세웠다. 가장 좋은 것으로는 집에서 아이들을 직접 가르치는 것이라 생각했다. 만일 한 집 힘으로 할 수 없을 경우에는 여러 집이 함께 모여 아이들을 돌보고 가르쳤다. 그리고 스스로 아이들에 대한 책임을 졌다. 여기가 바로 자유학교의 탄생의 자리였던 것이다. 이를 위해 후견인이나 전문가를 초빙하지 않았고, 다만 부모의 자리를 대신해 줄 교사만을 필요로 했다.

이런 사람들 사이에서는 원칙적으로 부모가 아이들을 직접 가르치는 것을 최선으로 한다는 분위기가 지배적이었다. 하지만 실제로 어떻게 가르쳐야 할지는 몰랐기 때문에 '공동육아법'을 도입했다. 그리고 스스로 책임을 떠안게 된 것이다. 이렇게 해서 자유학교가 시작되었다. 단, 자유학교에는 교육행정가나 전문가는 없었지만, 아이들에게 부모와 같은 관계를 맺고 교육에 대해 어느 정도 지식을 갖춘 교사는 반드시 있어야 했다.

1) 자유학교의 원리

이 모든 것을 포괄하는 공통 원리는 폴켈리(folkelig)적 요소, 즉 평민적[29] 요소이다. 마치 선전 문구처럼 들리는 이 말을 한 문장으로 정의하기는 쉽지 않다. 이는 자기 자신과 타자를 위해 기꺼이 책임지는 자세를 말한다. 즉, 공동체성과 자유를 함께 강조한다. 이 둘은 언제나 함께 붙어 다닌다. 공동체를 말하지 않고서 평등을 말할 수 없고, 평등을 말하지 않고서 공동체를 말할 수 없다는 말이다. 어느 하나도 다른 하나의 희생을 담보로 할 수 없다. 자유를 공동체성에 귀속된 문제로 여기는 사람도 있거니와, 공동체 안에서 자유란 구성원들이 피차 서로 빚지고 있음을 뜻한다. 공동체성 또한 사람들이 공동체 안에서 자유를 찾을 수 없을 경우 그 자체가 모순적이다. 거꾸로 자유의 진정한 의미는 자유를 그 요소로 삼는 공동체성에서 취할 수 있다.

평민적 요소는 다른 한편으로는 평등을 지향하는 책임을 뜻한다. 평등이란 다음 두 가지를 말하는데, 그룬트비의 노래(평민운동의 노래로 불리기도 했던)에서 찾아볼 수 있듯이 "성(城)과 오두막은 같은 가치를 지닌다"는 뜻이다. 하지만 이는 외적 평등을 말하지 않는다. 사람들 간에 어떠한 차이가 있든 권리 행사는 동등하다는 인식이 여기에 출발점을 두고 있다. 이런 모습으로 평등을 촉진하려는 노력이 이루어졌다. 낙농업자의 예를 들면 두 마리 소밖에 가지고

---

[29] folkelig는 민속적, 민중적, 국민적, 시민적, 평민적이란 의미를 가지고 있는데, 여기서는 평민적으로 번역한다.

있지 못한 농부라 할지라도 서른 마리를 가진 부농과 아무런 차이 없이 같은 영향력과 결정권을 행사할 수 있었다. 동일한 자격이 처음부터 주어지고 이는 보다 더 큰 평등 구조를 확보하기 위한 노력으로 이어졌다. 경제력과 지식은 스스로 평등하다고 느끼기 전까지는 결코 평등한 문제가 아니다. 모든 사람은 동일한 존엄성을 지니고 태어난다. 원칙적으로 우리 모두가 평등하게 창조된 존재라면 외적 조건에 있어서도 더 많은 평등을 위한 방향으로 나아가는 것이 자연스럽다는 말이다.

평민적 요소에 대해 언급해야 할 다른 요소는 책임에 대한 문제다. 자기 일에 대해서는 스스로 책임을 진다. 이는 모든 사람들이 관료나 전문가가 하는 만큼은 할 수 있다는 생각을 갖고 있음을 의미한다. 그 결과와 위험에 대해 스스로 감수해 낸다는 뜻이다. 사람들은 결정을 내릴 수 있는 구조를 만들고 결정을 이끌어 냈다. 그리고 잘해 낼 수 있었다. 때때로 실패도 했지만 꾸준히 앞으로 나아갔으며 점점 더 잘할 수 있도록 노력해 왔다. 여기서 자기 신뢰가 생겨나기 시작했으며 그 결과에 대해 그들 스스로도 놀랐다. 그와 동시에 탁월한 능력을 가졌으나 타인을 돕는 데 너무 비싸게 구는 전문가들에 대한 불신도 생기기 시작했다. 전문가에게 기대기보다 자기 자신을 신뢰하는 법을 배우기 시작했던 것이다.

2. 부모의 권리

아이를 양육하고 가르치는 일은 부모라면 누구에게나 실존적인 문제이다. 그 누가 하나의 개별적 존재로서의 인간인 아이에게 폭력을 행사할 권리가 있다고 주장할 수 있을까? 이것은 늘 이념사적 논쟁거리가 되어 왔다. 고대 그리스에서는(현대의 독재자들에게도 해당되는 사안이지만) 국가를 유기체적 본질로 보았다. 일찍이 아리스토텔레스는 "전체가 부분에 앞선다"고 말했다. 국가가 개인에 우선한다는 것이다. 이런 사상을 깨뜨린 것이 '기독교사상'이다. 가정과 개인은 국가라는 보다 큰 존재에 책임을 가지며, 따라서 국가에 대해 독립적인 입장을 취한다. 이런 사상은 (갈등을 빚어가면서) 기독교 국가에서 발전했으며 역사적으로 아주 다양하게 해석되었다.

상위 권력자에게 부모의 권리를 옹호한 결정적인 첫걸음은 13세기에 토마스 아퀴나스가 내딛었다. 이를테면 그의 논리는 유대인 부모는 아이에게 기독교 세례를 줄 의무가 없다는 것이다. 그는 세례에 앞서 아버지와 어머니, 아이로 창조된 신적인 질서가 존재하는데 이를 존중해야 한다고 주장했다. 이 땅에서 부모와 아이 사이의 관계는 아이와 하나님과의 관계에 상응한다.

덴마크 자유학교에서 학부모의 권리를 근본적인 원리로 제시한다면, 이는 다음과 같은 종교적 근거를 의미한다. 교육문제에서 부모의 양심은 최고의 권위를 행사할 수 있다. (양심은 신에 대한 부모의 인격적 관계를 통해 형성된 것이고, 이것은 국가나 교회에 대한 관계보다 우선한다.) 이 같은 학부모의 권리에 대한 개념은 덴마크 학교법의 성격을 규정하는 데 결정적인 역할을 했다. 이 개념은 19세기부터 본격적으로 확산되었는데, 여기서 니콜라이 그룬트비와 크리스튼 콜의 역할이 결정적이었다. 그러나 사실 그 뿌리는 1800년대 경건주의운동(the pietistic movement)으로 거슬러 올라가는데, 이 운동은 믿음과 국가는 별개라는 인식을 확산시켰다. 이는 부분적으로 교육에 대한 계몽주의 사상과 새롭고 자유로운 시민사회를 위한 자유주의와 함께 성장했다.

요컨대 덴마크에서는 법적으로 확정된 교육의 의무가 있지만, 학교교육을 의무사항으로 확정하지는 않았다. 그 때문에 오늘날에 이르러서도 교육에 대한 부모의 책임을 묻는 것이다. 부모는 아이들을 집에서 가르치거나(하지만 소수의 부모들만이 이 길을 선택한다) 그렇지 않으면 공립학교나 사립학교 중 하나를 택할 수 있다.

좀더 자세히 말하자면, 학부모 권리에 대한 원칙은 1814년 제정된 최초의 덴마크 학교법으로까지 거슬러 올라간다. '아이들을 학교에 보내는 권리는 집에서 자체적으로 교육할 수 있는 권리에 의해 대치될 수 있다'는 규정은 아마도 가정교사를 둘 수 있는 사회 상층부 사람들을 위한 것으로 예상된다. 그러나 얼마 지나지 않아 1830년대에 들어서 보통 사람들도 (경건주의 신앙 노선을 따르던 사람들이 그랬듯이) 집에서 아이들을 스스로 가르칠 수 있다면 의무적으로 학교를 보내야 하는 법의 적용을 받지 않아도 되었다. 1855년 학교자유법이 제정되면서 학부모의 권리는 완전히 확정되었다. 후대의 학교법은 이 원칙을 좀더 발전시킨 것에 불과하다.

1908년부터는 자유교육을 하는 곳은 어디나 국가가 재정지원을 하는 체제로 발전했다. 국가는 이에 따라 학부모가 권리를 행사할 수 있는 곳 어디나 그들의 경제적 여건을 따지지 않고 재정지원을 하기 시작했다. 이는 이후로도 계속되었다. 시기와 정황에 맞게 개정되는 국가의 재정지원법은 학부모 권리가 덴마크 학교 정책에서 어떻게 자리 잡게 되었는지를 잘 보여준다.

학부모 권리는 일종의 신앙 문제였으며, 지금도 여전히 덴마크에서는 그렇게 인식하고 있다. 이는 공립학교에서 흐지부지 이루어지는 합리주의적 종교 수업에 대한 논쟁에서 발전된 것이다. 시민들은 신앙 안에서 스스로 권위에 맞설 수 있는 힘을 얻었는가 하면, 그들 스스로 옳다고 생각하는 방식대로 아이들을 가르칠 수 있는 권리를 주장했다. 훗날 이런 문화적 투쟁은 점차 다른 영역으로 확장되었고, 나아가 교육, 경제, 사회적 관계에 관한 국가의 규정을 둘러싼 투쟁과 정치적으로 성숙한 농민 계층의 자기규정을 위한 투쟁으로 변화했다.

그러나 학부모 권리를 위한 투쟁은 끝나지 않았다. 이것은 끊이지 않는 신앙 문제였다. 또한 국가와 상부 권력기관과의 관계에서 늘 논쟁적이었던 학부모의 권리 문제였다. 이 맥락에서 1990년대의 회교권 이주자들은 자신들이 세운 학교에서 아이들을 가르칠 수 있게 되었다. 하지만 (수업이 부분적으로는 덴마크어로 진행되더라도) 그들이 덴마크 내에 세운 학교에서 독자적으로 교육을 할 수 있도록 허가를 해줄지에 대한 물음이 제기되었고, 공개적 논쟁이 벌어졌다. 여기서 다시금 강조할 사항은 덴마크의 자유학교는 교육문제에서 가정의 권리와 영향력을 지켜 내는 것을 목표로 삼고 있다는 점이다.

3. 소수자의 권리

민주주의에 대한 해석은 이론이나 실천에서 세계 곳곳에서 매우 다른 모습을 보이고 있다. 그 해석의 범위는 상상할 수 없을 정도로 넓다. 어떤 곳에서는 자신과 입장이 다른 이들을 민주주의의 이름으로 부정하며 반대자들을 처단할 수도 있다. 서유럽의 정치적 전통에서 말하는 민주주의란 자유로운 투표를 통한 의사결정 행위로 설명할 수 있으며, 따라서 다수의 결정을 타당한 것으로 본다.

이를 출발점으로 삼는다면, 민주주의에 대해 두 가지 입장이 부딪치는 상황이 나타난다. 하나는 다수의 민주주의로서, 다수의 의견을 언제나 지지하고 따라서 늘 다수에 밀리는 소수자들이 이 다음에는 다수가 되기를 바라는 상황을 말한다. 이와 다른 또 다른 견해는 '소수자들의 민주주의'이다. 현실적으로 볼 때 다수가 결정권을 가지기는 하나, 다수가 반드시 진리를 대변하는 것은 아니라는 말이다. 진리는 원리상 소수에게도 똑같이 있을 수 있기 때문이다. 따라서 소수는 보호를 받아야 하고, 무조건적으로 다수의 결정을 따를 필요는 없다고 말한다.

유럽 여러 나라는 위의 두 가지 중 하나를 취하고 있다. 덴마크에서는 민주주의 도입 초기부터(최초의 민주주의 헌법이 제정된 1849년을 기점으로) 소수자의 민주주의 정신을 헌법에 우선으로 반영했다. 특히 그룬트비와 그의 친구들은 이 헌법의 도입을 위해 지얼하게 투쟁했다. 이들은 소수자들이 다수자에 반하여 생각하고 행동할 권리가 있다고 주장했을 뿐 아니라, 다수자(국가)로 하여금 소수자의 견해가 실현될 수 있도록 재정지원을 할 것을 요청했다.

여기에 덴마크에서 발전한 소수자 민주주의의 핵심이 있다. 소수사를 보호하는 것은 소수자의 권리를 보호하는 것을 뜻한다. 예를 들어, 소수자의 권리가 확고히 뿌리내린 학교법의 사례에서도 볼 수 있다. 소수는 다수를 위해 모자를 벗어 들고 서 있어야 하는 것이 아니라, 자신들의 정치경제적 권리를 위해 싸울 수 있으며 나아가 다수에 대항해 싸울 수도 있다.

이런 방향에서 진보를 이룩한 나라는 별로 없다. 덴마크에서 소수자는 자기들 의사에 따라 학교를 세우고 이 학교가 국가적 지원을 받도록 함으로써, 다수자의 지나친 횡포에 대항하여 싸울 수 있도록 보호를 받고 또 그럴 수 있도록 허용되어 있다. 민주주의에 대한 이런 견해는 결국 소수자가 세운 학교에 많은 자유를 보장하게 되었다.

실제로 덴마크의 민주주의 헌법은 1차 세계대전 이후 덴마크 영토 안에서 살게 된 독일인 소수민들에게도 적용되고 있다. 1920년 슐레스비 주에서는 주민 투표가 실시되었고 이에 따라 덴마크와 독일 간에는 새로운 국경선이 만들어졌다. 이 새로운 경계선으로 인해 덴마크 영토 안에 많은 수의 독일인이 편입되었다. 이들은 소수자 민주주의의 이념에 따른 특별법에 의해 자신들만의 학교를 세울 수 있었을 뿐 아니라, 국공립학교와 마찬가지로 국가의 지원을 받게 되었다. 이는 사실상 덴마크 사립학교가 자유학교법에 따르는 것보다 더 많은 지원과 혜택을 받는 것을 의미한다. 이 법의 규정은 2차 세계대전 후 종료되었고, 오늘날 독일 소수민 학교들은 다른 사립학교와 마찬가지로 동일한 법의 적용을 받는다.

4. 자유학교에서의 자유

자유학교는 덴마크의 사립학교 전통에 속한다. 사립학교란 국가나 지방자치단체 등 공공기관에 속하지는 않지만 법에 기초하여 공적인 재정지원을 받는 학교를 말한다. 덴마크의 사립학교는 자유학교에서부터 사립 김나지움과 시민대학을 비롯해 해양학교와 같은 다양한 종류의 직업학교 등이 있다.

자유학교는 일차적으로 사립학교다. 그러나 더 관심을 가져야 하는 것은 자유학교가 자유롭고 독립적인 학교라는 것이다. 자유학교는 다른 일련의 시립학교 형태, 즉 시민대학, 자유중등학교, 가정생활학교, 수공예학교 등과 함께 자유학교로 불리는 학교들이 만들어 내는 정신에 부합한다.

자유학교 안에 있는 자유는 어떤 것으로부터의 자유일 뿐 아니라 어떤 것을 지향하는 자유를 뜻한다. 국가 권력에 따르고 학교와 수업이 다수에 종속되는 자유가 아니라, 학교와 교육을 자신(소수)만의 고유한 조건에 따라 형성할 수 있는 자유이다. 자유학교가 누리는 자유의 내용을 다음과 같이 다섯 가지 원리로 나누어 살펴보자.(이들은 서로가 서로를 조건짓는다.)

1) 이념적 자유

이념적 자유는 자유학교의 존립을 위한 근본적인 원리이며, 앞서 말한 학부모와 소수자들의 권리 사상으로부터 유래하는 것이다. 이 원리에 의해 부모는 아이를 어떻게 키우고 가르칠지에 대한 책임과 권리를 가진다. 국가는 어떤 아이들에게도 특정한 수업을 받도록 하거나 특정한 학교를 다니도록 요구할 수 없다. 학부모는 아이들을 집에서 스스로 가르칠 수 있는 권리가 있다. 학부모들이 어느 정도 충분한 숫자가 되면 자신들만의 학교를 세울 수 있다. 학교의 수업과 교육과정은 부모들의 생각과 이념에 따라 이루어진다.

종교적, 정치적 이념뿐 아니라, 교육적 이념을 강조하는 것이 중요하다. 세상이 악한지 선한지 혹은 곧 멸망할 것인지를 규정하는 종교적 세계관은 학교의 수업과 일상생활을 규정하는 근본 요인이 될 수 있다. 또 일부 사회주의 학교처럼 아이들로 하여금 기존의 사회체제를 급격히 변혁시키도록 교육하려는 생각을 갖고 있다면, 일정한 법에 따라 교육적 이념을 세우도록 해야 한다.

이는 분명 학교와 교육을 통해 특정한 이념을 옹호하고 이를 위해 투쟁할 수 있는 자유를 뜻하며, 다른 관점에 대항하여 싸우는 자유를 뜻한다. 하지만 이는 법적인 수단을 통해 이루어질 때만 유효하다.

2) 교육적 자유

수업과 학교의 일상생활에서 인간의 삶과 사회문제가 다루어질 수 있다면,

이에 따라 학교교육의 내용과 방법을 규정하는 자유도 불가피하게 주어져야 할 것이다. 따라서 국가권력은 교육 내용에 대해 아주 약한 정도로만 요구해야 하고, 수업방식에 개입할 수 없어야 한다. 이 법은 특정 학과(덴마크어, 영어, 산수) 수업이 보통 학교에서의 요구 수준을 만족시키는 정도로 규정하고 있을 뿐이다. 이러한 규정은 아주 느슨하며, 실제로 수업의 형식과 내용을 선택하는 면에서 자유학교가 자유롭게 움직일 수 있는 여지는 많다.

예컨대, 성서의 문자주의적 해석에 충실한 학교에서는 세계가 6천 년 전에 창조된 것이라는 확신을 심어 줄 수 있는데, 이렇게 되면 지구과학과 역사과학에 대한 대부분의 지식은 오류에 빠진다. 하지만 이들 학교에서는 역사와 지구과학 수업을 현대과학적 관점과는 상관없이, 누구의 공격도 받지 않고 구성할 수 있다. 이에 비해 다른 학교는 아이들로 하여금 세계를 전체성의 견지에서 파악할 수 있도록 하고, 지식을 실제 문제를 해결하는 데 반드시 필요한 것으로 인식하도록 가르친다.

수업은 이런 점에서 전적으로 프로젝트법에 따라 이루어진다. 이럴 경우 시간표에 따른 학과는 없다. 이런 것은 아이들 부모 말고는 문제 삼을 사람은 없다. 국가는 자유학교의 유연한 수업이 법적 규정에 따라 잘 이루어지는지만 감독한다. 이 일은 감독관이 맡는데, 이 감독관들조차 학부모가 스스로 선택하고 국가는 인준하는 정도이다. 국가는 학교가 법적으로 위배되는 행위를 한다고 판단될 때 학교에 제재를 가할 수 있다.

3) 재정적 자유

학부모는 자유학교에 다니는 아이들의 학비를 지불한다. 재정 부담의 조건은 학교에 따라 다르다. 자유학교가 존재하려면 학생이 있어야 한다. 그러나 부모가 아이를 자유학교에 보내는데 재성 문세가 결정적 요인이 되지 않기를 바라기 때문에, 학부모의 재정 부담 수준을 아주 낮게 책정한다. 특별한 경우, 학비를 내지 않고도 학교에 다닐 수 있다. 그럴 경우 학비는 국가가 지급하는 특수 장학금으로 충당한다.

학교는 학비의 규모를 넘어서 국가로부터 상당 규모의 지원을 받는다. 하지만 이것이 학교 활동의 기초를 형성하는 사상과 이념에 영향을 끼치지는 않는다. 교육학적 자유를 실현하기 위해서 절대적으로 필요한 것은 학교 자체의 수입이나 국가 지원금의 용도를 확인하기 위한 목적으로 국가가 개입하는 것을 막는 것이다. 여기에 고정된 규정은 없다. 그러나 교사와 직원의 보수와 고용 조건에 관한 규정은 있다. 예컨대 학교의 설립 이념에 따라 종교 수업에 필요한 성서를 구입하거나 체험학습 갈 때 필요한 버스표를 살 때 돈을 쓸 수 있다. 이 문제에 대해서는 학부모들이 선출한 의장만이 이의를 제기할 수 있다. 이런 자유 때문에 건물 양식이나 학교 내부 설비 등에서 학교들 간에 상당한 차이가 나타난다.

4) 교사 임용의 자유

학교의 설립 이념과 교육학적 자유에 따라 학교는 교사 임용을 결정할 수 있는 자유가 있다. 즉 누가 올바른 의미에서 가르칠 만한 자격이 있는지 결정할 수 있다는 말이다. 국가권력이나 노동조합 혹은 어떤 다른 공적 기관도 교사교육에 관해 특정한 요구를 제기할 수 없다. 자유학교의 교사들은 하나의 교원교육기관에서 양성되지 않는다. 이들은 교육학 수업을 전혀 받지 않을 수도 있고, 특별히 자유학교를 위해 설립된 대안적 교원대학(올러룹 소재 자유교원대학, Den frie Laererskole)에서 교육을 받기도 한다.

교사 임용의 자유에 따라 자유학교는 국공립학교와는 달리 교사로 하여금 삶과 사회에 대해 그들이 어떻게 생각하고 있는지 입장을 피력하도록 공개적으로 요구할 수 있다. 사실상 학교는 교사가 특정한 종교적, 정치적 신념을 갖도록 요구할 수 있을 뿐 아니라, 교사가 학교 근무시간 안팎으로 이러한 신념에 따라 행동하고 살도록 요구할 수 있다. 그런 이유로 교사와 학교가 서로 일치하지 않는 부분이 있으면 학교는 교사를 면직시킬 수 있다.

사유와 행동에서 개인의 자유가 강조되고 보호받는 덴마크 사회에서는(특히 공립학교의 교사 임용 문제와 관련해서), 국가로부터 공적 지원을 받는 자유학교 교사들 중 누군가가 선거기간 중 학교 신념에 반하는 정당의 후보자로 나설 경우 면직을 요구할 수 있는 분위기가 있다. 소수자를 보호하는 민주주의 체제를 갖춘 덴마크 사회는 교권과 자유 사이에 존재하는 이런 모순을 부득이 껴안고 갈 수밖에 없다. 아울러 자유학교에 임용된 교사가 면직될 경우 공립학교 교사와 같이 재정상 보호를 받을 수 있다는 점을 일러둔다.

5) 학생 선발의 자유

교사 임용에 학교 밖의 어떤 공적 기관도 관여할 수 없는 것처럼 학생 선발의 경우도 그렇다. 자유학교는 학생 선발과 퇴학을 자치적으로 결정한다. 또한 학생을 선발할 때 학부모나 아동의 신념에 대해 물을 수 있는 자유가 있다. 그러나 대부분의 자유학교는 학생들이 학교에 지원하는 순서에 따라 선발한다. 학부모들은 아이를 보내는 학교의 이념에 동의하고 있다고 간주된다.

이처럼 덴마크의 자유학교에는 커다란 범위의 자유가 존재한다. 자유학교는 그 이념적 토대가 무엇인가에 상관없이 일단 인정을 받으면 국가 지원을 받고 앞서 다섯 가지 자유의 원리에 의해 보호를 받는다.

위의 다섯 가지 원리는 어디까지나 원리이고, 경우에 따라 상당히 확장될 수 있다. 이점에서 어떤 자유학교는 극단적 양상을 보이기도 한다. 많은 자유학교들, 특히 그룬트비와 콜의 사상을 따르는 많은 학교들은 그들의 자유를 새로운 부자유와 억압 구조를 창출하는 데 사용하지 않는다. 극단적인 종교 혹은 정치 이념적 기초를 가진 학교들 경우에는 비록 스스로는 자신들의 행동이 자유를 억압한다고 생각하지 않는다 하더라도 실제로는 그럴 수 있다. 이 학교들도 당연히 운영 방침이 진리에 관한 자신들의 생각에 기초하고 있다고 생각할 것이다.

5. 그룬트비와 콜의 이념에 따른 자유학교들

덴마크의 사립학교인 프리스콜레는 자유학교 범주에 속한다. 이들은 모두 동일한 법, 즉 자유학교와 사립학교에 관한 법의 적용을 받는다. 이들 학교들은 상이한 역사적 출발점과 학교 설립 이념에 따라 각각 다른 형태와 내용으로 조직되어 있다.

이런 학교 중 가장 많은 수는 그룬트비와 콜의 이념에 따른 자유학교이다. 이들은 수업 내용뿐 아니라 일상생활의 관점에서도 서로 다른 형태로 발전하고 있다. 그렇지만 인간과 학교에 관한 사상에서는, 그룬트비와 콜이 밝힌 바 있고 백여 년 이상 전해 내려온 학교 전통에서 활발하게 전개되었듯이 몇 가지 공통점도 있다.

1) 학부모가 운영한다

모든 자유학교들은 오늘날 독립적으로 운영하는 장학재단을 가지고 있다. 이 기금은 누구도 사적으로 사용할 수 없다. 만일 학교운영 자금 중 잉여분이 생길 경우, 이것은 학교 은행구좌로 들어간다. 모든 학교에는 학교운영위원회와 의장이 있는데 학교운영위원회는 의장과 함께 학교문제를 스스로 결정한다. 따라서 몇몇 자유학교(가톨릭 학교 등)에서는 학교를 설립한 협회나 조직이 학교 의장을 선발하고 그 영향력을 행사한다. 이것은 학교를 세운 이념적 기초를 보호하기 위한 것이다.

그룬트비와 콜의 자유학교에서는 이와 달리 학부모가 학교운영에 결정적 영향력을 행사한다. 이 학교들은 학생과 학부모, 학교를 지원하려는 사람들로 구성된 최고협의기구인 학교운영위원회를 두고 있다. 이 위원회에서 의장을 선출한다. 의장은 학교운영에 관해 책임진다. 또 하나 공통점으로는 학부모가 학교에 다양한 방식으로 능동적으로 관여한다는 사실이다. 어떤 학교에서는 학부모가 교내 정리정돈과 청소를 맡는다.

2) 노래와 이야기를 강조한다

자유학교는 그룬트비와 콜의 이념을 출발점으로 삼은 최초의 자유학교 때부터 지금까지 노래 부르기와 살아 있는 말로 이야기하기에 중심 가치를 두었다. 이는 오늘날도 여전히 자유학교의 전통으로 남아 있다. 이들은 모국어를 적극적으로 사용하고 경청하기를 통해 학생들을 덴마크 사람으로 자라나도록 이끈다. 시와 이야기를 통해 학생들은 인간적 현존재에서 신화적인 것을 경험하도록 한다. 신화적이란 사람들이 그 뜻을 정확히 평가하고 달아보고 이해하기는 어렵지만, 진실한 인간이 되기 위해서 결정적으로 필요한 것이다.

그룬트비와 콜에게 '이야기하기'는 다른 것과 비교할 만한 교육학적 방법으로 그치지 않는다. 이야기 형식은 평민적인 요소와 신화적 요소를 출발점과 목표점으로 두기 때문이다. 이 점에서 이야기 형식은 특정한 방법으로 아이들에게 더불어 사는 문제를 일깨워 주기 위한 것이자, 아이들을 인간적 현존재로 도입하기 위한 장치로 이해해야 한다.

3) 종교(기독교)적 전통이 살아 있다

자유학교는 기독교가 삶의 기초를 이루는 자리에서 형성되었다. 콜은 피더 라슨 스크래펜보어그(Peder Larsen Skaeppenborg, 경건주의 운동가)가 주님이 인간을 사랑한다고 강조하는 말을 들었을 때 아주 기뻐했다. 그분이 인간을 사랑하며 나아가 자기 자신도 사랑한다는 사실을 발견했기 때문이다. 이런 인식은 그에게 자유를 주었다. 기독교에 대한 그의 이러한 이해는 모든 자유학교에 하나의 서곡이 되었다. 이는 그룬트비와 콜의 자유학교가 어떠한 이데올로기(교육학적이거나 정치적이거나 종교적이거나)도 갖고 있지 않음을 의미한다. 주님이 인간을 사랑한다는 것은 이데올로기나 의견의 집합체가 아니다. 이것은 평등과 자유를 포괄하는 전제가 된다. 이 자유는 이데올로기적 목표 설정을 통해 제한적으로 쓰일 수 있는 개념이 아니다.

아이들을 포함해서 모든 인간은 사랑받는 존재이다. 그것은 어떤 아이가 좋은 부모에게 태어나 사랑을 받는 상태와 비슷하다. 사랑을 받는다는 것은 어떤 자격을 갖추었거나 무엇을 잘할 수 있는 능력이 있기 때문이 아니다. 다시 말해, 어떤 존재가 될 수 있기 때문도 아니고 교육을 통해 어떤 존재가 될 수 있기 때문도 아니다. 단순히 그 자체로 사랑받음을 뜻한다. 이 말은 아이들이 어떤 세계관이나 교육적 프로그램보다 중요한 존재라는 말이다. 세상에 태어나 이미 존재하고 있는 아이들이 있고, 그 후에 그런 방법들도 있다.

기독교는 의견의 집합체가 아니라 많은 삶의 입장 중 하나이기 때문에 자유학교로서 중요한 것은 교사와 학부모가 그런 입장에 서야 한다는 것이다. 그렇지 않으면 죽은 전통이 된다. 이때 가장 중요한 것은 학부모나 교사에게 믿음의 고백을 강요하지 않는 것이다. 누구든 인간이라면 마땅히 자유를 누려야 하기 때문이다. 그렇지 않으면 모순에 빠지게 된다. 그렇지만 만일 자유학교가 그러한 학교로 남기 위해 자유와 평등과 사랑에 근거해 살면서 앞으로 나아가고자 한다면, 반드시 살아 있는 기독교 신앙을 지키고 그 기초를 생생하게 유지하려는 교사와 학부모가 있어야 한다.

하지만 그렇다고 해서 학부모나 교사에게 기독교적 전통을 요구해서는 안 된다. 그것은 기독교를 왜곡시키는 길이다. 자유가 사라지기 때문이다. 이런 모순적 상황에 대해 함께 논쟁을 벌이면서 나아가야 한다.

6. 다른 종류의 사립학교들

자유학교는 다양한 유형으로 발전해 왔다. 역사적으로 보자면, 덴마크 사립학교 전통에는 두 흐름이 있다. 하나는 앞서 말한 그룬트비와 콜의 전통에 서 있는 자유학교이다. 재학생이 2백 명을 넘는 경우가 드문 이 학교들은 덴마크 자유학교협회(Den Friskoleforening) 회원 학교들이다. 260여 개 학교가 가입한 이 단체는 덴마크에서 규모가 가장 큰 자유학교협회이다. 다른 협회도 있는데,

릴레스콜레협회(Lilleskolernes Sammensluntning, 1960년대 독일의 개혁교육학적 흐름에 발맞춰 설립된 작은 학교들의 모임)는 소속 학교가 52개 정도 되고, 기독교자유학교협회(Foreningen of Kristne Friskoler, 1970년대에 설립되었으며 성서에 충실한 개신교적 입장을 견지하는 학교 유형)에는 37개 정도 학교들이 가입해 있다.

또 다른 하나의 흐름은 그룬트비와 콜 식의 자유학교와는 다른 이념적 근거를 가진 학교들로서, 15개의 슈타이너 학교(발도르프 학교)와 9개의 이주민 학교들이 있다. 실업 계통의 사립 실업학교들(realskole)도 또 하나의 역사적 흐름을 이루고 있다. 19세기 후반에는 수많은 실업학교들이 자유학교와 같은 방식으로 설립되었다. 이 학교들은 공립학교에 대한 이념적, 교육학적 대안으로서가 아니라, 학문의 재능을 갖춘 아이들에게 공립학교보다 나은 교육 전망을 제공하기 위해 설립되었다. 따라서 실업학교는 지적 능력을 특히 강조한다. 덴마크 전역에 총 116개의 사립 실업학교가 있고 대부분은 2백에서 1천 명 정도의 재학생 규모를 갖추고 있다. 이 학교들에 의해 덴마크 실업학교협회가 결성되었다. 소속 현장의 학생 수로만 보면 전체 학교 조직 중 가장 큰 규모이다. 그밖에 사립김나지움협회(Foreningen of private Gymansieskoler)에 20여 개 학교, 가톨릭학교협회(Foreningen of Katolske skoler)에 16개의 가톨릭 사립학교, 독일학교협회(덴마크 내 독일인 소수민 학교)에 16개 학교가 가입해 있다.

7. 네 학교 이야기

1) 구덴오댈렌스 자유학교(Gudenadalens Friskole)

처음 상황

1986년 몇몇 학부모들이 모여 그룬트비와 콜의 전통에 서서 자유학교를 설립했다. 그해 1월 설립 총회가 열렸고 학부모들과 철학을 공유하는 사람을 자유학교의 교장으로 선임했다. 하지만 학교 건물도 없는 상태였고 교과서나 기자재 등 준비된 것은 하나도 없었다. 많은 노력 끝에 율랜(Jutland) 지방 중부의 비에링 브로(bjerringbro) 근처에 버려진 농장 건물을 임대했다. 건물을 임대한 후에도 소방 시설과 건축 허가를 받기 위해 끈기 있게 노력했다. 다음 단계의 작업을 위해 관청의 허가가 떨어지기까지 가만히 앉아서 기다리고만 있지 않았다. 일에 착수한 지 한 달 후 마침내 허가를 받아 냈다. 특례법과 임시법 규정에 근거하여 어렵게 얻은 허가였다.

건물 상태가 그다지 좋지 않았기 때문에 교사들은 여름휴가를 반납하고 도배를 하고 전등을 달고 집집마다 창고에 있는 책상과 의자를 가져와 새 것처럼 색칠을 해야 했다. 모든 물건은 새로 구입하지 않고 이런 방식으로 마련했다. 어떤 부부가 칠판 두 개를 기증했다. 어떤 친절한 학교가 중고 복사기를 선물했다. 새로운 학교를 열 수 있는 넉넉한 돈이 있었던 것은 아니었다. 새로 학교를 만들기 위해 모인 학부모들은 그리 잘 사는 편이 아니었지만 모두 3개월치 학비를 미리 냈으며, 첫해에는 국가의 재정지원을 받기 위해 담보를 제공해야 했다. 이렇게 해서 정식으로 학교 문을 여는 날, 버려진 농장 건물을 새로 꾸며서 17명의 학생들과 어떻게 새로운 학교를 시작하게 되었는지 보여 주기 위해 신문기자도 초대했다.

가장 중요한 것, 기본 입장

학교를 시작하기 전에 사람들은 여러 가지 주제로 토론을 했다. 토론 자리에서는 학교의 근본 입장에 대한 특별한 물음이 제기되었다. 인간됨과 종교성과 같은 주제는 모두가 중시한 주제였다. 이에 비해 구체적인 수업계획, 시간표, 각 과목에 배당된 수업 시수 등은 비교적 덜 중요한 사안이었다. 긴 토론 끝에 참가자들은 학교에서 일어날 수 있는 일상적인 문제에 대해 어느 정도 합의에 도달했다. 그러나 가장 중요한 것은 교육과정에 교사가 책임을 져야 한다는 것이었다. 동시에 교사들은 교육적 자유를 갖게 되었다.

이 학교의 학제는 유치원에서 2학년까지, 3학년에서 5학년까지, 6학년에서 8학년까지 총 세 반으로 나뉜다. 나이와 학년별로 나누는 것보다 아이들이 좋은 체험을 하게 되리라는 생각에서다. 입학하는 첫해에 아이들은 그 그룹에서 가장 어린 축에 속하고, 다음 해에는 중간 연령층, 그다음 해에는 가장 나이가 많은 축이 된다. 졸업하기까지 그 과정을 세 번 겪게 되는 셈이다. 이 구조를 학습 과정에서 가장 이점이 많은 이상적인 형태로 보았다.

학부모들이 아이들의 일상생활을 들여다보고 학교의 결정에 참여하는 것은 늘 중요한 문제다. 이렇게 해서 교사들은 부모들에게 중요한 정보를 얻기도 한다. 학교에서 이루어지는 모든 대화는 여기에 참여하려는 모든 이(어떤 식으로든 학교에 관련된 사람이라면 누구나)에게 개방되어 있다.

이 학교가 가장 중요하게 생각하는 기본 입장은 학교의 바탕을 이루는 인간적 태도이다. 모두가 고개를 끄덕일 만한 것을 함께 찾아내는 일을 가장 중요하게 여긴다. 그것은 공동체 안에서 구성원들끼리 의견의 부딪침 없이 일상을 보내는 일과 같다. 학교에서 일어나는 나쁜 일에 대해 함께 이야기하고 좋지 않은 요소들을 솎아 내기 위해 토론을 벌인다.

가정과 학교

학교 구성원들은 학교를 가정과 학교 사이의 공동체라고 생각한다. 공동체 안에서의 긴밀한 공동작업을 통해 학교는 싹 트고 자라난다. 여기서는 개인적인 사정을 공유하고 서로 이해하며, 자유를 누림과 동시에 책임이 생겨난다.

아이들과 부모가 학교를 편안하게 느끼고 그들의 삶에 편입되려면 학교는 가정과 닮아야 한다. 아이들이 가정, 마을, 국가와 같은 공동체에 속한다는 것을 강조하는 이 학교는 덴마크 역사를 익히고, 자신의 뿌리와 배경을 아는 작업을 한다. 학생들이 덴마크의 문화를 이해하기를 원하므로 역사와 문학을 공부한다. 이야기하기는 텔레비전을 보는 것과 달리 아이들의 상상력을 자극하는 심상을 만들어 낸다. 마음의 언어에 귀를 기울이게 되는 것이다.

학부모와 함께 하는 공동작업과 학부모 행사를 통해 학교의 문화를 드러내 보인다. 여기서는 특히 밖으로 따뜻한 시선을 보내는 것이 중요하다. 이것은 단지 학부모를 환영하는 것과는 좀 다른 문제로, 그들이 어떤 사람들인지 상관하지 않고 아이든 어른이든 가리지 않고 상관없이 모두 환영한다. 이를테면 학부모들은 학교 청소에 능동적으로 참여한다. 학부모들은 누구나 학교 열쇠를 갖고 있어서, 학교의 어떤 일이든 하고 싶으면 할 수 있다. 부모들은 다양한 운영위원회를 조직하여 여러 영역에 걸쳐 책임을 지고 일한다. 어떤 이들은 놀이 공간에, 어떤 이들은 행사를 계획하는 데 몰두한다. 이 일은 아이가 학교에 다닐 때 중요한 의미를 가진다. 부모들의 참여는 아이들에게 전이되어, 아이들도 학교생활에 만족하며 학교 다니기를 즐거워하게 된다.

지금까지 가장 큰 공동 프로젝트는 새 학교 건물을 짓는 일이었다. 먼저 학교 주변의 땅을 빌려 천막으로 가건물을 세우고 1990년에 건축을 시작했다. 학부모들은 모든 일을 손수 했다. 학부모들이 갖고 있지 않은 공구는 다 같이 돈을 모아 구입했다.

학부모가 지불하는 학비의 상한선을 합리적으로 정했다. 그리고 형편이 어려운 두세 어린이에게는 경제적 지원을 했다. 이렇게 학교는 적정 재정 규모를 갖추게 되었지만 결코 넉넉한 규모는 아니었으므로 계속해서 새로운 일을 시도했다. 그렇게 적은 재정 부담으로도 학교를 유지하는 비결은 국가가 재정 지원을 해주기 때문이다. 공립학교에 지원되는 금액의 약 75% 정도가 사립학교에 제공된다. 학부모는 그 나머지만 부담하면 된다.

처음에는 17명의 학생들과 2명의 전임교사, 2명의 시간강사가 함께 학교를 시작했는데, 지금은 58명의 학생과 6명의 전임교사가 있다.

2) 오덴세 자유학교(Odense Friskole)

여러 세대들이 형성한 성과

이 학교는 176,000명의 인구와 38개의 국공립 초등학교, 11개의 다양한 자유학교가 있는 오덴세 시의 중심부에 자리하고 있다. 학교 건물 중 절반은 20세기 초에 지어진 것이고 나머지 절반은 그 후에 새로 지어졌다. 임대주택으로 둘러싸여 있는 썩 아름답지 못한 주위 환경이었지만, 예술 작품들과 아기 자기한 시설물을 학교 구석구석에 배치함으로써 분위기를 다르게 바꾸었다.

이 학교의 역사는 132년이나 되었고 그룬트비와 콜의 전통을 가진 학교로는 대도시에 있는 몇 안 되는 학교들 중 하나이다. 360여 가구에 이르는 가정들이 학교와 관계를 맺고 있다. 6~17세 사이의 아이들과 청소년 490여 명이 다니고 있다. 오전 8시부터 12시까지가 오전 수업이며, 오후 2시 30분에 문을 닫는다. 시간 배정은 학년에 따라 약간씩 차이가 있다. 전체 학제는 11년이며, 33명의 교사와 9명의 교육 전문가들이 함께 일한다.

학교 공동체(school circle)는 학생, 학부모와 학교와 연관된 사람들로 이루어져 있다. 공동체의 장은 학교 일에 전적인 책임을 진다. 여기에는 수업계획, 교사 임용 및 면직, 재정 및 건물의 시설 관리 같은 사안들이 포함된다.

의무를 진 공동체

오덴세 자유학교는 특정한 이념이나 교육학적 원리에 따라 운영되는 학교가 아니다. 학교는 학부모들의 노력으로 세워졌다. 구성원의 다수는 수공업자들로서 대부분 그룬트비와 콜의 정신에 고취된 사람들이었다. 이들은 1863년에 함께 학교를 세웠다.

이 학교는 세대를 이어 전해오는 살아 있는 전통을 가지고 있다. 이것을 이해하려면 그 안에서 진행되는 일에 적극적인 관심을 가져야 한다. 따라서 아이들, 학부모, 교사는 자주 만나야 한다. 학부모는 학교 일에 참여할 수 있고 참여해야 한다. 그러나 이 말을 학부모들이 마음대로 좌지우지할 수 있다는 식으로 해석해서는 안 된다. 학교 공동체의 과제는 학교의 전통과 근본 입장을 견고히 지키고, 학교를 발전시키는 데 있다. 이런 맥락에서 구성원들은 학교 공동체 안에서 학교의 겉모습과 내면을 스스로 옳다고 판단하는 바에 따라 만들어가는 자유를 가진다.

학부모들은 교사를 통제하거나 조정하려 해서는 안 된다. 그러한 신뢰는 체험과 대화를 통해서만 생겨난다. 그 출발점은 학교의 모든 사람들이, 아이들, 교사, 교직원 모두가 공동 책임을 진다는 사실에 있다. 한편 교사는 교육에 대한 책임을 지고 학부모를 신뢰하는 한편, 학부모가 가진 권리 또한 존중해야 한다. 왜냐하면 수업과 교육은 섬세한 균형을 이루기 때문이다. 수 년에 걸쳐 교사들과 학부모들은 지속적으로 만나 서로 대화해오고 있다. 360여 가정과 학교를 연결하는 일은 아주 어려운 과제이다. 교사들은 아이들과 함께 혹은 학부모만을 저녁 만찬이나 강연과 음악회, 연극 자리에 초대한다. 그렇게 해서 모든 학부모들이 적어도 한 달에 한 번 꼴로 학교의 활동에 참여하게 되었다. 그런 기회를 통해 학부모들의 능동적인 참여를 끌어낸다.

전체적 인간

이 학교는 전인(全人)을 길러 내는 것을 교육의 과제이자 목표로 삼는다. 글을 읽고, 외국어와 수학을 가르치는 것만으로는 충분치 않다고 본다. 물론 지식을 가르치는 것도 중요하지만 더 중요한 것이 있다는 것이다. "지식은 좋은 하인이다. 그러나 교육의 첫머리에 와야 할 것은 삶의 문제이다. …… 지식의 샘이 메마르게 해서도 안 되지만, 젊은이들로 하여금 맹수의 발톱으로 세상의 재화를 움켜쥐게 하지 않도록 하자."고 말한 콜의 말에 귀를 기울인다.

이 학교는 아이들로 하여금 자신의 소질을 발견하여 창조적으로 살도록, 노래하고 춤추고 기뻐하면서 이웃을 배려하고 존중하도록 가르치는 것을 과제로 삼는다. 인간의 현존재가 수수께끼 같은 것이고, 세상의 그 어느 것도 간단한 말 한마디로 표현될 수 없음을 즉, 삶의 다양성과 예측 불가능성을 인식할 수 있도록 돕는다. 아이들에게 삶의 물음에는 정답이 주어질 수 없음을 이해시키고자 애쓴다. 이를 위해 대화, 이야기 들려주기, 연극, 노래, 놀이, 창조적 활동을 통해 아이들의 무궁무진한 상상력을 자극시키고자 한다. 또, 전해져 내려오는 이야기들을 보존하는 데 힘쓴다. 이성이 아닌 감성으로만 파악할 수 있는 진리가 존재하며, 이를 알기 위해서는 이야기를 들어야 한다고 보기 때문이다. 이야기에 빠져들게 함으로써 학생들은 능동적으로 사고할 수 있으며, 공동체적 체험을 할 수 있다고 본다. 일 년 내내 학교 안팎에서 매시간 모둠을 지어 하는 활동은 인격적, 예술적, 창조적, 실천적 경험의 밑거름이 된다.

음악 수업은 부분적으로는 예술적 표현 수단으로서, 동시에 공동체를 촉진하는 활동으로서 아주 강력하게 추천한다. 다함께 노래 부르기, 오케스트라, 합창, 악기 연주, 연극, 연주회 같은 것들로 일 년 내내 학교에 다양한 음색이 흐르도록 한다.

아이들에게는 아이들의 권리가 있다

이 학교는 아이들의 권리를 보호하려 한다. 전통적인 학교교육은 대부분 어른들의 삶에 초점이 맞춰져 있고, 아이들의 미래를 미리 정해 두고서 그저 소심한 어른이 되도록 만드는 경향이 있다. 아이들을 하루 종일, 일 년 내내 어른들조차 힘들어 할 분량의 과제에 매달리게 해서는 안 된다고 믿는다.

이 말은 아이들을 냉혹한 노동시장의 현실로부터 고립시키자는 뜻이 아니라, 아이들로 하여금 다양한 삶의 가능성을 통찰할 수 있도록 도와야 한다는 뜻이다. 학교의 일상생활에 대해서는 학생들이 공동으로 책임지도록 한다. 학생들이 나이가 들면, 계획을 짜서 실행하고 좀더 어려운 과제에 능동적으로 참여하도록 이끈다. 아이들에게 민주주의의 원칙과 과정에 대해 알려주는 것을 매우 중요하게 여긴다.

자유학교는 살아 있는 조직체이다. 학교는 다양한 관점을 긍정하고 실현시키고자 하는 다채로움이 있다. 따라서 이 학교의 면면을 일일이 기술하여 소개하기는 어렵다. 이는 직접 체험을 통해서만 알 수 있는 문제일 것이다.

3) 쇠어비움 자유학교(Sonder Vium Friskole)

공립학교에서 자유학교로

1970년대 중반 덴마크 아동 인구는 급격히 감소했다. 서율랜(Western Jutland) 반도의 인구 밀도가 희박한 농촌 지역에서는 더 두드러졌고 쇠어비움 지역도 예외가 아니었다. 1960~1976년에 이 지역 학교에는 7학년까지 총 140여 명의 학생만 있었다. 출산율이 급격히 떨어지기 시작하면서, 학교 구조에 대한 논쟁이 격렬하게 일어났다. 심한 어려움에 봉착한 학교들로부터 여러 가지 제안들이 쏟아져 나왔다. 도시 아이들을 농촌으로 보낼 의향은 없냐는 등 격렬한 논쟁이 일어났다. 특별히 홈스쿨링을 생각하고 있지 않은 경우에는, 학교를 새롭게 만드는 것 외에 다른 가능성이 희박했다.

그리고 학부모들이 왔다!

일방적으로 정하지 않고 아이들의 수준과 흥미에 맞춘 교육과정, 2~3개 학년이 두 명의 교사와 함께하는 수업, 교사와 학부모의 긴밀한 협력, 이 모든 것은 공립학교였을 때 이미 도입된 것들이다. 교사들은 학교를 평균 수준 이상이면서 허가받은 학교로 만들고 싶어 했지만 안타깝게도 쇠어비움 학교는 문을 닫아야 한다는 결정이 났다. 그러자 학부모들이 나섰다! 사람들이 모여 지역의회와 공동으로 사업단을 결성했다. 목표는 기존의 공립학교를 자유학교로 바꾸는 것이었다. 사업단은 자유학교협회와 접촉을 갖고 함께 힘을 합쳐 법적 허가가 나기까지 무엇을 할 것인지 계획을 짰다. 아래는 그 과정을 설명한 것이다.

어떻게 가능했는가?

사업단이 반드시 해결해야 하는 두 가지 문제가 있었다. 학교 건물을 지방정부로부터 구입할 것인가? 그리고 기존 교사들이 안정된 공무원 신분을 포기하고 아무런 안전망도 없는 자유학교에서 일하려고 할 것인가? 또 그들의 능력 유무를 제대로 검증하지도 않은 채 자유학교에서 일하게 할 것인가? 결국 학교 부지를 매입하고 자유학교에서 뜻을 함께할 직원들(청소부, 교사, 교장에 이르기까지)을 열정적으로 찾아냈다.

하지만 아직 해결해야 할 문제들이 많이 있었다. 예컨대 넉넉한 예산이 없었다. 이런 조건에서 학교를 세웠을 때 부모들이 학비를 제대로 낼지에 대한 보장도 없었다. 이런 불확실한 상황에도 불구하고 사업단은 설립 총회를 열었다. 그날 저녁 총회가 열린 회의상은 뜨거운 열정과 고취된 분위기로 가득했다. 자유학교 설립에 대한 전폭적인 지지가 있었고, 사업단은 많은 칭찬을 받으며 쇠어비움 자유학교의 초대 운영위원회로 선출되었다.

지역의 견실한 연대

이전의 학교에 다니던 50여 명의 아이들이 모두 자유학교에 지원했고, 새로 선출된 운영위원회는 기금을 마련하기 위해 팔을 걷어붙였다. 모든 것은 생각보다 잘 진행되었다. 그리고 지역 공동체는 견고한 연대 활동으로 자기들의 학교를 가질 수 있게 되었다는 사실에 기쁨을 감추지 못했다.

하지만 유감스럽게도 모두가 이런 기쁨에 동참한 것은 아니었다. 지방 교육청과 몇몇 정치인, 다른 공립학교 교사들은 이런 발전을 고깝게 보았다. 이들은 이 학교를 흥미로운 대안으로 보기보다는 공립학교에 대한 위험한 경쟁자로 보았다. 지금은 지방관청과의 관계가 정상화되었지만 그들의 아이를 빼앗아 간다고 생각하는 이웃 학교들은 여전히 있다.

자유학교를 시작할 때는 일이 엄청나게 많았다. 그러나 그 성과와 보람은 오래지 않아 나타났다. 학부모들이 학교 일에 참여하기 시작하고 지역 공동체가 함께 일을 도모했기 때문인데, 이전에는 찾아볼 수 없었던 일이었다. 돈이 없었지만 자원을 전혀 다른 방식으로 활용할 수 있게 되었고, 이것은 자유학교에 많은 잇점이 되었다. 지역 공동체 사람들은 시설물 수선과 정돈 같은 필요한 일을 위해 쉬는 토요일을 기꺼이 반납했다. 아이들과 어른들은 그 학교가 자기들의 학교임을 느끼게 되었다. 그럼으로써 학교는 지역의 문화 중심지가 되고 학교가 속한 지역의 모든 사람들은 언제든지 학교에 와서 편안함을 느낄 수 있게 되었다.

높은 요구 수준

자유학교 교사들에게는 높은 수준이 요구된다. 만일 여기에 미치지 못하면 마치 건강지표에 미달하면 조치가 필요하듯 면직까지도 감수해야 한다. 자유학교에서 일한다는 것은 단순한 직업을 선택하는 것이 아니라 어떤 삶의 길을 선택함을 뜻한다.

학생 수는 거의 배로 불어났다. 이웃마을에서도 아이들을 이 학교에 보내기 시작했다. 가정과 학교는 교육 사상이나 삶에서 어떤 입장을 취할지 선택할 수 있는 자유를 갖고 있다. 학교가 커가는 과정에서 이 점을 늘 마음속에 간직하고자 노력한다.

4) 스테운스 자유학교(Stevns Friskole)

유기체로서의 학교 공동체

학교 공동체(school circle, 학교를 뒷받침하는 사람들의 집단)는 유기체처럼 다양한 기관들이 서로 협력하면서 움직인다. 이 기관들은 지원단(아이를 학교에 보내지는 않지만 학교를 지원하는 사람들), 학부모, 어린이, 교장, 교사와 의장으로 구성되어 있다. 교사와 학부모의 협력은 자유학교의 존립을 본질적으로 가능케 한다. 그들은 다양한 방식으로 만날 수 있다. 학교의 모든 구성원이 만나는 공동체 총회, 학급 학부모회, 학부모들의 학교 방문의 날, 교사의 가정방문 등. 그중 가장 중요한 만남은 축제 때이다. 학급 축제, 봄 축제, 여름 학기가 끝나고 방학에 들어가는 축제가 있다. 성탄절에는 3백여 명의 아이들과 어른들이 참가한다. 이런 식으로 한 해에도 여러 차례 모두가 만나곤 한다.

이질적 요소가 어우러진 학교 공동체

하나의 집단은 중심을 이루는 하나의 원을 그린다. 학교 공동체도 이런 식으로 존재한다. 이 원의 중심은 학교의 목표이자 삶의 관점이다. 이것은 유기체의 심장에 해당한다. 다시 말해 그 원은 기독교적 삶의 관점에 의해 이루어지며 매일 아침 주기도문을 외울 때 함께 부르는 노래로 표현된다

그렇다 해도 이 공동체에 참여하기를 원하는 모든 학부모들이 이러한 그룬트비-콜 식의 학교관을 사전에 숙지하고 있어야 하는 것은 아니다. 학교에 지원하는 이유는 아주 다양하다. 대부분은 학교 공동체가 가지는 친밀한 관계

때문이다. 어떤 이들은 이 학교의 음악 수업의 독특성 때문에 온다. 한편 아이들이 노동시장에 나갈 때를 대비해 다른 학교에서보다 더 잘 준비할 수 있으리라는 기대를 가지고 오기도 한다. 또 다른 사람들은 단지 아이를 공립학교에 보내는 것보다 사립학교에 보내는 편이 더 낫다고 생각하기 때문에 보낸다. 그보다 적은 수이긴 하지만 공립학교 교육이 마음에 들지 않아서 오는 경우도 있다. 또 극히 소수의 아이는 학교 내 심리상담가나 사회복지사의 조언을 듣고 학교에 오기도 한다.

협력 관계

모든 사람들은 학교에 지원하기 전에 학교가 지향하는 이념에 대한 기본 안내를 받는다. 그 후 협력에 동의할 것인지 스스로 결정하도록 한다. 그러나 학교 편에서도 역시 학부모를 받아들일 준비가 되어야 한다. 교육의 관점에서 서로가 상당 부분 일치해야 한다는 말이다. 그리고 학부모는 공립학교보다 더 많이 학교 일에 참여해야 한다는 데 분명히 동의해야 하며 그렇지 않으면 입학이 어렵다. 드물지만 입학하고서 몇 년이 지나 자퇴하는 경우도 있는데, 이는 학교에서 펼치는 교육활동의 본질적인 측면에서 일치하지 않고 부딪치기 때문이다. 그보다 더 드물게 아이를 다른 학교에 보내도록 학교가 학부모에게 요청하는 경우도 있는데, 협력 관계가 만족스럽지 못하기 때문이다. 학교를 계속 다니든 그만두든, 선택의 자유는 양측 모두에게 주어져 있다.

여기서 언급한 학부모에 대한 사항은 교사에게도 해당한다. 가장 바람직한 것은 모두가 좋은 협력 관계를 발전시켜 졸업 후에도 지속적인 관계를 맺고 행복하게 우정을 나눌 수 있는 경우이다.

다양한 해석

스테운스 자유학교의 목표는 그룬트비와 콜의 학교관을 출발점으로 삼아 운영하는 것이지만 그런 목표 설정에는 폭넓고 다양한 해석이 가능하다. 이는 아주 당연한 일로, 그렇게 함으로써 그룬트바콜 식의 자유학교를 흥미진진하고 새롭게 발전시켜갈 수 있다. 그러므로 해마다 학교의 정체성에 대해 대화를 나누며 학교를 진보시키고자 한다. 이런 대화를 나누는 중에 불꽃 튀는 논쟁이 일어나기도 한다. 누군가가 문을 박차고 나가는 경우도 있다. 그러나 이 시간은 결코 지루하지 않다. 대화는 생산적일 때가 더 많다. 이 학교에서 자유는 최상위에 있는 주제이기 때문이다.

덴마크 공교육과 자유교육의 법제화 과정과 쟁점

1. 1950년대 이전

덴마크는 절대군주 치하에 있던 1814년 최초로 '일반학교법(General School Law)'을 도입했는데, 이때 지방정부로 하여금 7~14세의 모든 아동을 위한 학교를 설립하고 그 재정을 부담하도록 의무화했다. 이 조치의 목적은 아이들로 하여금 "기독교적 교훈에 따라 선하고 올곧은 인격"으로 자라나도록 하고, 또 "한 국가의 쓸모 있는 시민이 되는데 필요한 지식과 기술"을 가르치는 데 있었다. 이러한 폴케스콜레(folkeskole, 1~10학년을 위한 공립기초학교)의 목적은 비록 그동안 사회와 학교 현장에서 많은 변화가 일어나기는 했지만 1937년까지 변치 않았다.

공립학교는 크게 두 흐름이 있는데, 하나는 시골의 마을학교(Village School)이고, 다른 하나는 도시 학교(Town School)이다. 당시 덴마크는 농촌 사회로 전 인구(약 백만 명)의 85% 정도가 시골의 작은 마을에 흩어져 살고 있었다. 1850

카를 크리스티안 에기디우스(Karl Kristian Ægidius) · 송순재 옮김 이 글은 덴마크 공교육과 자유교육이 어떤 법제화 과정을 거쳤는지, 당시 떠오른 쟁점은 무엇인지를 살펴보기 위한 것이다. 2003년에 기고한 글(『처음처럼』 35: 82~103) '덴마크의 학교풍속도, 공교육과 자유교육의 제 면모-초중등교육 단계를 중심으로'를 수정 보완한 것이다.

년부터 1950년까지 백 년 사이에 덴마크는 산업화, 도시화의 여파로 많은 사람들이 도회지로 이주했다. 1950년 무렵에는 430만 인구의 반 이상이 도시로 이주했고 3분의 1 정도만 시골 마을에 남게 되었다. 그 사이 생활수준이 점점 더 높아졌고, 비교적 평화로운 상태가 계속되었다. 1849년(민주헌법이 처음 도입되던 해) 이래 정치적 민주화도 꾸준히 이루어졌다. 이 새로운 경제적, 사회적 조건에서 학교와 교육이 어떻게 변화했는가 하는 물음도 흥미로운 주제지만 이 글에서는 역사적으로 현재와 좀더 가까운 시기인 1950년부터 2000년 사이의 전개 양상에 초점을 맞추기로 한다.

2. 1950~2000년 사이 덴마크 사회의 발전 양상

이 시기 동안 덴마크는 농촌 사회에서 산업 사회를 거쳐 탈산업 사회 및 지식 기반의 정보기술 사회로 이행했다. 그 중 아이를 기르는 문화적 태도는 1960년대를 기점으로 엄청난 변화를 겪었다.

농업 및 2차 산업은 1950년대에서 1970년대로 이행하면서 기계화와 자동화 과정을 거치게 되고, 1960년대 이후에도 사람들은 시골에서 도시로 끊임없이 이주했다. 아울러 남유럽과 터키, 파키스탄에서 많은 사람들이 이주해 왔다. 여성들도 노동에 참여했다. 1960년대 2차 산업은 처음으로 농업 생산을 앞질렀다.

사람들은 경쟁력을 강화하기 위해 협력 관계로 결합하여 큰 회사를 만들었다. 대형 체인점들이 일반 생필품 상점을 대신하게 되었고, 작업장과 공장들은 도시 중심가를 떠나 중심기에는 유행에 민감한 쇼핑센터들이 밀집한 지역으로 바뀌면서, 그럴듯한 회사들이 지점들이 자리를 잡았다. 교외 지역과 도시 주변 마을은 도시화되었고, 작은 지역과 지방정부 자치 기구들은 더 큰 규모로 통합되었으며, 이전의 지역공동체는 해체되거나 급격한 변화를 겪게 되었다. 새 이주민들은 나른 풍습으로 말미암아 기존 주민들과 갈등을 빚기도 했다. 가족 형태도 달라졌는데, 부부 모두 맞벌이를 하면서 일상적인 문화활동이나 운동을 펴나가기는 점점 더 어려워졌다.

여성해방운동과 피임약, 권위주의적 습속에 대한 학생들과 청소년들의 대대적 항거, 베트남전쟁에 반대하는 반미운동, 성해방운동, 신(新)마르크스주의에 대한 공감대 형성, 히피족과 반(反)자본주의, 새로운 스타일의 음악과 의상 등은 기존의 윤리 기준 혹은 정체성에 도전하면서 개인주의적 삶과 문화를 창출했는가 하면, 아이를 기르는 방법과 목표에서도 새로운 길을 추구하는 흐름이 생겨났다. 사람들은 교육에서도 새로운 가치와 목표가 필요하다고 느꼈다. 지금까지와는 다른 성격을 띤 사회에 대해 스스로 생각하지 않으면 안 되었고, 새로운 조건에 적응해야 했다. 그리하여 젊은 세대와 미래를 위해 어떤 교육을 해야 할지를 다시 생각해야만 했다.

이 커다란 변화의 정점에, 1990년대에 이르러 컴퓨터를 비롯한 정보공학기술의 등장과 단계적인 유럽 통합, 세계화된 경제구조로 인한 새로운 과제들이 추가되었다. 마지막으로 덴마크가 직면한 문제는 다른 문화권으로부터 점점 더 많은 사람들(피난민과 이민자들)이 이주해 오면서 다문화 사회가 되어가고 있다는 점이다. 덴마크의 공교육제도는 새로운 조건에 적응하기 위한 과제에 끊임없이 직면하고 있는 셈이다.

3. 공립기초학교, 폴케스콜레 제도의 발전사 및 현황

국회는 국가 수준에서 교육의 목적을 정하고, 학습 내용의 일반적 기준과 지침을 정하며, 학교 행정과 운영에 대한 사안을 '일반학교법'을 통해 규정하고 있다. 지방자치정부는 지방 수준에서 교장, 교사, 학부모와 협력하여 법의 시행과 재정에 대해 책임을 진다.

1) 1937년 학교법

앞서 언급했듯이 공립기초학교의 목적과 목표는 1814년부터 1937년까지 변함없이 유지되었다. 2003년 개정된 새 학교법은 목적 설정에 약간의 변화를 꾀했지만, 그 기본 틀에서는 여전히 전통 노선을 따르고 있다. 학교는 "학생의 소질과 능력을 계발하고 촉진해야 하며, 그들의 성격을 강화시키고 증진하며 그들에게 쓸모 있는 지식을 주어야 한다." 교회와 종교에 대한 관련성은 폐지되었다. 이는 사회가 점점 더 세속화되었음을 반영하며 또한 학교를 더 이상 '교회의 딸'로 이해하지 않으려는 해방된 의식을 반영한다. 요컨대 개인의 타고난 성향과 능력에 좀더 관심을 기울이는 식으로 상황이 변화하기 시작했다.

1937년 학교법에는 시골과 도시 어린이들 간의 불평등한 교육 기회를 바로잡기 위한 전망이 나타나 있다. 이에 따라 전국의 시골 학교에서 새로운 학교 교과, 예컨대 체육, 물리, 화학, 목공, 가사 혹은 요리 같은 교과를 위한 시설을 새로 짓거나 개수하려는 움직임이 있었다. 그러나 이 계획을 실현하기 위한 정치경제적 기반은 2차대전과 1940~1945년 독일군 점령으로 무산되었고, 도시와 시골의 격차를 메우기 위한 과정은 1960년대까지로 미루어졌다.

2) 1958년 학교법

이런 비전은 1958년 새로이 제정된 학교법에서 다시금 반복되었고, 그러다가 1960년대를 거치면서 소위 중앙집중화된 학교건축 방식을 통해 실현되었다. 즉 당국과 지방자치단체는 연합하여 일반 정규 학교를 짓기 시작했고, 농촌의 작은 마을학교들은 문을 닫았다.

농촌 지역 사람들은 보통 1950년대까지는 자기 아이들을 7년간의 의무교육 연한을 넘어서 교육시킬 필요를 느끼지 않았다. 그 이후 변화가 오고 있음을 인식하게 되면서 또 정규교육을 더 많이 받으려는 사람들이 늘어나면서, 지방 정부는 1937년 학교법의 관점에 따라 학교를 현대화하기 시작했다. 1958년 학교법은 원하는 사람 누구에게나 8, 9, 10학년 과정의 정규교육을 제공할 책임을 명시하고 있었기 때문이다. 이 법은 시골과 도시 아이들에게 교육의 기회 균등을 보장하는 목표를 명시하고 있었다.

3) 블루 가이드(The Blue Guide)

1958년 학교법의 내용과 정신은 '블루 가이드 북(The Blue Guidance Book, 행정가, 교사, 학부모 및 학교 문제에 관심 있는 모든 사람들을 위한 안내서)'에 잘 나타나 있다. 이 안내서는 학교생활과 업무를 개선하기 위한 과정에 커다란 영향을 끼쳤다. 이를테면 이 책은 진보적 교육학자와 철학자들의 경험과 사고에 기반을 두고, 새로운 교수법을 제시하고 동기를 촉발시키기 위한 발상을 소개했다. 인문주의적 가치와 민주적 가치도 관심의 초점에 떠오르기 시작했으며, 유연성과 창조적 사고 능력 같은 자질을 발전시키기 위한 상상력과 창조성에도 관심을 기울였다.

초등교육 단계에서 이루어진 이러한 쇄신과 일견 무한한 것처럼 보이는 자유가 또 다른 과제를 낳았다. 변화는 너무 빨리 너무 멀리 진행되었다. 어떤 교사들은 폭 넓은 틀과 자유를 활용했지만, 반면 아동교육에서 사회주의적 교조화로 볼 수 있는 현상을 통제할 능력이 없었다. 공교육에서 그러한 교조화에 관한 논쟁이 뜨겁게 일어났다. 자유학교에서 자유의 한계는 어디까지인가? 무엇을 활용할 수 있고 무엇은 안 되는가? 우리는 어떻게 서로 다른 의견과 균형을 맞출 수 있는가? 교육은 전적으로 중립적일 수 있는가, 혹은 중립적이어야 하는가? 교육의 정치적 남용 또는 정치화를 막기 위해 내용과 방법을 명확히 규정한 중앙집중화된 구조가 더 필요한가?

4) 1975년 학교법

이 논쟁은 1975년 학교법의 배경을 이루게 된다. 이 논쟁은 과거에는 덴마크의 국가 정체성과 공동의 문화적 가치를 갖추도록 이끄는 마당으로 공립기초학교를 바라보는 관점을 받아들이는데 그다지 이견을 보이지 않던, 입장이 서로 다른 집단들 사이의 공감대가 이제는 더 이상 유지되기 어렵게 만들었다. 이제 사람들은 '다원적 사회'에 살게 되었다는 인식을 갖게 되었다. 자 그렇다면 공립기초학교의 공통 기초나 토대라 할 만한 것은 과연 무엇이겠는가?

금세기 초부터 줄곧 학교와 교육에 관한 옛 이해 방식에 대한 비판이 일었다. 이 전통적 이해는 학교에서 교사에게 중심적 역할을 맡기며, 초점은 학습보다는 교수에 두고 있었다. 정부 당국은 교사에게 공적 권위를 맡겼던 셈이다. 교사를 공기관의 관리로 파악하려는 이전의 관점은 이제 새로운 관점, 즉 교사는 관리로서의 외적 권위 때문에 존경받는 것이 아니라, 인간적이며 그가 가르치는 교과의 지적 내용 때문에 존경받아야 한다는 관점에 의해 도전을 받게 되었다.

나아가서 기독교에 대한 개인적인 해석이 가능해지면서, 그리고 삶에 대한 감각과 방향에 대한 개인적인 탐구가 받아들여짐으로써, 그뿐 아니라 앞서 언급했듯이 민주주의에 대한 논쟁과 1960년대 반권위주의운동의 결과로, 교사가 채워 넣어야 하는 텅 빈 무엇으로 학생을 보거나, 기계처럼 돌아가는 사회 시스템에 적응시켜야 하는 대상으로 간주하려는 이해가 그 발판을 잃으면서, 옛 관점은 학생을 인격적 의지와 의식을 가진 살아 있는 인간 존재로 인식하려는 태도에 의해 점차 대치되었다. 이렇게 하여 학생은 학습 과정의 중심적 사리에 놓이게 되었다.

이는 1975년 학교법에서 공립기초학교의 목적과 목표를 기술한 다음과 같은 규정에 반영되어 있다.

제1조: 폴케스콜레는 학부모와 협력하여 학생에게 지식, 기술, 학습 방법, 표현력을 향상시킴으로써 학생 개개인의 다면적 발달에 기여하는 것을 과제로 삼는다.

제2조: 폴케스콜레는 그 전체적 활동에서 학생의 학습 욕구가 자라도록 그들의 경

험과 자기 활동의 틀을 창조함으로써, 학생들로 하여금 자신의 상상력을 펼치고 독자적인 판단 능력을 연습하며 역시 독자적인 태도를 기를 수 있도록 노력해야 한다.

제3조: 폴케스콜레는 학생들로 하여금 민주적 사회 안에서 삶을 영위하고, 자기 입장을 말할 수 있도록 하며, 아울러 공동적 과제를 해결하기 위한 책임의식을 갖도록 준비시켜야 한다. 그러므로 교수와 일상생활은 지적, 정신적 자유와 민주주의에 바탕을 두고 이루어져야 한다.

많은 교사들, 특히 관료적 신분이라는 옛 틀에서 오랫동안 연륜을 쌓은 교사들은 특히 태도와 방법을 바꾸기가 불가능했다. 반면 다른 교사들과 젊은 교사들은 이미 새로운 이해를 얼마 동안 행동에 옮겨왔다. 여하튼 이어지는 그다음 시기 동안, 교수-학습과 더불어 학생, 교사, 학부모들 사이의 관계에 대한 새로운 이해를 위한 교육학적 논쟁은 학부모와 교사들, 정치가들 사이에서 계속 이어졌다.

근본적으로 아이들은 세계를 탐구하고 발견하며, 그것에 대해 배우고 이해를 발전시키려는 호기심과 욕구를 가지고 있다. 무엇보다도 아이들은 교사들이 알고 있는 것과는 또 다른 많은 차원에서, 그들이 행하고 스스로 발견한 것으로부터 세상을 배운다. 학습 과정에 참여하기 위한 동기와 영감은 특정 주제에 대한 교사의 지식에서 나오지 않으며, 그보다는 주제에 대한 학생들 스스로의 개인적인 흥미나 관심과 참여적 활동에서 나온다. 학습 과정에서 가장 필요한 요소는 학생 자신의 배우고 싶어 하는 욕구이며, 학습 과정에 대한 능동적인 참여와 책임 문제라 할 수 있다.

그렇다고 교사가 쓸모없고 피상적인 존재라는 뜻은 아니다. 오히려 이런 구조에서 교사는 다른 역할과 과제를 떠맡게 되고 의례적인 역할과는 다른 능력을 요구받게 된다. 교사는 다양한 연령층의 아이들을 생산적인 학습 활동에 끌어들일 수 있는 활동과 과제에 대해 알고 있어야 한다. 교사는 대화를 나누고 토의를 위한 판을 벌이고, 실험하고, 여행을 통해 탐사하고, 모둠활동을 하고, 프로젝트를 수행하고, 워크숍을 하는 등, 일을 조직하고 만들어 내는 데 익숙해져야 한다. 이를 통해 아이들은 다양한 경험을 할 수 있는 기회를 갖게 되고, 지식에 대한 갈구를 자극 받을 수 있다. 그러한 활동에서 교사의 과제는 의심과 불안한 상황에 처해 있는 학생들을 도와서 문제를 해결하고, 스스로 계획을 세우고 자신의 해법과 결론에 이르도록 이끄는 것이다. 이 경우에도 전통적인 상황에서처럼 교사의 제시와 교수 행위가 특정 학습 과정에서 어느 정도는 필요할 수 있다.

이 교수-학습 과정 모형에서 특히 중요한 것은 민주적인 문화와 삶의 양식을 아이들에게 어떻게 고양시킬 것인가 하는 문제인데, 이는 다시 말해 나와 '다른' 사람들과 더불어 살아가고 일하는 능력을 기르는 것이다. 또한 갈수록 커져 가는 사회적 다양성 안에서 이러한 차이와 관련된 문제를 고려하는 능력을 기르는 것이기도 하다. 이 학습 모형에서 또 한 가지 중요한 점은 아이들이 서로 배우면서, 저마다 다른 재능을 가진 존재로서 서로 도울 수 있다는 사실을 인식하는 것이다.

5) 새로운 문제와 논쟁

얼마 지나지 않아 1975년 학교법은 문제를 해결하지 못하며, 학교와 관련된 모든 집단들에게 맞지도 않는다는 사실이 명백해졌다. 1960년대와 1970년대 학생운동으로 인한 소요 사태 이후 전통적인 관점은 재구조화되었다. 법과 질서 및 위계적 사고를 대표하는 권력, 기술공학적 사고, 경제적 차원의 경쟁 지향적 사고, "우리가 학교 다닐 때는 그렇지 않았다"는 식으로 새로운 세상을 이해할 수 없다는 입장, 옛 국가주의적 가치를 대변하는 사고 같은 것들은 종래의 관점을 변화시켜야 했으며, 이 해묵은 논쟁은 교육학자와 교사, 학부모, 정치가들 사이에서 오늘에 이르기까지 계속되고 있다. 이는 요컨대 다음과 같은 물음을 둘러싼 것이다.

- 교육에서의 질이란 무엇이며 어떻게 측정할 수 있는가?
- 폴케스콜레의 질을 책임지는 것은 누구인가?
- 학부모들의 발언과 참여는 더 확대되어야 하는가?
- 학생들마다 학습의 질을 담보할 수 있는 학습계획을 가져야 하는가?
- 유치원은 학교에 더 많이 통합되고 학교교육을 더 이른 시기에 시작해야 하는가?
- 과목에 따라 더 많은 수업이 필요한가?

그러는 동안 학교의 일상생활에 실험적인 변화가 도입되었고, 작업과 학습을 조직하는 새로운 방법, 이를테면 프로젝트 학습, 워크숍 같은 방법들이 일상적 주제가 되었다. 많은 학교들이 일상에서 이들 새로운 학습법의 진가를 인정하기 시작했던 것이다.

이와 별도로 좀더 많은 주의를 기울여야 하는 두 가지 새로운 문제가 발생했는데, 하나는 환경 문제이고, 다른 하나는 이중(二重) 언어를 말하는 학생들, 즉 1980년대에 전례 없이 많은 난민들이 덴마크로 이주해 온 아이들을 덴마크 사회에 통합시켜야 하는 과제였다.

1980년대 들어 학부모의 민주적 참여를 확대하기 위한 새로운 법, 즉 단위학교에서 '학부모운영위원회'를 만들도록 하는 법이 제정되었다. 그러나 실제로 이 위원회가 제대로 기능할 수 있는 방안을 찾았다고 보기는 어려우며, 부모들의 참여를 확대한 것 같지도 않다. 한편 학교 일상에서 어려움을 야기시키는 새로운 문제들이 생겨났는데, 첫째는 현대 미디어의 빠르게 변화하는 문화에 익숙해져 더 이상 집중하지 못하는 아이들이 늘어난 것과, 둘째는 학부모들이 점점 시장 논리에 익숙해져, 비현실적 요구를 하거나 교사에 대해 거친 비판을 일삼는 것이다. 급격한 변화, 새로운 요구 및 과제, 예산 감축, 착취당하고 소진된다는 느낌을 안게 된 교사들은 자기 자리를 찾기 위해 단체 대응을 시작했다. 교직 신분, 봉급, 노동시장과의 관계, 일상적 업무에서의 합리적 조건 같은 문제들에서 스스로를 지키기 위한 행동을 시작한 것이다.

6) 1993년 학교법

이런 배경에서 앞서 언급한 문제들을 고려한 내용을 담은 새로운 공립기초학교법이 토의에 붙여져 1993년에 통과되었다. 이 법에서는 다시 한 번 학생들 개개인의 다면적 발달에 관한 궁극적 지향점을 밝혔다. 또 학생들로 하여금 덴마크 문화와 친숙하게 하고, 타 문화권이나 자연과 인간 간의 상호관계를 이해하도록 하는 것을 중점 과제로 삼았다. 자신의 문화적 배경을 더 잘 알고 친밀해질수록 좀더 균형감 있고 적극적으로 타 문화권에 다가갈 수 있다는 관점을 반영하는 것이다.

1993년 학교법 중에는 교사들에게 행정 부담을 덜어주고 정치적 영향력에서 자유롭게 해주기 위한 조항도 있고, 교장의 권한을 강화시키는 것도 있다. 그만큼 교장은 단위 학교의 질에 대한 책임을 동시에 부여받는다. 이를테면 교장은 학교 일상에서 다른 교직원들과 협동하여 문제를 풀어가야 하지만, 긴급한 상황이나 사소한 문제들에서는 오랜 토의를 벌이지 않고도 해결할 권한을 위임받고 있다. 이런 관행은 1970년대와 1980년대를 통해 지속적으로 확대되어 왔다.

교사들의 과중한 업무나 근무 조건 같은 문제들은 여전히 미해결 상태로 남아 있다. 나이 든 교사들이 정년퇴임 이전에 교직을 떠나고, 최근 새로 임용된 젊은 교사들 역시 일 년, 심지어는 반 년 만에 일을 그만둔다는 사실에서 이런 상황을 짐작할 수 있다. 함께 협동하여 작업하기를 그리 내켜 하지 않는 학생들, 불안감과 불확실성이 지배하는 학교 안의 분위기는 신임 교사들을 힘들게 하기에 충분하다.

공립기초학교와 관련한 다른 문제들은 1993년 이래 유럽연합과의 관계에서 생겨난 것이기도 하다. 여러 유럽연합 기관들은 유럽 국가들 안에서 다양한 학교의 다양한 연령층의 아동을 대상으로 교과목 성취 수준을 측정하는 연구를 수행하는데, 여기서 다른 국가 아동들에 비해 덴마크 아동들이 뒤처지는 것으로 알려지면서, 여러 정당들과 이해집단들로부터 비명 소리가 터져 나왔다. 그 결과 경쟁력 있는 교육을 담보하고자 교육과정의 변화를 촉구하는 목소리에 응답하기 위한 규정이 뒤따르게 된 것이다.

1993년 학교법은 학부모들로 하여금 단위 학교에서 학부모가 다수를 차지하는 학교운영위원회를 가능케 함으로써 학부모 대표의 영향력을 확대시켰다. 또 위원회에서는 중요하다고 생각되는 모든 의문 사항에 대해 교장과 함께 토의를 할 수 있다. 비록 전적으로 성공을 거두지는 못했다 하더라도 이런 식으로 단위 학교 활동과 운영에 학부모 대표가 참여하도록 하는 틀은 많은 학교들에서 민주주의를 확산시키는 데 긍정적인 영향을 주었다.

1990년대 전반에 덴마크 아동이 다른 유럽 국가에 비해 뒤쳐진다는 평가 때문에 정치가와 행정가들은 다른 유럽 국가들처럼 아동의 지식을 평가하는 연구소가 필요하다는 생각에 매료되어 1990년대 후반에 그런 연구소들이 출현했다. 이 연구소들이 학교 평가를 하여 결과를 발표하면서 비교가 가능하게 되었다. 이에 대한 경고성 비판이 영국의 경우를 빗대어 나왔다. 영국에서는 그런 연구소들이 1980년대 후반에 도입되면서 학생들은 평가 시험을 준비하느라 엄청난 압박을 받고, 학교란 기계적 학습을 하는 곳이라는 인상을 갖게 되면서 교사와 학생 모두가 학습에 대한 동기와 즐거움, 책임감을 잃게 되었다는 것이다.

덴마크 교육계 전반에 걸쳐 서로 다른 입장들 사이에서 새로운 전투가 벌어졌다. 한쪽이 아동의 자율과 독자성을 신뢰하면서 학습 과정에 아이들의 능동적인 참여를 주장한다면, 다른 쪽은 학습 및 아동의 진보에 대한 효율성과 그 측정 가능성을 교육의 중심 과제로 삼고자 하는 것이다. 이 문화적 전투는 앞으로도 계속될 것이다. 현 단계에서 그 결과를 예견하기는 힘들다.

7) 2002년 11월 협약

이 전투는 최근 제정된 법 제정 과정에서 더 격렬해졌다. 2002년 11월 국회에서 공립기초학교의 쇄신과 앞으로의 발전에 관한 합의가 여러 정당들 사이에서 도출되었다. 합의 문서에 따르면, 다음 문제들을 긴급히 고려하여 가까운 시일 안에 새로운 법 제정을 통해 해결하기로 했다.

- 입학을 앞둔 아이들을 위한 예비학교를 더 잘 준비해야 한다.
- 학습장애를 겪는 학생들을 특별히 배려해야 한다.
- 비행과 폭력 문제에 대응할 수 있는 조치와 캠페인이 있어야 한다.
- 이중 언어를 말하는 아이들을 덴마크 학교와 사회에 잘 통합시켜야 한다.
- 국제 비교에 따르면 덴마크 학생들이 다른 유럽 국가 아이들에 비해 뒤처지므로 더 많은 시간을 할애해 기초 교과를 가르쳐야 한다.
- 공립기초학교와 청소년 직업교육을 위한 준비 사이가 부실하다. 8~10학년을 위한 새로운 과정을 도입하여 그 틈을 없애야 한다.
- 향후 4년 동안 공립기초학교의 발전 계획을 추진하는데, 그 중요 요소는 다음과 같다. 자연과학 교과의 질적 향상, 현대적 학습 방법 및 평가법 도입, 보다 건강한 삶의 양식 모색, 학교에서의 안전 도모, 학생들의 협력 활동과 여가 활동 촉진, 학부모 참여 제고.

이 새로운 합의를 둘러싼 논쟁은 뜨겁다. 특히 점점 강화되고 있는 중앙집중식 지시 구조(덴마크 학교 전통에서는 전례가 없는)에 대한 강력한 비판의 목소리를 들을 수 있다. 앞서 말한 것처럼, 교육과 학습의 핵심 문제에 대한 이해를 둘러싸고 소위 진보적 사고와 보수적 사고 사이에 형성된 전선은 경직되어 있다.

4. 자유학교가 덴마크 교육제도 전체에서 차지하는 위상

19세기 덴마크의 농촌 지역에서는 종교적 각성 운동이 일어났는데, 이와 병행하여 성인들을 위한 기숙학교로 구성된 자유학교운동이 시작되었다. 이 학교는 농촌 청소년들로 하여금 그들 삶에 대한 책임과 조국의 운명을 스스로 떠맡도록 하기 위한 것이자, 그들 자신을 위한 경제적, 문화적, 사회적, 정치적 제도를 창출하도록 하기 위한 것이었다.

이 학교운동의 정신적 기초를 놓은 두 사람이 있다. 신학자이자, 철학자이며 시인이자 문필가인 그룬트비와 소크라테스적 학교 교장인 콜이다. 농부들은 이들의 사상과 실천을 따라 전국에 자유학교를 세우고 또 지속적으로 확산시켜 나갔다. 이들 사상의 핵심은, 학교는 삶을 위한 것으로 학생들의 영적, 정신적, 육체적, 감정적, 사회적, 실천적 능력을 배양함으로써 전인(全人)으로 자라게 하는 데 그 목적을 두어야 한다는 것이다. 교수의 주된 방법 중 하나는 '살아 있는 말', 즉 신화와 이야기, 전기, 설화, 역사, 영웅담 등이다.

1) 운동의 전개 양상

덴마크에서 군주제를 대치하고 민주정부가 들어선 지 두 세대가 지나는 동안의 자유학교 발전 초기 단계(1850~1920)에서, 이들 새로운 정치 구조와 자유학교운동은 덴마크 국가 발전에 주요 추동력이 되었다. 창조적 에너지를 불러일으키고, 경제와 교육, 문화에 활력을 불어넣었으며, 민주적 태도와 정치 문화를 확산시키는 데 기여했다.

산업사회가 발전하면서, 1920년에서 1970년에 이르는 사이 공산품과 도시 문화는 경제와 문화, 정치 구조에 지배력을 갖게 되었다. 이에 맞물려 농산품과 농촌 문화는 그 중요성이 감소했다. 어린이를 위한 자유학교는 여전히 존재했지만, 이제는 지역에서 조용하고 다소 고립된 상태에 머무르게 되었다. 반면 시민대학은 농촌 생활에서 교육적 삶의 의미를 인정받으면서 중요한 몫을 담당하고 있었다. 이 운동의 의미는 사회에서 폭넓게 인정되었는데, 이는 자유학교운영의 재정적 책임을 국가에 지우고 있는 데서도 잘 나타난다.

그러나 1960년대 자유를 지향하는 학생들의 반란기 동안, 그리고 그 이후의 상황 전개에 비판석이며 관심을 가진 학부모들로 이루어진 새로운 모임들과 중앙집중화 과정에서 학교가 사라진 농촌 지역 사람들은 자유학교법이 그들의 목적을 이루기 위한 길이 될 수 있음을 발견했다. 아울러 다른 교육 사상을 가진 사람들도 많은 자유학교와 사립학교들을 세웠다. 1960년대 이래 자유학교 재학생 비율은 꾸준히 늘어나 약 5~6%에서 13%로(2008년 기준) 증가했다. 현재는 260개 학교가 운영되고 있다. 이런 성격의 협회도 7개나 되는데, 그중 가장 큰 협회는 덴마크자유학교협회(Dansk Friskoleforening)로, 여기에 속한 대부분의 자유학교는 그룬트비와 콜의 사상에 그 뿌리를 두고 있다.

2) 일반 학교 유형에서 자유학교가 갖는 의미와 위치

공립학교제도와 별도로 존재하는 자유학교가 덴마크 사회에서 어떤 의미가 있을까?

첫째, 독점 구조는 고객에게 결코 최선의 구조일 수 없다는 점이다. 공기업과 사기업을 함께 가동함으로써 서로 보조를 맞추도록 하고, 지속적으로 깨어 있도록 만드는 최선의 보장책이 될 수 있다. 서로 다른 제도와 기관들이 평화롭게 공존하며 경쟁하면, 하나의 형태가 지배적인 경우보다 더 나은 결과를 기대할 수 있을 것이다.

둘째, 정치적으로 고안된 공교육제도는 정치 국면에서 (지역 또는 국가 단위에서) 일어난 우연한 사건으로 촉발된 변화에 영향을 받을 수 있다. 그럴 경우 정치적 결정을 위한 절차로 인해 교육적으로 바람직한 변화가 지연될 가능성도 있다. 반면에 자유학교는 독립적이어서 정치의 영향을 덜 받고, 변화 상황에도 재빨리 대처할 수 있다.

'민주주의의 질은 소수가 어떻게 취급되는지에 따라 평가할 수 있다'는 말이 있다. 덴마크에서 민주주의가 처음 도입된 이후 전해 내려오는 전승에 따르면, 교육에 관한 한 소수자의 권리는 마땅한 보호받아야 한다. 교육 영역에서 시민들 각자의 창조성과 개인적 시도는 이제 민주주의 국가의 질과 수준을 가늠하는 한 가지 중요한 요인이라 할 수 있다.

마지막으로 그룬트비와 콜의 기본 사상 중 어떤 것은 현대 심리학자들과 뇌(腦)과학자들의 노력 덕분에 공교육 관계자들도 받아들이게 되었다는 사실을 지적하고 싶다. 그들이 이 사실을 인식하기까지 아주 오랜 경로를 돌고 돌아서 왔다는 점은 매우 유감스럽다. 그들이 이 사상을 완전히 받아들이기까지 더 오랜 투쟁이 남아 있는 것 같다.

5. 덴마크의 김나지움 – 공립 중등교육 II 단계

덴마크에서는 중등교육의 두 번째 단계를 '김나지움(Gymnasium)'이라 하며, 보통 15세에서 19세까지(11~13학년, 때로는 10~12학년) 담당하고 있다. 1903년 이전에는 대학 진학을 위한 학교를 중세 수도원 학교에서 비롯된 '라틴어 학교(Latin School)'라 불렀다. 1903년 학교개혁과 더불어 이름과 기능이 바뀌어, 주된 교육과정으로 고전어, 현대어, 수학·물리학의 세 분야를 편성하고 있다. 최근 들어 이 세 분야는 음악 또는 사회학과 더불어 다양하게 결합하는 방식으로 활성화되어 있다.

1960년대까지만 해도 김나지움 입학생 수는 매년 전체 학생의 5퍼센트에 불과했고, 이 소수의 젊은이들이 미래의 엘리트층을 형성했다. 그러나 1960년 이래 지난 40여 년간, 김나지움에 입학생 수는 놀라우리만치 늘어나 오늘날에는 40퍼센트에 이른다. 1960년대 이후 새로운 김나지움들이 많이 세워져, 현재는 전국적으로 고르게 분포하고 있다. 국가와 주정부가 이들 대다수의 김나지움을 관장하고 있으며, 사립 김나지움도 일부 있다. 전통적인 김나지움의 교육 목적과 방향은 첫째, 어떤 특정한 자격이나 직업을 의도하지 않는 일반적이고도 광범위한 자유교양교육(liberal education)을 제공하는 것과 둘째, 대학을 비롯한 고등교육기관에서 공부할 학생들을 준비시키는 것이다.

산업사회에서 탈산업사회(지식, 네트워킹, 정보통신과 디지털 미디어에 바탕을 둔 사회)로 이동하고 있는 지금, 김나지움에서 다룰 내용에 대한 새로운 이해가 대두되고 있으며, 교육의 변화 또는 개혁을 위한 토의가 뜨겁게 이루어지고 있다. 이 토의의 첫 번째 성과로 정리된 김나지움의 목적과 방향은 이러하다. 김나지움 교육은 전체적으로 일관성이 있어야 하며, 학생들이 일반적인 교양 교육뿐 아니라 그 이후 심화 과정도 성취할 수 있도록 능력을 배양해야 한다. 이렇게 하기 위해, 학교와 교육기관은 전 교과과정에서뿐만 아니라 각 과목들에 대해 다음과 같은 목적을 부여해야 한다.

- 민주주의를 위한 제반 사항에 관심을 갖고 민주적 토론에 참여하고자 하는 희망과 능력을 촉진한다.
- 학생들이 기존 세상을 바라보고 이해했던 관점과 교육과정에서 경험하게 되는 새로운 세계 사이의 유사점과 차이점을 이해하도록 격려하고 계발한다.
- 책임감과 독립심, 창의성과 급우들 간의 협동심을 격려하고 계발한다. 이와 동시에 사회 변화에 대응할 수 있는 적응력을 준비시키고 강화시킨다.
- 학생들이 국제적 감각을 기르는 데 유용한 관점들과 제반 사항들을 소개하고 환경에 대한 더 많은 문제의식을 갖도록 기회를 제공한다.

토의의 두 번째 성과는 김나지움 개혁 프로그램의 현실화를 위한 열정과 노력이 기울여져 교육부가 그 프로그램 개발의 초기 단계에 착수한 것으로 보인다는 점이다. 이는 세계화, 정보통신, 과학기술과 디지털 미디어라는 새로운 흐름에 적응하도록 하기 위한 노력의 일환이다. 150여 개 김나지움 가운데 60여 곳이 2001년 이래 가동되고 있는 이 프로그램의 실험적인 작업에 자진해서 참여하고 있다.

덴마크의 공식 교육과 비공식 교육

들어가는 말

덴마크 교육제도의 뿌리는 15세기까지 거슬러 올라간다. 체계적인 교육제도의 틀이 만들어졌지만 몇 백 년 동안 교육은 귀족이나 엘리트들만을 위한 것이었다. 1814년이 되어서야 비로소 국가는 국민을 위한 학교제도를 도입할 수 있을 만큼 강해졌으며, 그 결과 평범한 도시 아이들과 시골 아이들도 교육받을 수 있는 길이 열렸다.

이처럼 사회 발달과 함께 학교와 교육도 역시 변화하고 있다. 이 글에서는 거의 2백여 년간의 변화 과정 동안 교육 분야에서 전개되어 온 고유하고 가치 있는 것들을 보존하려는 노력이 무엇이었는지 돌아보고자 한다. 또, 오늘날 세계화 때문에 빚어지는 도전에 대응하고, 현재와 미래의 요구를 충족시킬 수 있는 교육제도를 만들어가기 위한 노력과 현재 상황도 소개하고자 한다.

현재 덴마크에서 일어나는 개혁과 개발 움직임은 유럽연합의 권고와 요구 때문으로 보인다. 국가의 미래 경쟁력을 보장해야 한다는 의무감에 사로잡힌 정치가들은 교육제도를 새로 수정하기 위한 조치들을 취해 왔다. 현재 덴마크

카를 크리스티안 에기디우스(Karl Kristian Ægidius) · 송순재 옮김

교육 전문가들과 교사들은, 이어지는 변화와 중앙집중적 결정 방식으로 전개되는 지금의 상황을 '불확실성을 느끼면서 강을 건너는 일'로 경험하고 있다.

이 글에서는 크게 덴마크 교육제도의 개요와 현 상황에 대해 설명하고자 한다. 덴마크의 교육제도는 대략 네 영역으로 나뉜다. 기초 과정인 초중등교육, 상급 과정인 고등교육, 성인들을 위한 개방교육 과정인 대학교육, 성인들의 여가 시간을 위한 교육인 평생교육 과정. 교육제도 각각의 중요 영역들이 지니는 문제점과 경향들을 소개하되, 초등교육과 중등교육 I 단계와 고등교육에 큰 비중을 두어 설명하고, 마무리 부분에서 전체 요약과 앞으로의 방향에 대한 필자의 생각을 담는다. 먼저 기초 과정부터 살펴보자.

1. 초등교육과 중등교육 I 단계

공립기초학교(Folkeskole)는 1학년부터 6학년까지의 초등교육 과정과 7학년부터 9학년까지의 중등교육 과정을 포함한다. 이 과정은 의무교육이다. 의무교육 이외에 유치원을 다닐 수 있으며, 고등교육 단계에 들어가기 전 자발적으로 10학년 과정을 선택할 수도 있다. 지역 행정당국은 기본교육을 무상으로 제공할 의무가 있다. 하지만 부모들은 자기 아이들이 일반 사립학교나 자유학교에서 공부하게 할 수도 있다. 이럴 경우 부모들은 학비의 20% 정도를 부담해야 하고, 동시에 학교위원회의 구성원이 될 권리를 갖는다. 초등학생들 중 대략 87% 정도가 공립기초학교에 다니고, 13% 정도가 사립학교나 프리스쿨에 다닌다. 부모들은 자기 아이들을 직접 가르칠 수도 있다. 하지만 덴마크에서 이 권리를 행사하는 부모들은 아주 극소수이다. 중등교육기관에는 공립기초학교(7, 8, 9, 10학년 과정) 이에도, 지역 행정당국의 의무교육 조항과 별도로 운영되는 260여 개의 대안 기숙학교인 자유중등학교(efterskole)가 있으며, 매년 전체 학생의 대략 15~25% 정도가 이 과정을 이용하고 있다.(www..efterskole.dk/www.friskoler.dk)

1) 공립기초학교, 폴케스콜레

법률적 틀

공립기초학교의 법적 틀은 국회의 결정으로 만들어진다. 현재 시행되고 있는 법률은 2006년 국회에서 여당이 다양한 의견들을 수렴해 1975년 법률을 새롭게 개정한 것이다. 이 법률은 대체로 전통을 수용하면서도, 여당의 의지와 비전뿐 아니라 시대 상황에 발맞춘다는 취지를 살린 것이다.

법안에서 공립기초학교의 목적을 밝힌 다음 조문들은 아주 중요하다. 그 안에 교육의 역할에 대한 이해와 이상을 담아, 사회와 각 개인에게 큰 영향을 미치기 때문이다. 여기에 전체 조문을 인용한다.

제1조. 공립기초학교는 부모와 협력해서 학생들에게 지식과 기술을 제공하고, 양질의 교육을 받을 수 있게 준비시켜야 한다. 또 더 많은 배움을 위한 열의를 촉발시키고, 학생들이 덴마크 문화와 역사에 친숙하도록 해야 한다. 그리고 다른 나라들과 그 문화들에 대한 이해의 기회를 제공하고, 인간과 자연 사이의 상호작용에 관한 이해에 기여해야 하며, 학생 개개인이 다방면에 걸쳐서 소질을 발휘할 수 있도록 자극하고 격려해야 한다.

제2조. 공립기초학교는 공부하는 방법을 계발해서, 학생이 그것을 경험하고 흡수하고 진취적으로 펼칠 수 있는 가능성을 만들어 내야 한다. 그러면 학생은 인지력과 상상력을 발달시킬 것이고, 그들 자신의 가능성에 대해 자신감을 갖게 될 것이며, 직업을 갖고 활동하기 위한 경력을 계발시켜 나갈 것이다.

제3조. 공립기초학교는 학생이 자유와 민주주의에 토대를 둔 사회 안에서 참여 의식, 공동의 책임감, 권리와 의무를 행사할 수 있게끔 준비시켜야 한다. 그러므로 학교에서 이루어지는 다양한 노력과 공부에는 지적 자유, 동등한 존엄성, 민주주의라는 특징이 잘 드러나야 한다.

물론 교실에서 날마다 이루어지는 평범한 일과와 힘든 공부 속에 이러한 아름다운 이상이 들어 있다는 사실을 깨닫기는 어려울 수 있다. 하지만 비록 이러한 이상을 충분히 알아차리지 못할지라도, 그 자체 교육의 의지와 방향을 나타내 주는 지표로서 분명히 가치가 있다.

공립기초학교의 교육과정

이 법률은 학교에서 가르치는 내용에 대한 결정도 담고 있다. 1학년부터 9학년까지의 교육과정으로는 다음과 같은 과목들이 있다.

인문학 : 덴마크어, 영어, 기독교·종교, 역사, 사회
실용·예술 과목 : 스포츠·체조, 음악, 시각예술
자연과학 : 수학, 자연과 기술, 지리, 생물, 물리와 화학

교육과정 중, 독일어와 프랑스어는 7~9학년 학생들이 선택과목으로 공부할 수 있다. 또 각 지역 학교들은 학생들이 실용적, 예술적, 기술적 성격의 수업을 선택해서 공부할 수 있도록 다양한 과목을 제공할 수 있다. 가령 길을 횡단할 때 좌우 확인하기, 건강, 양성 평등, 가족 문제 같은 주제는 1~9학년에서 배우는 정규 과목에 필수적으로 들어간다. 마찬가지로 상급 단계의 교육, 노동시장과 미래 직업처럼 진로와 관련한 가능성을 탐색하는 오리엔테이션도 들어 있다. 특정한 상황에서 학생은 기독교 수업을 면제받을 수 있다. 장애가 있어 배움에 어려움을 겪는 아이들을 위해 다양한 지원 수단을 활용할 수 있다. 모든 교과목에 대해 교육부와 장학사는 조언과 안내를 할 수는 있지만, 교육청이나 교사에게 의무적인 지침이나 생각을 전달해서는 안 된다.

1학년부터 9학년까지의 학교교육에서, 학생과 부모는 학생이 얼마나 성취했는지 알아야 하고, 교육을 통해 학생이 얻은 유익함이 무엇인지도 알아야 한다. 그래서 교육부는 공식적인 평가 기준을 정해 학생이 각 과목에서 성취해야 할 단계별 목표와 최종 목표를 세웠다. 지속적인 평가의 하나로, 교육부

는 특정 학년 단계에서 성취해야 할 특정 과목에 대한 학생의 실력도 평가해 왔다. 평가 결과는 학생 개개인의 학업계획표에 기록되고, 다음 단계 평가에서 판단 기준으로 사용할 수 있다. 또 각 지역의 공립기초학교에서 실시한 지역의 평균적 평가 결과는 교육부 홈페이지에 게시한다. 그러면 관심 있는 부모와 학생은 자기 학교와 다른 학교의 평균적인 결과를 비교해 볼 수 있다. 각 지역의 공립기초학교는 이 결과물을 자기 학교 홈페이지에 올릴지 말지 판단해서 결정한다. 이같이 국가가 정한 목표에 도달하기 위한 교육활동 평가, 학생 개개인의 학습계획표 등은 덴마크에서는 새로운 현상으로, 교사들 사이의 논쟁거리가 되기도 하고 불만족의 원인이 되기도 한다.

9학년을 마칠 즈음 졸업시험을 보는데 덴마크어, 수학, 영어, 물리·화학 과목은 의무적으로 포함되어 있다. 또 매년 교육부가 설치 규정한 인문계 과목과 자연과학계 과목 중 두 과목을 선택해 시험을 본다. 그밖에 다른 과목에 대한 시험은 각 학교가 자발적으로 선택하는데, 보통 부모와 상담한 뒤 학생 각자가 선택하도록 하고, 교육부가 정한 규칙에 따라 학교는 시험을 실시할 수 있다.

10학년 과정은 선택 사항이다. 최근의 경향을 보여주는 통계에서, 2001년과 2002년 사이의 9학년 졸업생 중 63%가 10학년을 선택하겠다고 했다. 이는 나머지 3분의 1 정도는 기숙학교인 자유중등학교 진학을 선택했다는 뜻이다.

10학년을 마친 학생 중 덴마크어, 수학, 영어, 독일어, 프랑스어, 물리·화학 과목 수업을 들었을 경우, 해당 과목에 대한 시험을 치를 수 있다. 수업을 듣지 않았거나 시험을 보지 않은 학생들은 9학년 졸업시험 과목 중에서 한 과목 이상의 시험을 칠 수도 있다. 시험을 치겠다는 결정은 학생, 부모, 학교가 의논해 이루어진다.

이 같은 규칙과 조항들 외에도 새로 만들어진 공립기초학교법에는, 학급 정원이 30명을 넘지 말 것과 교육부가 학년별 수업 시수와 과목의 결정권을 갖고 있다는 사실도 명시하고 있다. 수업방식도 각 과목 목표나 주제와 맞아야 하고, 공립기초학교의 일반 목적과도 부합하는 방식으로 이루어져야 한다는 것도 명시하고 있다. 그래야 학교는, 학생들이 평가나 시험에 대비해 필요로 하는 것을 충족시켜 줄 수 있고, 학생들은 자기 수준에 맞는 적절한 도전에 대처할 수 있기 때문이다. 공부 방법이나 내용 그리고 주제 선택은, 교사와 학생들이 같이 협의해 정한다. 담임교사(보통 덴마크어 교사가 맡음)는 자기가 맡은 학급에 애정을 갖고, 문제를 해결할 때 학생들과 협력하여 풀어가려 한다.

지역의회는 자기 지역의 모든 어린이들에게, 유치원부터 공립기초학교 10학년까지의 기본교육을 무상으로 제공할 책임이 있다. 지역의회는 자기 지역 공립학교들의 교육활동을 보장하기 위해 적절한 법규나 조항을 제정할 수 있다. 이 경우 지역의회는 학교나 행정당국과 청문회나 협의회를 거친다. 이렇게 만들어진 법률과 지역 조례가 공립기초학교의 교육의 질을 담보한다. 또 지역의회는 법과 규칙에 명시된 교육 목적과 기준에 각 학교의 교육활동이 부합하는지를 판단하는 책임도 진다. 지역의회는 교사 임명과 해고도 결정한다. 사전에 학교위원회의 의견을 들어 실행한다. 각 학교의 커리큘럼, 수업방법과 목표 관련 문서를 승인하는 것도 지역의회의 역할이다.

지역의회의 임무 가운데 새로운 것은, 매년 교육의 질에 대한 보고서를 행정기관에 제출해야 한다는 것이다. 보고서는 지난해에 불충분했던 점을 시정할 수 있는 방법들에 대해 언급해야 한다. 내용이 매우 불충분하거나, 평균보다 현저히 낮은 성적을 보여주는 게 아니라면 보고서와 계획안은 승인된다. 각 학교위원회는 이렇게 만들어진 보고서와 계획안을 두고 다시 논의하고 판단하는 과정을 거친다. 최종적으로 보고서와 계획안, 학교위원회 논의 의견을 다 같이 모아 인터넷에 공지한다.

지역교육청은 가장 큰 책임을 지는 주체로서, 공립기초학교 범주 안에 있는 모든 공립학교를 감독한다. 책임을 지는 자로서 학교에 시원할 새성 보조금과 경제적 토대를 결정하며, 관할 구역 안에 있는 학교 수도 정한다. 각 학교의 학급 수와 학교가 제공하는 서비스(식사, 매점, 특별교육 시간과 여가 시간) 정도를 결정하는 것도 지역교육청이다. 다만 결정을 내리기 전에는 학교위원회의 의견을 듣는다.

공립기초학교의 교육주체들

학교의 일상생활과 학습활동을 함께 만들어가는 파트너도 있다. 학생회(학생과 학생대표), 교사위원회(교사들과 교사대표), 교장과 교감, 행정·보조 직원, 학교위원회(학부모대표, 교사대표, 학생대표)가 대표적인 그룹이다. 모든 그룹이 상호 협력하고, 학교운영에 참여하는 모든 사람들이 학교와 배움에 대한 소망과 이상을 인식하고, 이해관계를 조정하는 건 대단히 어려운 일이다. 성공하기보다 실패할 여지가 많다! 실패를 막고 각각의 공립기초학교가 원활하게 움직이기 위해서는, 각 그룹의 공식적 권한과 한계를 분명하고 상세하게 명시할 필요가 있다. 그런데 임무와 권한을 열거하다 보면 한계와 유연성, 의무와 권한이 서로 겹치는 경우가 많다. 거꾸로 교육을 위해 융통성과 자유를 강조하다 보면, 내부 다툼이나 갈등이 발생할 수도 있다. 각 그룹의 역할과 권한은 아래와 같다.

모든 공립기초학교에 있는 학교위원회는 학부모들이 선출한 5~7명의 학부모대표, 교사들이 선출한 교사대표 2명, 학생회대표 2명으로 구성된다. 특정 교사나 학생 관련 문제를 논의할 경우, 학생대표는 참가할 수 없다. 9명에서 11명 사이로 이루어진 학교위원회 구성원은 안건에 투표할 권리를 가진다. 지역의회 구성원 중 한 명은 투표권 없이 학교위원회에 참여할 수 있다. 교장과 교감은 학교위원회의 간사로 봉사하는데, 이들은 발언권은 있지만 안건에 대한 투표권은 없다. 위원회 의장은 학부모 중에서 선출한다.

학교위원회 활동은 지역의회에서 정한 교육목표와 틀에 따른다. 위원회는 각 학년의 수업 수, 수업 일수, 선택할 수 있는 과목 수, 배움에 어려움을 겪는 학생들을 위한 특별교육, 교사들 사이의 업무 분담 같은 학교운영과 관련된 방침들을 논의하고 정한다. 또 학부모와 학교가 어떻게 협력할지, 아이들이 수업에서 얻은 게 무엇이며 학부모에게 어떻게 알릴지, 각종 방식과 방침을 정할 수 있다. 학교에서 이루어지는 행사, 캠프, 실습, 학교에서의 여가 시간 조정 등에 관한 규칙들을 정하는 것도 학교위원회의 임무다. 학교예산, 수업 기자재 구입과 관련된 사안, 교칙 같은 것들 역시 학교위원회의 승인을 필요로 한다. 이밖에도 학교위원회는 교사와 교장 임명, 교육 관련 보고서나 계획안을 포함해 지역의회에서 제기된 문제에 의견을 달라는 요청을 받기도 한다. 학교위원회는 발의권을 가지고 이런 문제들에 관해 의견을 낼 수 있으며, 학교와 관련된 문제들에 대해 제안할 수 있다. 학교위원회는 이상의 활동 전반에 대해 매년 보고서를 작성해야 한다. 보고서 작성과 학교 관련 문제를 논의하기 위해서 해마다 전체 학부모회의를 소집해야 한다.

학교장의 역할은 바퀴 축에 비유할 수 있다. 교장은 교육적이고 행정적인 리더십을 발휘할 책임이 있고, 학교위원회나 지역의회에 자기 학교의 활동을 설명해야 한다. 나아가 학교장은 교사와 다른 교직원 사이에서 이루어지는 업무 지도와 역할 조정도 맡는다. 학교위원회에 학습계획안, 학교의 서비스 방침과 활동을 제출해야 하며, 마찬가지로 학교예산도 공개해야 한다. 교장이 임무를 수행하는 가운데 교직원이나 학생의 협력이 필요할 경우 교장의 권한을 행사할 수 있다고 법률로 명시하고 있다.

교사위원회는 가르치는 일에 종사하는 모든 교직원으로 구성된다. 교사위원회는, 2006년 개정된 공립기초학교법에 따라 이전과 달리 학교위원회에 대표 두 명을 참여시킬 권한만 갖는다. 일종의 자문 역할을 하는 위원회인 셈이다.

학생회는 모든 공립기초학교에 다 있지는 않지만, 법률에 의해 5학년 이상 학생들은 자신의 관심사와 관점을 대변할 수 있는 학생회를 구성할 권리를 가진다. 어떤 학교는 4학년부터 학생회를 구성할 수 있다. 학생회 역시 자문 역할을 하는데, 어떤 일을 하고 어떤 영향력을 행사하는지는 학교마다 다르다.

공립기초학교의 당면 과제들

공립기초학교가 당면한 문제와 어려움을 놓고 여러 그룹은 토론을 통해 풀어 나가는데, 이는 매우 필요한 일이다. 공립기초학교는 사회적으로 대단히 중요한 조직인데(어떤 사람은 문명의 원동력이라고도 한다), 수많은 톱니바퀴들이 맞물려 돌아가는 대단히 복잡한 유기체이기 때문이다. 사회가 빠르게 변화하고 있는 지금 같은 전환기에는 더욱 그러하다.

공립기초학교가 당면한 과제 중에는 '각 조직의 요구가 다를 경우 적절히 힘을 분배하고 결정하려면 어떻게 해야 할까' 같은 토론을 요하는 문제가 있다. 제도란 자연스럽게 특정한 위계질서를 갖기 마련이다. 위계질서에서 상위 단체나 사람들이 하위 부분이 수행하는 일을 조정하고 판단하게 된다. 여러 분야에 참여하는 다양한 단체나 참여자들의 의무, 권리, 책임, 권한의 한계는 어디까지일까? '누가 무엇을 결정하고, 어떤 문제를 풀어내는가'를 분명히 한다는 건 무엇일까? 한 가지 예를 들면, 학교장의 권위, 의무와 책임에 대해 분명히 명시해야 한다. 그런데 학교장이 의무를 수행하되 '교직원들의 협력을 위해' 권한을 행사할 수 있다는 조항은 어떻게 해석해야 하는 걸까? 결국, 서로 다른 상황에서 다양한 의견을 지닌 사람들이, 각각의 학교 안에서 협력이란 무엇이고 훌륭한 리더십이 무엇인지를 정의할 수밖에 없다. 물론 서로 영향을 주고받고 임무를 수행하는 모범 사례들을 참고하면서 나름대로 결론을 내릴 수 있을 것이다. 토론에 참여하는 사람 중 누군가는 이런 의견을 말할지도 모른다. 권위 있는 중앙정부 당국이 학교에 참여하는 각각의 사람들의 의무와 권리를 각각의 상황에 맞춰 분명하게 명시하고 확고한 것으로 만들어 준다면, 자신들이 학교에 필요한 결정을 내릴 수 있다고 말이다. 하지만 이와 다르게 생각하고 희망하는 사람들도 있다. 법에 분명하게 언급되지 않은 부분은 그때그때 새롭게 논의하고 적용하면 된다고 말이다. 이는 덴마크의 역사 속에서 시민의 삶과 관련해 지역에서 자기결정권을 행사해 온 오랜 전통, 특히 교육제도의 주체적인 전통을 계승한다는 뜻이다.

또 다른 과제로 새로운 법규를 둘러싼 입장 차이도 있다. 지난 십여 년 동안, 새로운 법률과 결합해서 교육부가 내놓은 몇 가지 선도적인 제안과 법규들이 교사들의 근무 조건을 근본적으로 규제하고 있다는 사실은 누구도 부정할 수 없다. 이 법규들은 교사들에게 전례 없는 과업과 의무를 수행하라고 요구한다. 예를 들어, 과목마다 모든 학생들의 학습계획안을 개별적으로 제출해야 한다. 교사의 시각에서 보면, 여기에는 중앙정부인 교육부의 명백한 의도가 표현되어 있다. 즉, 공립기초학교에 대한 친절한 안내를 제공한다는 것을 넘어, 학교운영을 교육부가 지시하고 관리하려는 의도가 담겨 있는 것이다. 그 결과 전통적으로 이루어졌던 자기 결정권의 여지가 심각하게 제한되는 것으로 인식한다. 어떤 지역의 교사들은 파업을 해서라도 이 법규를 거부하겠다고 반발하기도 했다. 교사들이 새로운 법규를 얼마나 부담스러워하는지 짐작할 수 있는 예다. 한편 이 법규가 1993년 공립기초학교법에 나온 조항들을 좀더 구체적이고, 엄격하고, 강력하게 적용시킨 것이라는 해석도 있다. 1993년의 공립기초학교법은 학생 개개인의 욕구와 필수 조건, 지적 발달단계를 좀더 고려하는 걸 목적으로 했다. 이럴 경우, 학습계획안은 학생 개인의 지식과 기술 습득을 향상시키는 도구라고 생각할 수도 있다.

최근 들어 가장 많이 토론된 또 다른 문제는, 평가와 시험에 대한 것이다. 1990년대 국립평가연구소가 설립되기 전에는, 덴마크에서는 기본교육에서 시험 결과를 체계적으로 평가할 방법이 없었다. 그런데 2000년에 이루어진 피사(PISA, OECD 국제학생학업성취도평가)에서, 덴마크의 15, 16세 학생들이 읽기나 쓰기에서 다른 나라 학생들보다 뒤진다는 결과가 나왔다. 이 결과에 정치가들과 정부는 깜짝 놀라고 낙담했다. 더욱이 덴마크는 기본교육을 받는 학생 비율이 세계에서 가장 높은 나라 중 하나였지만, 기본교육을 마친 졸업생들 중 '기능적 문맹자(어떤 임무나 상황에서 필요한 읽기와 쓰기 능력이 결핍된 사람)'로 분류된 사람들의 비율은 약 17%나 될 정도로 높았다. 그 결과, 중앙정부 교육 관련 부서 주도로 평가 방법들과 법률이 잇따라 제정되었다. 현 시대에 유행하고 있는 평가 문화를 만들어 내고, 기본교육 기간 동안 특정 시기마다 핵심 과목에 대해 전국 단위의 시험을 보고, 통계적인 분석과 비교를 위해서 구체적이고 쉽게 측정할 수 있는 평가 방법을 제공하는 것을 목적으로 했다. 그 다음에는 '공립기초학교에서 교육의 질을 평가하고 발전시키기 위한 심의회'가이 문제를 조사하고 매년 보고서를 제출하는 일을 맡게 되었다. 심의회는 평가 방법들의 효율성을 평가하고, 현 상황에 나타난 문제들의 해결 방안으로 새로운 방법을 시행해보거나, 지금 것을 계속하도록 권고하는 일을 맡았다.

도입부에서 지적했던 대로, 이러한 평가 방법들은 총체적인 토론을 불러일으켰다. 미래의 상황에 맞춰 중앙에서 모든 것을 조정하려는 의도와, 세계화라는 시대 상황에 맞춰서 미래의 국가 경쟁력을 강화하는 수단으로 교육제도의 질을 향상시키려는 의도에 대해 격렬한 토론이 벌어졌다. PISA 연구결과는, 대중매체와 공개적인 토론회에서 공립기초학교의 심각한 약점을 지적하는 주요 지표가 되면서 중앙정부의 교육 관련 부서가 교육제도를 조정할 명분을 제공했다. 하지만 이 조사 결과가 기계적인 읽기 능력과 교과서 지식을 재생산하는 방식만 고려한 것이 아니냐는 의문과 비판도 제기되었다. 기본교육에서 정말로 중요하게 여겨야 할 가치 있는 결과는 고려하지 않았다는 것이다. 사회적이고 민주적인 태도와 관련해서 학생 개개인이 지니고 있는 독립적인 사고력의 발달 같은 것은 고려되지 않았다는 뜻이다. 이 조사가 교육적 결과를 좀더 쉽게 평가하려는 데에만 초점을 맞추는 바람에, 금방 드러나지 않는 가치들은 무시하지 않았는지, 또 이러한 가치가 지닌 영속성이나 중요성이 무시되어 교육이 절름발이가 되어가는 건 아닐지, 염려와 비판이 제기되었다.

하여간 공개적인 토론의 장에서, 공립기초학교와 그곳에서 일하는 교직원들의 결함과 단점들이 논의되고 공공연하게 드러나게 되었다. 그 결과 나이든 교사 세대 사이에 절망감과 무력감이 널리 퍼졌다. 젊은 시절부터 수십 년 동안 무엇을 해야 할지, 무엇이 중요한지를 알고 교직에 봉사해 왔지만, 새로운 임무와 상황에 적절히 대처하기는 힘들겠다고 느낀 것이다. 공립기초학교를 질책하는 듯한 사회적 분위기가 몰고 온 또 다른 부작용은, 지난 몇 년 동안 교육대학 지원자가 눈에 띄게 줄어들었다는 점이다. 하지만 이런 현상은 1980년대 중반의 낮은 출산율 때문이며, 당연히 공립기초학교에서 일하는 교사 수도 감소할 것이라고, 별문제 아니라고 정부 당국은 자신하고 있다.

2007년 상반기, 지자체 행정기관의 개혁 방침과 더 큰 성과를 만들어 내려는 다양한 시도에 대해서도 토론이 일었다. 효율을 위해 작은 학교는 문을 닫고 학생들은 더 큰 학교가 있는 먼 곳으로 통학을 해야 하는지, 큰 학교가 작은 학교보다 학생들에게 교육적으로 더 좋은 곳인지 하는 물음이 토론으로 이어졌다. 신뢰할 만한 기록에 근거한 최근의 논문 하나는, 작은 학교 출신 학생들의 평균 시험 결과가 큰 학교 출신 학생들에 비해 결코 뒤지지 않는다는 사실을 증명했다. 결국 작은 학교를 폐교하려는 계획을 정당화하는 것은 교육적인 이유가 아니라 오직 경제적인 이유임이 밝혀졌다.

토론거리는 이밖에도 더 있다. 공립기초학교의 현 상황과 학교 당사자들이 느끼는 문제점과 고충의 범위를 보여주기 위해 '이슈'만이라도 적어 본다. 덴마크 사회에서 전래된 부정적 유산의 결과를 어떻게 감소시킬 것인가? 학교에서 일어나는 집단 폭력에 어떻게 대처할 것인가? 부모와 학교 사이의 적절한 협력 방식을 어떻게 찾아낼 것인가? 학교위원회와 학교 간의 원활한 협력을 어떻게 증진시킬 것인가? 이민자와 피난민 아이들에 대한 통합 정책에 어떻게 대처할 것인가?

정리해보면, 학교 현장에서 날마다 일어나는 수많은 자잘한 문제들과 새로운 환경에 몸과 마음을 맞춰 나가도록 몰아붙이는 전환기적 도전이, 지금 공립기초학교가 처한 상황인 셈이다. 어쩌면 지금 상황에서 효율적이면서도 유연하게 개혁할 수 있을 거라는 전망이 그리 타당해 보이지 않는다. 한쪽에는, 자신들의 위신이 꺾이고 있다고 느껴 지금까지 인정되고 존중받은 가치들과 목표를 지키려 애쓰는 방어적인 현장 교사들이 있다. 다른 한쪽에는, 사회의 경쟁력을 강화시키려는 목적으로 교육 체제를 새롭게 만들겠다는 야망을 품은 중앙의 공격적인 사람들이 있다. 이 둘 사이의 분열이 가까운 미래에 극복되거나 조정되기는 어려워 보인다.

독자적인 관찰자 입장에서, 두 입장 중 어느 한쪽이 옳다고 말하는 건 불가능하다. 혁명이 아니라 공통의 토대 위에서 지속적으로 진화한 덴마크 민주주의의 역사적 경험을 봐도, 이 두 입장 중 하나가 성공하고 다른 하나는 실패할 것이라고 볼 수 없다. 지난 교육 체제의 정당하고 가치 있는 전통을 어떻게 미래 상황에 맞게 적용시키고 적절한 변화를 끌어내느냐에 공립기초학교의 진정한 진보가 달려 있을 것이다. 오직 시간만이 그 결과를 말해줄 것이다.

2) 사립학교와 자유학교

공립학교인 폴케스콜레에 대한 대안으로 부모들은 일반 사립학교나 자유학교(프리스콜레)를 선택할 수 있다. 일반적인 특징을 살펴보자면, 사립학교는 읍이나 도시의 상류층이나 중상류층 시민들이 설립·운영하고 있다. 이와 달리 자유학교는 19세기에 시작된 농민해방운동에 뿌리를 두고 있으며, 현재까지 대부분 작은 마을이나 시골에 자리를 잡고 운영되어 왔다. 사립학교와 자유학교는 권리와 의무 그리고 재정지원 면에서 공립학교와 동일한 법률의 규제를 받는다.

오늘날 사립학교와 자유학교가 가입할 수 있는 전국 또는 지역 조직은 7개 정도 있다. 그중에서 가장 오래되고 큰 조직은 '덴마크자유학교협회(Dansk Friskoleforening)'로, 모든 사립학교와 자유학교를 통틀어 약 60퍼센트 정도가 이 협회에 가입해 있다. 자유학교협회는 자유학교의 사상적 기초를 놓고 학교를 처음 시작한 니콜라이 그룬트비와 크리스튼 콜의 교육 이념과 실천을 계승하고 있다. 이보다 좀더 작은 다른 조직으로는 발도르프 학교, 독일 소수자 학교, 기독교 학교, 이슬람 학교, 트빈(Tvind)스쿨 협회들이 있다.

부모들이 사립학교와 자유학교를 선택하는 동기로는 몇 가지가 있다. 가족의 전통이나 앞서 언급한 조직에 대한 애착, 혹은 지역 공립학교에 대한 불만, 교육적, 종교적, 이념적인 확신, 거리상 문제, 지역 공립학교의 폐교 같은 실제적인 상황들이 그것이다.

지난 몇십 년 동안 사립학교와 자유학교에 지원하는 학생 비율은 꾸준히 증가하고 있는데, 대부분 지역의 작은 공립학교의 폐교 때문이다. 주민들은 지역 학교가 문화활동의 중심지가 되어야 한다고 생각하고, 또 그 지역을, 가족이 아이들과 함께 이사 와서 살 만한 매력적인 곳으로 만들 필요성을 느끼고 있다. 그래서 공립학교가 문을 닫은 후 상대적으로 설립하기가 쉬운 법적 조건을 이용해서 사립학교나 자유학교를 세우고 있다. 이전의 공립학교 건물을 그대로 사용하기 위해 학부모협회가 지역의회에서 그 건물을 사들이는 경우가 많다.

사립학교와 자유학교를 운영하려면, 공동의 목표와 부모들의 자발적인 도움이 필요하고 재정적인 헌신 역시 요구된다. 하지만 학교운영비의 75% 정도를 국가에서 지원받고 있어서, 나머지 25%는 대부분의 가족들이 합리적으로 부담할 수 있는 액수라 볼 수 있다. 또 그만한 경제적 부담을 질 수 없는 가족들을 위해 일정 정도 추가 지원을 하는 제도도 있다.

지역 행정당국은 사립학교와 자유학교 운영에 아무런 의무를 지지 않는다. 지방자치단체가 사립학교나 자유학교를 교육계 내의 경쟁자로 여기는 일은 아주 드물다. 이런 상황은, 어떤 면에서는 사립학교와 자유학교의 계획과 재정이 공립학교제도보다 훨씬 애매모호하고 불투명하고, 또 어떤 면에서는 이념적 이유 때문이기도 하다.

1849년에 제정된 덴마크 헌법 조항에는, "공립기초학교에서 보통 요구되는 수준의 교육을 자기 아이들에게 스스로 제공하고자 하는 부모와 보호자들은 아이들을 공립기초학교에 의무적으로 보내지 않아도 된다"고 명시하고 있다. 이 조항은 지금까지 계속 유효하다. 또 "민주주의는 소수자들이 어떤 대우를 받는가에 따라 판단될 수 있다"는 조항도 덴마크에서 민주주의가 시행된 이후로, 교육 분야에서만큼은 정당과 정부의 지지를 받고 있다. 이런 배경과 2세대 혹은 3세대 사람들의 덴마크 사회와 문화적 삶에 대한 단호하고도 존경할 만한 봉사와 헌신으로, 자유학교운동은 이른바 '다섯 가지 자유'를 행사할 수 있는 법적 보장을 받게 되었다. 다섯 가지 자유는 다음과 같다.

- 이념적 자유 : 소수자가 다수에 의해 억압받지 않고 자신의 이념을 실천할 수 있는 권리.

- 교육적 자유 : 가르치는 내용과 방법을 선택할 수 있는 권리. 1933년부터 모든 자유학교들은 자기들이 선호하는 학교 감독자를 선택할 권리를 갖게 되었다.
- 경제적 자유 : 사용가능한 경비를 어떻게 쓸 것인지 결정할 수 있는 권리.
- 고용의 자유 : 공식 자격증과 관계없이 유능하고 적합하다고 생각되는 사람을 교사와 교장으로 채용할 수 있는 권리.
- 입학의 자유 : 학교위원회와 지도부가 학교에 입학하고자 하는 학부모와 학생들을 받아들이거나 거부할 수 있는 권리.

제2차 세계대전 이후 새로운 운동 단체와 다른 이념의 신봉자들도 자유학교와 사립학교를 설립했고, 앞에서 말한 법률의 혜택과 자유를 누렸다. 하지만 1990년대에 전례 없는 사건들이 발생하면서, 지금까지 이어져 온 자유는 위협을 받게 되었고, 새로운 법률로 예방책을 세워야 한다는 의견도 나왔다. 첫 번째 사건으로는, 세계적인 여행학교인 트빈스쿨(Tvind School, 자유중등학교의 일종)이 국가 지원금을 남용했다는 의혹이 제기된 사건이다. 학교의 특성을 고려하지 않은 판단이라는 문제제기가 있었지만, 자유학교법에 따라 주어지는 국가의 재정지원금을 악용한 사례로 간주되었고, 2007년 개정된 자유학교법에서는 이를 방지하기 위해 전통적으로 이어져 온 경제적 자유와 조직이 누리는 자유의 한계를 법조항으로 규정하기에 이르렀다. 두 번째 사건은, 이슬람교 배경을 지닌 이민자들과 피난민들이 1990년대에 덴마크에 이슬람 자유학교를 세우게 된 일이다. 장학사가 이 학교들을 감독한 결과, 학교들 중 몇몇은 공립 기초학교에 비견할 만한 교육을 전혀 제공하고 있지 않은 것으로 드러났다. 그 이유는 그들이 덴마크 교육 관련 법률을 잘 이해하지 못했거나 오해했기 때문인 듯한데, 그것이 의도적인 것이었는지 아니었는지는 분명치 않다.

자유학교협회는 법의 악용을 막고 꼭 필요한 부분을 충족시키기 위해서라도 이전의 법률이 존속되어야 한다고 주장했지만, 새로운 법률이 제안되었고 국회에서 승인을 받았다. 새 법률안에는 학교에 대한 감독 규칙을 강화하고, 자유학교도 쉽게 폐교시킬 수 있는 조치도 포함되어 있다. 또 예전에는 상대적으로 범위가 넓고 포괄적이었던 정의들이 세분화되었으며, 자유학교 학생들의 학교생활 목표와 시험 결과가 거의 공립기초학교에 맞먹을 정도가 되었다. 항상 그래 왔던 것처럼 모든 사립학교와 자유학교는 학생 개개인의 성취도를 평가하는 것 외에도, 교육활동 전반을 반드시 평가하고, 그 평가 결과에 따라 앞으로의 활동계획안을 제출해야 하는 의무도 지게 되었다. 게다가 자유학교와 사립학교들로 하여금 학교 홈페이지에 학교의 교육목표, 활동계획안을 반드시 올리도록 했다.

자유학교에 참여하는 사람들, 특히 스스로 자유학교라는 전통과 교육적 가치에 동의하고 공감하는 구성원이라 여기는 사람들과, 지난 150여 년의 실천으로 자신들의 노력과 결실을 증명해 왔다고 생각하는 사람들은, 이러한 법률안에 깊은 좌절감을 느끼고 있다. 이런 조치는 지금까지 이어져 온 교육의 자유에 대한 공격이자 제한이라 여기며 우려를 표하고 있다. 심지어 어떤 사람들은 이를 두고 국가와 자유학교 간의 관계가 전면적으로 변화하는 역사적 시점이라고 해석하기도 한다. 예전에는 상호 신뢰를 바탕으로 자유학교운동의 존재와 성취들을 가치 있고 사회에 기여하는 중요한 움직임이라고 평가받았지만, 앞으로는 계량화된 성과에 따라 관료적인 감독과 통제를 받게 되었다는 것이다. 학부모들도 공개적으로 드러난 학교의 경쟁력을 보고 학교를 선택하는 경향이 나타나게 되었다.

3) 자유중등학교(Efterskole)

자유학교 공동체 구성원들은 자유중등학교의 구성원이기도 하다. 자유학교와 사립학교는 초창기 7년 과정의 학교교육을 제공했다. 이후의 교육과정에 대한 필요성을 느낀 지역 모임과 단체의 주도로 기숙형태의 자유중등학교가 전국에 세워졌다. 주로 시골에 사는 14세에서 18세 청소년들에게 8학년과 9학년 과정의 자유교육을 제공했다.

오늘날에는 지역 공립학교들이 10학년까지 교육을 제공하고 있긴 해도, 매년 모든 계층의 2만여 명의 학생들이 260여 개의 자유중등학교 중 하나에 입학해, 집에서 떨어진 곳에서 8학년과 9학년 혹은 10학년 과정을 밟고 있다.

학생들은 어린 시절에 다닌 지역 학교에 싫증이 나면, 이런 식으로 새로운 분위기의 학교에서 공부를 시작할 수 있다. 새로운 단짝들과 새 친구들을 만날 수 있으며, 십대들과 부모들이 겪는 많은 갈등도 피할 수 있다. 또한 새롭고 색다른 영적인 환경을 경험할 수도 있다. 대부분의 자유중등학교에서 학생들은 지역 공립학교와 똑같은 과목을 공부할 수 있고, 똑같은 시험을 치를 수 있다. 공립학교 졸업생들처럼 상급학교 과정에 들어갈 수 있다는 뜻이다.

이 학교들은 커리큘럼 운영에서도 상대적으로 자유롭다. 대부분의 자유중등학교는 졸업시험 때문에 자체 교육활동들이 영향을 받지 않도록 애쓰면서 교육활동을 펴고 있다. 그룬트비와 콜 같은 자유학교운동 창시자들의 이념을 따르려고 노력하고 있는 것이다. 이것은 전통적인 학교 공부에 실천적 활동, 미술 활동, 음악 활동, 스포츠 같은 것들을 접목시키려는 노력으로 나타나고 있다. 또한 공부나 생활에서 어떤 문제나 갈등이 생겼을 때 토론을 통해서 공동체 내에서 함께 해결하려고 애쓰는 점에서도 나타난다. 이런 점은 개인적, 사회적, 정치적 문제나 갈등을 푸는 일뿐만이 아니라, 공부, 이야기, 공연 등을 함께하는 기쁨을 나누는 일에서도 드러난다. 이런 활동들을 통해서 자유중등학교 청소년들은 삶의 즐거움과 슬픔을 함께 경험한다. 물론 이런 경험들은 학교에서 열심히 일하고 있는 어른들의 안내와 조언 아래서 이루어진다.

대부분의 학생들은 자유중등학교에서 일 년을 보낸 후 지적 지평이 더 넓어진 상태로 집으로 돌아온다. 또한 사회적 경험과 지적 경험을 많이 했기 때문에 전보다 더 성숙해져서 돌아오며, 앞으로 이어질 상급 학교 진학을 위해 배우고 준비하는 일에 좀더 긍정적인 태도와 열의를 갖는다. 자유중등학교의 주된 수입원은 국가 재정지원금이지만, 학교운영비의 약 15% 정도는 부모와 학생들이 부담해야 한다.

2. 중등교육 II 단계_청소년교육(Youth Education)

중등교육 II 단계는 크게 두 범주로 나눌 수 있다. 하나는 김나지움(대학 진학 준비 과정)으로 여기에는 네 가지 과정이 있다. 또 한 범주는 직업교육으로 숙련공 혹은 반 숙련 기능공을 양성하는 교육과정이다.[30] 여기서는 앞의 네 가지 교육과정에 대해 자세히 알아본다.

1) 중등교육 II 단계의 네 가지 교육과정

김나지움

김나지움의 역사와 배경은 중세 시대로까지 거슬러 올라가는데, 당시 도시에 있는 성당에 부임한 신부들이 최초로 학교들을 세운 데서 비롯된다. 당시 이곳에서 가르쳤던 핵심 과목이 라틴어 이해와 라틴어로 된 텍스트 읽기여서, 1903년 개혁 때까지 이러한 학교들은 전통적으로 라틴어 학교로 불렸다. 김나지움이란 이름으로 바뀐 것이 1903년이고, 세 가지 교육 관련 전문과목을 개설했다. '새로운 언어들' '오래된 언어들' '수학적 방법'이란 과목인데 모두 3년 과정이다. 20세기 후반기 동안에 '오래된 언어' 과목은 폐지되었고, 남은 두 가지 영역에 필수과목과 선택과목을 유연하게 배치하는 식으로 바뀌었다. 1960년대 이래로 김나지움 입학생 비율은 5~7%에서 29~30%로 증가하고 있는 추세나. 현재의 틀과 모양은 2005년에 이루어진 김나지움 개혁안에 의한 것으로, 이전에는 문과(언어 과정)와 이과(수학·자연과학 과정)로 나뉘어졌던 것에서 대

---

30) 직업교육을 목적으로 하는 고등학교 과정은 2년제에서 5년제까지 그 교육 기간이 매우 다양하다. 이 과정이 어느 정도 걸릴지는 이론 공부 기간과 승인된 회사나 단체에서의 실습 과정 기산에 따라 상이하다. 이 과정을 통해서 학생들은 기초 사회봉사직, 의료 서비스직, 농업, 목수일이나 기타 수공 작업을 요하는 직업, 판매보조원 등에 적합한 자격을 취득한다. 직업교육 과정에 있는 학생들은 인문계 교육과정 중 한 과목 이상을 이수할 수 있다. 이 같은 방식으로 청소년 교육 기간 중에 학생 본인의 선택에 따라 취업과 진학 준비교육 모두가 가능하도록 하고 있다.

학 교육을 준비하는 의미에서 필수과목과 선택과목을 포괄적으로 선택할 수 있는 체제로 유연하게 바뀌었다.

법률에 따른 김나지움의 교육 목적은 공립기초학교 9학년 과정의 연장선으로, 앞으로 이어질 상급 단계의 학교 공부에 필요한 기본을 3년 동안의 일반 교육 과정으로 제공한다. 김나지움 졸업 시험은 언어-인문학 영역과 수학-자연과학 영역으로 구성되며, 대학 입학을 위한 자격을 결정한다. 가르치는 방법 역시 학생 개개인의 자질 향상에 기여해야 하며, 마찬가지로 학생의 관심사를 충족시키고 민주사회의 삶에 활발히 참여할 수 있는 능력을 계발해야 한다.

대학 준비 과정(HF, Higher Preparatory Exam)

2년의 보통교육 과정으로, 교육의 목적이나 내용이 김나지움과 거의 비슷한데, 대부분 9년이나 10년 동안의 의무교육 후에 학업에 지친 학생들이 일 년이나 몇 년간 취업이나 여행을 포함한 여러 사회 경험 후 대학 교육의 진정한 필요성을 깨닫고 진학 준비를 원하게 될 때 주로 선택하는 과정이라 할 수 있다. HF를 좀 더 유연하게 변형한 것으로, 자유 시간이나 저녁 시간에 공부를 할 수 있는 과정도 있다. 이 경우 학생들은 한 번에 한 과목이나 두 과목을 이수할 수 있고, 이런 식으로 수학 기간을 연장할 수도 있다.

처음, HF 과정에 들어가는 학생들은 주로 성인들이었다. 이들은 젊은 시기에 다양한 이유로 김나지움에 들어갈 기회를 놓친 사람들이었다. 세월이 흐르면서 HF 과정에 입학하는 학생들의 연령대가 점점 낮아지고 있다. 지금은 일 년에 대략 9%의 학생들이 이 과정에 입학하고 있다. HF 역시 일반교육 과정으로, 대학 입학을 위한 특정한 제한 규정을 두고 있다. 가르치는 일 역시 개인의 자질을 향상시키고 민주 사회에 활발히 참여할 수 있는 능력을 기르는 데 공헌해야 한다.

상경계 대학 준비 과정(HHX, Higher Commercial Exam)

3년 과정으로, 주로 상경계 전문대학이나 대학 입학시험 준비를 위한 교육

과정이다. 산업 활동에서 요구되는 상경계 교육도 이루어진다. 이 과정의 전신은 1888년 개인 사업가인 닐즈 브록커(Niels Brock)가 만들었다. 1920년 최초의 상업전문학교에 관한 법령에 따라서, 그가 세운 상업전문학교가 하나의 모델로 인정받게 되었으며, 1927년에는 가르치는 내용에 대한 행정 지시들이 내려졌다. 이후 새로 생겨나는 상업고등학교에 대한 책임과 감독은 1965년에 무역 관련 부서에서 교육부로 이전되었다. 상업고등학교에서 가르치는 HHX 과정들은 1972년에 개정되었으며, 여기서 치루는 시험은 대학 입학을 위한 자격이 될 수 있다. 그리고 1982년부터 다시 개정되고 확장된 과정이 전국의 모든 상업고등학교들에게 제공되고 있다. 현재 일 년에 대략 10%의 학생들이 HHX 과정에 입학하고 있다.

HHX의 목표는 일반 교육과 상경계의 상급 단계 직업교육을 제공하는 데 있다. 이곳에서 공부한 학생들은 대학 입학 자격을 가지며, 이 과정 역시 학생의 자질 향상과 사회에 대한 이해에 기여해야 한다. 여기서는 특히 무역과 산업이 이루어지는 사회 상황에 대한 강조가 두드러진다. 이 과정의 프로그램들은 또한 직업을 얻는 데 필요한 부분적인 토대를 제공한다.

기술계 대학 준비과정(HTX, Higher Technical Exam)

3년 과정으로 기술공업계 전문대학이나 대학 입학시험 준비를 위한 교육과정이다. 기술과학, 자연과학 관련 과목을 공부하며, 학습계획의 중요한 부분으로 프로젝트 작업이 이루어진다. 이 과정은 1982년에 기본직업교육의 일환으로 학생들의 교육과 실습을 보충하고 연장시키려는 목적으로 설립되었다. 기술 분야 대학에 입학하는데 필요한 교육 요구 때문이었다. 이 기술공업고등학교는 1960년대와 70년대에는 김나지움이나 HF 학교에 비해 학생 수도 적었고 토대도 빈약했다. 젊은 세대들 사이에서 인기를 잃었기 때문인 듯하다. 실험적인 기간을 거친 후, 1988년에 HTX 프로그램이 새롭게 개정되었고, 이 학교의 마지막 졸업시험은 대학입학을 위한 자격시험으로 인정을 받았다. 그리하여 이 학교의 졸업생들도 대학에 들어가는 데 있어서 김나지움, HF, HHX 졸업생들과 동등해졌다. 현재 일 년에 약 4%의 학생들이 HTX 과정에 입학하고 있다.

상급단계의 직업교육은 중세 시대의 길드 조직의 후원활동에 그 근거를 둔 것으로, 숙련공이 되고자 하는 사람들이 받는 도제수업의 현대판 버전이다. 길드 조직은 1857년에 폐지되었고, 그 후 지역이나 전국적인 새로운 상업조직과 기업조직들이 기술공업학교(technical schools)를 세우고 운영하기 시작했다. 국가와 지방자치 정부는 기업의 이러한 진취적 정신을 지원했고, 1891년 이후에는 '전국기술공업학교연합'의 헌신적인 노력으로 커리큘럼, 교과서, 교사들의 자질 등이 점차 향상되어왔다. 1889년, 1921년, 1937년, 1956년에 제정된 도제수업에 관련된 법령으로 도제식 수업의 교육 내용과 조건들이 향상되었다.

하루 종일 실제로 일을 하고, 저녁 시간에 받는 과거의 조건부 수업은 지금은 더 이상 이루어지고 있지는 않고, 견습생들이 실제 일을 해야 한다는 요구 없이 낮 시간에 이런 수업들이 이루어지고 있다. 1960년대와 1970년대에 이러한 도제수업을 받는 학생이 줄어드는 경향을 고려하여, 1977년에는 기본직업육성에 관한 법안이 제정되었다. 이런 방식으로 1980년대에는 두 가지 직업교육제도가 나타났다. 하나는 1956년에 도제수업 법안에 따른 도제수업 프로그램들이고, 다른 하나는 1977년에 기본직업교육에 관한 법안에 따른 프로그램들이다. 1991년에 행정 위원회의 권고로 '상급 직업 교육'에 관한 법안이 시행되었고, 그 결과 이 프로그램들은 상급학교 진학을 위한 고등학교 교육의 성격과, 직업을 위한 훈련의 성격을 동시에 갖게 되었다.

마지막으로, 2001년에 1월 1일, 의회는 '직업 교육과 훈련에 관한 법안'을 통과시켰는데, 이것은 구조적인 수준과 조직적이고 교육적인 수준에서 기술적이며 상업적인 VET(Vocation Education and Training) 프로그램들을 새롭게 혁신하는 법안이다. 이 법안은 직업교육의 질을 향상시키고, 학생들의 재능을 계발시키며, 기업들과 전문 교육기관들 사이의 상호 배움과 협력을 격려하고자 하는 목적을 갖고 있다. 전통적으로 내려온 상업계 과목들과 기술계 과목들 외에, 1990년대에 상급단계의 직업교육 과정에 새로이 편입된 것들로는 기본적인 사회교육과 건강교육을 위한 프로그램들과 보조교사를 위한 프로그램들이다.

HTX 과정은 일반교육과 기술·과학 분야의 고등교육을 제공한다. 이 과정을 마친 학생들은 대학교육 입학 자격을 가진다. 학생의 창의성과 독립적 사고의 계발에 초점을 맞추고 있는 이 과정은, 학생들이 이론적인 지식을 가지고 실제적·기술적·구조적인 문제들을 해결할 수 있는 능력을 길러주는 것이 목표다. 직업 교육과 훈련 프로그램의 목표는 자격 있는 숙련된 인력을 기르는 것과 동시에 졸업생들에게 상위 교육과정에 진학하도록 격려하고 자격을 부여하며, 학생의 개인적 자질과 사회적 자질을 향상시키는 것이다.

모든 교육과정은 필수과목과 선택과목으로 구성되며 각 과목마다 A(상), B(중), C(하) 등급에서 공부할 수 있으며, 학생들은 자신이 공부할 등급을 선택할 수 있다. 이 등급 표시 방식은 대학입학 과정에 이용되는데, 학생이 해당 대학 교육과정을 충분히 해낼 수 있는가 그렇지 않은가를 보여주는 지표가 되기 때문이다.

2) 중등교육 II 단계의 내용과 조직

김나지움의 교육 내용과 조직

김나지움에서는 모든 학생들이 한 학기 동안 기본과정을 공통으로 듣는다. 그다음 2년 반 동안에는 학교에서 제공한 과목들 중에서 학생이 스스로 선택해서 공부하는 길잡이 공부(a direction of study)가 이어진다. 과목들은 A, B, C 수준으로 나뉘며, A가 가장 높은 수준이다.

입문 성격의 기본과정은, 학문적 공부와 연구방법을 소개하고, 다음 2년 반 동안 이어질 길잡이 공부를 선택하고 마무리할 수 있는 충분한 통찰력을 학생들에게 제공하는 것이다. 기본과정 학기에 학생들이 공통으로 들어야 하는 과목은 덴마크어, 영어, 제2외국어, 역사, 체육, 예술 과목, 수학, 기본적인 자연 과학, 사회, 일반 언어학과 대학교육을 위한 일반적인 준비가 있다. 한 방향을 잡아서 공부하는 길잡이 공부는 학생들이 선택할 수 있는데 ① 인문학과 언어학의 주요 과목들 ② 사회과학의 주요 과목들 ③ 자연과학의 주요 과목들 등의 세 방향이 있다.

모든 길잡이 공부에는 각각 핵심, 필수과목들과 특별과목 및 선택과목이 있다. 이런 식으로 학생들은 개별적으로 핵심, 필수, 선택과목들을 서로 결합시켜 공부할 수 있다. 공부는 A, B, C 수준에서 어떤 과목들을 얼마나 많이 이수해야 하는지에 대한 지침에 따라 이루어진다. 이러한 복잡한 체제는, 학생 개개인으로 하여금 자신의 공부계획을 구상할 수 있도록 최상의 기회를 제공하기 위한 것이다. 이렇게 선택한 과목들은 서로 보충 역할을 할 것이고, 각 개인의 관심사에 전적으로 알맞기도 하고 일관성을 지닐 것이다. 이는 학생들에게 자기가 공부할 과목을 스스로 선택하고 책임 있게 수행하는 방식으로 학생의 동기와 열의를 강화하는 효과도 볼 수 있다. 이러한 의도가 실현되기 위해서는 좀더 오랜 시간의 경험이 필요할 듯하다.

교사와 학생들은 학업의 성취 정도를 파악하기 위해 정기적으로 평가를 받는다. 또 각 학교는 체계적이고 비판적인 토론과 전체 결과를 평가하는 절차도 가져야 한다. 이러한 평가에 따라 학교는 적어도 3년에 한 번씩 학교 수업의 질을 향상시키기 위한 활동계획을 제출해야 한다.

HF 과정의 교육 내용과 조직

HF 과정은 청소년들을 위한 2년 동안의 종일반 과정으로 구성될 수도 있고, 어른을 위한 과목별 과정으로 구성될 수도 있다. 과목별 과정 기간은 학생이 필요한 수의 과목을 이수하고 필수과목 시험을 통과하는데 시간이 얼마나 걸리느냐에 따라 달라진다.

두 과정 모두 김나지움에서처럼 3단계 수준으로 수업이 이루어진다. 모든 학생이 들어야 하는 필수과목은 다음과 같다. 덴마크어(A 수준 이상 들어야 함), 영어(B), 체육(C), 수학(C), 예술과목(C), 역사(B), 종교(C), 사회(C), 생물·지리·화학(C). 그 외 두세 가지 선택과목을 들어야 하고, 광범위한 작문과제와 졸업시험 프로젝트 역시 이 과정의 필수다. 워크숍 수업, 수학여행, 외국에서의 과정 이수 역시 가능하다. 마찬가지로, 안내와 조언을 주는 상담, 공부 방법, 컴퓨터로 데이터 처리하는 법을 소개하는 수업도 가능하다.

HHX와 HTX 과정의 교육 내용과 조직

김나지움처럼 이 과정들도 한 학기는 예비과정으로 구성되어 있으며, HHX와 HTX의 모든 학생들은 이 과정을 공통으로 밟아야 한다. 학생들은 예비과정 동안에 앞으로 공부할 과목에 대한 지식, 공부 방법에 대한 수업을 들어야 한다. 마찬가지로 앞으로의 길잡이 공부를 선택할 수 있을 정도의 충분한 기초를 다져야 한다. 이 과정들 역시 A, B, C 수준으로 가르치며, 학생들은 특정한 범위 내에서 자신이 공부할 과목을 선택해서 구성할 수 있다.

HHX의 길잡이 공부과정은 기업·사업계의 경제 분야와 사회·국내 경제 분야에 대한 수업으로 구성된다. 이런 핵심 과목들 외에도 학생들은 일반 교육에 필요한 필수과목과 핵심과목을 보충해주는 과목을 들어야 한다. HHX의 상업 분야의 필수 보충 과목에는, 마케팅(B), 덴마크어(A), 영어(A), 무역법(C), 제2외국어(B), 국제 경제(B), 수학(C), 사회학(C), 현대사(B), 비즈니스 경제(B)가 있다. HTX에는 기술과학과 자연과학 분야가 있다. HTX의 기술 분야에서 필수 보충 과목에는, 생물학(C), 덴마크어(A), 영어(B), 물리학(B), 화학(B), ITC(C), 수학(B), 사회학(C), 공학(A/B), 공학의 역사(C)가 있다. 각 학교의 지도부는 두세 가지의 핵심 과목들을 학생들이 공부할 수 있도록 방향을 잡아준다. 이런 방식으로 학생들은 가장 높은 수준의 과목들과 상호 작용할 수 있는 자연스런 접점을 가질 것이다.

다른 상급교육기관들과 마찬가지로, HHX와 HTX 역시 그에 상응하는 외국의 교육 기관에서 받은 과정을 수업의 일부로 인정할 수 있으며, 수학여행도 포함될 수 있다. 학생 개개인은 조언 내지 상담을 받을 수 있고, 과정 중에 요구되는 과목이나 시험을 이미 이수했다면, 그것을 인정받을 수 있다.

상급 직업교육에 관련된 내용과 체계는 2001년 제정된 '직업교육과 훈련'

법에 명시되어 있다. 이 법에 따르면, 직업교육은 7개 분야, 그러니까 건축, 수공예, 식품과 농업, 운송과 수송, 상업과 사무, 재정, 서비스, 커뮤니케이션으로 나뉜다. 이런 주요 분야 이외에 95개의 하위 분야들이 있고, 이것들은 다시 200개의 세분화된 전문 분야로 나뉜다. 상급 직업학교 입학 자격은 일반적으로 기본학교 9학년의 졸업시험을 통과한 모든 학생들에게 자유롭게 주어진다.

김나지움의 공부 방향과 마찬가지로, 이곳의 모든 공부는 10주에서 60주 기간 사이에 첫 기본 과정을 이수해야 하며, 그다음 3년 내지 3년 반 동안의 중요 과정이 뒤따른다. 하지만 학생들은 전문대학교(college)에서 이런 직업과정을 시작할 수도 있고, 혹은 견습생으로 학생을 받아들이는 회사나 공장, 단체에서 실제적인 일을 시작할 수도 있다.

직업교육의 전 과정 동안, 학생들은 대략 30~50% 정도의 시간은 학교에서 보내고, 50~70% 정도의 시간은 회사나 공장, 단체에서 실제 견습생으로 일하면서 보낸다. 때로 어떤 학생들은 후반기 교육기간 동안 적당한 견습장소를 찾는데 어려움을 겪기도 한다. 이런 경우, 학교는 회사나 공장이나 단체 협동조합의 동의를 얻어 학생들이 견습할 수 있도록 일을 배정해줄 의무가 있다.

앞서 언급한 직업교육의 7가지 분야 이외에, 이 법에는 사회복지사와 건강관리인, 건강관리보조사를 위한 교육 분야도 포함되어 있다. 이것들은 비교적 단기간(최대 1년 8개월 내)에 이루어지는데, 학교에서 받는 이론수업 기간과 병원이나 다른 복지 단체에서 받는 실습 기간 사이의 양상은 상급 직업교육의 구조와 비슷하다.

청년들을 준비시키기 위해 마련된 다양한 직업교육과정들을 여기서 자세히 설명하기는 어렵다. 하지만 대충 간추려 보자면, 상급 직업교육은 학생들에게 신뢰할 만한 전문적, 개인적, 보편적 자격을 부여하는데, 바로 노동시장에서 요구되는 자격들이다. 비즈니스 세계에서 특정 영역의 직업을 직접 준비하기 위한 다양한 노선들이 있다. 마찬가지로, 상급단계의 교육을 준비하는 과정이나 졸업시험을 통해 학생들은 공식적이고 전문적인 자격을 갖게 된다.

상급단계 교육의 문제점과 정책에 관한 최근의 토론을 보면 이른바 혁신을 위한 성장통을 앓고 있는 것 같다. 김나지움과 상업·기술교육의 낡은 체제를 바꾸려는 이 작업은 다양한 출발점과 목적과 구조를 갖고 있는 학교를 하나의 체계로 만드는 것이기도 하다. 또 상위단계의 학문 연구를 위한 준비 과정으로, 서로 상호작용할 수 있는 과정으로 바꾸는 일련의 작업을 말한다.

  김나지움과 상업·공업학교 교사들은, 2005년의 개혁이 이론적 통찰과 훌륭한 의도를 지닌 행정부 관리들에 의해 이루어지긴 했지만, 학교현장의 현실과 실제적인 기능에 대해서는 거의 알지 못한 채로 이루어졌다고 평가한다. 교사나 교장들이 말하는 비판의 핵심은 다음과 같다. "입학하고 처음 일 년 동안 해야 할 이론적인 일반교양 공부가 너무 많다. 그 시기에 학생들은 아직 그런 공부를 할 준비가 안 돼 있는데다가 잘 따라가지도 못한다. 또 주제별·교차과목을 들어야 하는 기간에 너무 많은 교과목이 배치되어 있다. 그 결과 학생과 교사가 서로 협동하고 공동으로 계획을 짜기 어려워졌다. 학생 개인이 길잡이 공부를 하기 위해 서로 다른 수준의 과목을 스스로 선택해야 하는 이 복잡한 제도는, 행정가나 관리자에게 어마어마한 부담을 요구한다. 또 평가 규칙들과 평가법은 너무 엄격하고 상세하고 복잡하다. 게다가 기본 자연과학 과정에서는 학생들이 제대로 공부하지 않고 방치되고 있다. 다시 말하면 자연과학 영역 안에 있는 네 가지 독립 과목들 사이에 긴밀하고 짜임새 있는 연결이 있다는 사실을 학생들은 잘 깨닫지 못한다."

  이런 비판에 교육부의 내납은 긍정적이다. 교사와 교장, 교육부 대표들로 위원회를 구성하여 모든 비판을 모아 토론하고 규칙과 법안을 혁신시킬 수 있는 구체적 제안을 계속 해주길 원한다. 이 위원회의 첫 번째 보고서는 2007년 봄에 공개되었는데, 16개 항목을 개정하자는 제안이 담겨 있다. 물론 법률 조항의 개정은 시간이 걸리겠지만, 이미 2007년과 2008년부터 개정된 몇 가지 조항이 효력을 발휘하고 있다. 이대로라면 성공적인 상호협력으로 더 유연하고 미래지향적이며 적절한 개정이 이루어질 수 있다는 낙관적인 전망도 가능할 것이다.

3. 고등교육_대학

1) 고등교육기관의 유형

학생들은 보통 앞서 언급한 네 종류의 중등교육과정 중 하나를 이수함으로써 대학 입학 자격을 얻게 된다. 그러나 이에 상응하는 다른 자격이나 국제적으로 공인된 국가의 시험을 통해서도 덴마크 대학에 입학할 수 있다.

덴마크에서 최초로 설립된 대학은 1479년에 세워진 코펜하겐대학이다. 18세기에는 몇몇 다른 대학들, 예를 들면 예술아카데미가 설립되었고, 19세기 들어 산업혁명과 사회 발달에 따라 수많은 공과대학, 교육대학, 상업대학이 세워졌다. 20세기에는 대학교육의 분야가 점점 넓어지고 그 내용도 발전했다. 또 이 시기는 현대 산업사회와 후기 산업사회의 요구를 포함하면서 전국의 모든 대학교육기관이 긴밀한 네트워크를 형성한 때이기도 했다. 21세기 초반 몇 년 동안에는, 많은 작은 대학들이 다양한 학부 과정과 교육 경로를 포함하는 커다란 복합대학으로 중앙집중 방식으로 통합되었다.

현재 덴마크에는 11개의 종합대학이 있는데, 여기에는 중기 및 장기 대학교육을 제공하는 28개의 관련 학부도 포함되어 있다. 또 단기 및 중기 대학교육을 제공하는 135개의 관련 교육기관들로 구성된, 대학교육을 위한 센터가 20여 개 있다. 교사 양성, 경찰과 방어술, 예술과 문화, 국민 역량 강화, 해양 분야에 관련된 중기 대학교육을 제공하는 83개의 전문화된 교육기관도 있다.

전통적으로 고등교육은 세 가지 범주로 구분된다.
- 단기 고등교육(2년제)
- 중기 고등교육 또는 학사 과정(3~4년제)
- 장기 고등교육 또는 학위 과정(3~8년제)

단기 고등교육

단기 고등교육 과정은 직업학교(Vocational Academy)에서 이루어진다. 직업학교는 상업학교 또는 기술학교로 이론과 실기를 접목한 직업교육을 목적으로 한다. 이 과정은 2년 정도 걸리며, 해당 연구 분야에서 학생이 독자적인 프로젝트를 수행하면 종료된다.

교육과정은 구체적인 기능과 기획능력, 프로젝트 운영, 창안, 디자인과 실용경제를 결합하는데 초점이 맞추어져 있다. 학생들은 경영 관리자, 빌딩건축가, IT 기술자, 정보검색사, 재정 및 마케팅전문가, 농업기술자 같은 직업 준비에 필요한 교육을 이수한다. 이 과정의 졸업생은 전문가나 중간관리자 수준의 직업을 얻을 수 있다. 이들 중 몇몇 과정은 해당분야의 학사 학위 취득을 위한 보충과정을 제공하고 있으며, 또 몇몇 과정은 대학에 진학할 수 있는 자격을 준다.

20여 개의 교육과정이 있으며, 기술직, 교육직, 사회봉사직, 예술, 건강 분야의 취업을 목적으로 한다. 공업 계열 학교를 졸업한 학생은 기계제작, 건축, 디자인, ICT, 전기, 생산, 화학, 수출, 산림, 농업 분야의 기술자로 일하게 된다. 사회과학 계열 전공자는 상담원, 사회교육자 같은 사회적 직업에 종사하게 되며, 건강 분야 전공자는 간호사, 영양사, 건강관리사, 심리치료사, 산파와 같은 직업을 가지게 된다. 교육 분야 전공자는 초등학교 교사, 유치원 혹은 기타 특수교육 분야에 종사하게 된다. 창작 분야 전공자는 언론, 디자인, 애니메이션, 음악가, 배우, 영화제작 분야로 진출한다. 이와 같은 교육과정을 이수하면 전문학사 학위를 취득한다. 2년간의 전문 직업 분야에 종사하면 대부분이 개방학위과정(Open Diploma Education)에 진학할 자격을 얻게 된다.

중기 고등교육 또는 학사 과정

중기 고등교육 과정은 학사학위 과정으로 11개 종합대학에서 이루어진다. 이 과정은 장기 대학교육의 첫 단계에 해당한다. 또 최근에 세워진 8개의 선문대학에서 이루어질 수도 있다. 전문대학기관에서 이뤄지는 과정은 3년이나 4년 반의 시간이 요구되며, 기술, 교육, 사회, 창조적·예술적 분야, 건강 관련 분야 직업을 갖는 것이 목표다. 이런 프로그램들은 학생들에게 실제 직업에 응용할 수 있는 이론적 지식을 제공한다. 이 과정에는 실습 기간이 포함되어 있다.

기술분야 졸업생은 기계, 건축, 디자인, ICT, 전기, 생산, 화학, 수출, 산림과 농업 관련 엔지니어들이 된다. 사회 분야 졸업생은 사회복지사, 상담자, 사회교육가 등이 된다. 건강 분야 졸업생은 간호사, 영양사, 건강관리사, 심리치료사, 산파 같은 직업을 가지게 된다. 교육 분야 졸업생은 초등학교 교사, 유치원이나 다른 전문교육기관의 교사직에 취업한다. 창작 분야 졸업생은 언론인, 디자이너, 만화가, 음악가, 배우, 영화제작자 같은 직업을 가진다. 이 교육과정을 이수한 사람들은 전문학사 학위를 취득한다. 노동시장에서 2년 정도 전문직에 종사한 뒤, 대부분 개방학위과정(Open Diploma Education)에 진학할 자격을 얻는다. 최근에는 고등교육센터라는 보다 발전된 새로운 중기 고등교육기관들이 나타나고 있다.

이러한 형태의 교육기관은 둘 혹은 그 이상의 서로 다른 고등교육기관들이 결합한 형태라고 할 수 있다. 이와 같은 교육기관의 장점은 전공 영역을 확대할 수 있으며, 교수와 학생 모두에게 좋은 교육환경을 마련해줄 수 있다는 것이다.

장기 고등교육

장기 고등교육과정은 세 단계로 구분된다. 학사학위(Bachelor degree)는 보통 3년이고, 후보자학위(Candidate degree, 석사학위에 해당)가 4~8년 과정인데 비해, 박사학위(Ph.D degree)는 최소 3년에서 8년간의 개별적이고 독창적인 연구를 요구한다. 장기 고등교육기관은 5개의 종합대학, 6개의 특성화 시민대학, 4개의 특성화 대학으로 분류된다. 장기 고등교육과정에는 인문학, 신학, 사회과학, 자연과학 및 공학과정에 걸쳐 수백 가지의 전공과정이 있다.

지난 몇 년 동안 이 교육과정은, 한편으로는 교육활동의 내용과 방법에 관해, 다른 한편으로는 미래에 직업을 얻을 수 있는 현실적 가능성과 일관된 연관성을 만드는 문제와 관련해 이전보다 많은 노력을 기울여왔다. 대부분의 장기 고등교육과정들은 한 가지 직업만이 아니라 다양한 직업 선택의 가능성을 제공하고 있다. 그러나 이상하게도 지금 당장은 상대적으로 낮은 취업률로 장기 고등교육을 향한 길이 가로막혀 있는 실정이다. 만약 장기 고등교육기관의 학생이 같은 교육계열의 다른 대학으로 옮겨가고자 한다면, (동일 연구 분야에서) 1학년 수료 후 가능하다. 학사학위를 취득한 후 학업을 마칠 수 있지만, 대부분의 학생들이 석사학위를 받을 때까지 계속 공부한다. 현재 모든 학사학위자가 적어도 다른 두 가지 석사학위 과정을 준비할 수 있도록 교육과정을 재조정하고 있다.

모든 대학교육기관은 유럽 대학 간 학점 이수 인정 시스템(ECTC, European Credit Transfer System)을 채택해야 한다. 이는 유럽의 대학들이 학점 인정이 되는 모든 과목과 과정의 중요도, 비중, 이수 정도를 상호 인정하는 시스템이다. 이 제도는 학생들이 다른 고등교육기관으로 쉽게 이동할 수 있도록 해주며 또한 다른 유럽 국가의 교육기관에도 어려움 없이 옮겨가 공부할 수 있도록 하는 데 그 목적이 있다.

2) 덴마크 대학입학제도

KOT 통합 등록 시스템에 의한 지원 절차와 입학제도

거의 모든 대학교육기관은 KOT 통합 등록 시스템(Coordinated Enrolling System)에 연계되어 있다. 이 시스템에 의하면 학생은 한 번에 각 대학의 8개 학과까지 지원서를 낼 수 있다. 먼저 학생이 지원하고자 하는 학과의 우선순위가 정해져야 하며, 학생은 당연히 한 번에 여러 개 대학에서 입학허가를 받을 수는 없다. KOT의 특징은 학생이 자신이 원하는 우선순위의 대학(학과)에 입학하는 것을 보장하는 것이다. 대학과 학과들은 입학 정원이 정해져 있어, 자신이 가장 원하는 학과에 확실히 입학허가를 받을 수 있는 학생은 소수일 것이다. 그래서 대학에 들어가려고 하는 많은 학생들은 두 개 이상의 학과에 지원할 수 있는 이 시스템을 통해 유리한 입지를 확보할 수 있다.

대학 지원 과정과 입학 절차는 다음과 같다. KOT 시스템과 연계된 모든 대학에 지원할 수 있는 신청양식이 봄 학기 동안 중등단계 II(고등학교) 과정의 모든 학생들에게 배포된다. 지원서류는 노동교환사무소나 IVU 센터를 통해 배부되고, KOT 입학 시스템 사무국의 홈페이지에서 받을 수도 있다. 이 사무국에는 다양한 학과에 대한 모든 종류의 정보가 공개되어 있다. 학생들은 지원서를 작성해서 디지털 방식으로 보낼 수도 있다(만일 학생들이 디지털 서명을 갖고 있고, 그들의 자격이 KOT의 데이터베이스에 등록되어 있으며, 지원하려는 대학이 디지털방식으로 지원서를 받을 수 있는 설비를 갖춘 경우 가능). 이때 다음 두 종류의 입학지원 서류를 작성해야 한다.

1. 우선순위 지원 학과 서류(The Priority Form): 이 서류에 학생은 어느 대학 어느 과목에 우선순위로 지원할 것인지를 기입한다. 많은 학생들은 학과를 가장 중요한 고려사항으로 여기기 때문에, 1차 지원 학과, 2차 지원 학과 등으로 학과를 기입한다. 그런 다음 해당 학과를 개설하고 있는 대학의 우선순위를 적어 넣는다. 예를 들어, 경제학과가 최우선순위 지원 학과라면, 1. 어후스 대학의 경제학과. 2. 코펜하겐 대학의 경제학과. 3. 코펜하겐 상과대학의 경제학과. 4. 오덴세 대학의 경제학과 순이다. 그런데 만일 학생이 자기가 학교 교사가 되고 싶은지 아니면 사회복지사나 상담가가 되고 싶은지를 분명히 알 수 없다면, 학생은 첫 번째 우선순위 칸에 자기 지역의 사범대학을 쓰고, 그다음 칸에는 자기 지역의 사회교육 전문대학을 써넣을 수도 있다. 이런 식으로 우선순위가 차례대로 적힌 지원서는 이 서류의 첫 번째 우선순위 대학에 보낸다.

2. 입학지원 서류(Application Form): 학생이 우선순위 지원 학과 서류에 기입한 지원 대학 모두에게 보내야 하는 서류다. 대학에 입학하려는 학생은 개인적인 자료와는 별도로 입학지원 서류에 어떤 대학의 어떤 학과를 지원했는지, 어떤 종류의 입학자격시험 혹은 자격증을 얻었는지, 중등교육 I 과정 이후에 적절한 상급단계의 교육을 받았는지, 혹은 보충적 시험(검정고시 같은 것)을 통과했는지를 적어 넣어야 한다. 이와 함께 이전에 했던 공부에 대한 정보(유급한 경험이 있다면),

다른 대학에서 공부하다 중퇴한 이력 사항, 마지막에는 관련된 실습 경험과 과외 활동 정보도 기입해야 한다. 또 하나 기입해야 할 중요한 사항은, 대기자(stand-by)가 되겠느냐는 질문에 대한 답이다. 학생은 1차 지원 대학의 지원 학과 대기자 명단에 올려놓기를 원하는가? 대답이 '그렇다'일 경우, 그 학과의 다른 합격자가 다른 경우를 선택하거나 명시된 기간 안에 등록하지 않았을 경우, 대기자는 입학 허가 기회를 얻을 수 있다. 혹은 다음 해에 입학허가를 약속받을 수도 있다.

KOT 산하의 다양한 학과들은 입학 허가 분야로 분류된다. 대부분의 학과들은 매년 다음 해에 실제적인 수용 능력과 강의 공간 수를 정하고, 이런 정보는 KOT 사무국에 전달된다. 모든 것들이 알맞게 기입되고 증명서(원본을 정확하게 증명하는 복사본들, 실습이나 다른 경험에 대한 기재사항 등)들이 첨부된 입학지원 서류는 기한 안(3월 15일, 또는 7월 1일)에 전국에 있는 해당 대학이 받아 볼 수 있게 해야 한다. 그런 다음 이 지원서를 평가하고, 입학 허가 원칙들과 제1 지원자와 제2 지원자의 할당 비율 기준들을 정한다. 지원 서류에 기입된 모든 정보와 함께 안내문은 KOT 사무국으로 도착해, 그곳의 데이터베이스에 등록된다. 사무국은 지원서를 평가하지는 않지만, 객관적 기준에 따라 지원자들을 분류한다. 그러면 학생들은 자신이 원한 학과의 대학들 중에서 가장 가능성이 높은 대학에 합격하는 데 도움을 받을 수 있다. 법에 따라, 사무국은 매년 적어도 7월 28일까지는 모든 지원자들에게 입학지원 결과를 알려주어야 한다.

해당 대학교 합격자는 기한 안에 KOT 산하의 각 대학에 합격을 수락할지 아닐지를 통보해주어야 한다. 합격을 수락하지 않거나 확정하는 것을 빼먹게 될 경우, 수학할 기회는 사라져 버린다. 그러면 대기자 명단에 오른 학생이 그 사람 대신 입학할 수 있다. 잘못된 합격 결정과 불합격 사태도 때로 일어날 수 있다. 왜냐하면 아주 많은 수의 지원서류가 처리되기 때문이다. 만일 지원자가 이에 대해 충분히 의심할 만한 이유가 있으면, 해당 대학 측과 만나서 재고해달라고 요청하거나, 불만을 적은 문서를 보낼 수 있다. 학생이 자신의 입학지원서에 문제를 느껴, 그것을 바꾸거나 지원 우선순위를 다르게 쓰는 것 역시 가능하다. 다만 지원 기간 안에 처리해 한다. 이 방식은 해당 대학에 보낼 서면 통보를 포함해 일체 규정된 절차를 따라야 한다.

입학 규정

KOT 산하의 각 학과들과 대학들은 입학에 관한 일련의 규정을 마련해 놓고 있다. 이 규정들은 시험 점수, 자격이나 해당 학과 공부에 필요한 자격증 같은 요구사항들을 명시하고 있다. 또 자격 있는 지원자가 너무 많을 경우, 어떤 지원자를 더 입학시키고 싶은지에 관한 규정도 정해놓고 있다.

대부분의 대학은 할당제를 두고 있다. 입학지원자들 중 제1할당제에 의한 할당 비율은 대학입학시험 평균 점수에 따라 정해진다. 제2할당제에 의한 할당비율은 다른 기준에 따라 이루어진다. 대학기관들은 제1할당제와 제2할당제를 통해서 입학생 수를 자체적으로 결정한다.

KOT의 제1 할당제

제1 할당제에 해당하는 지원의 마감기한은 매년 7월 1일로, 대학입학시험을 치룬 뒤 성적을 받은 보통 지원자들을 위한 일정이다. 국제적인 시험이나 외국에서 본 시험성적을 갖고 있는 학생들의 마감기한은 3월 15일이다.

지원자들은 김나지움, HF, HHX, HTX, 외국어가 모국어인 지원자들을 위한 특별과정, 덴마크 점수 등급으로 변환할 수 있는 외국에서 본 시험이나 국제시험 등 중등교육 II 단계의 졸업시험을 친 뒤, 그 평균 점수를 가지고 대학 입학을 허락받을 수 있다.

대학기관들은 고등학교 졸업시험의 평균 점수를 최소한의 입학 제한 기준으로 삼는다. 만일 특별한 상황이 학생의 점수 결과나 졸업 자격에 부정적 결과를 끼쳤다면, 학생은 면제를 신청할 수도 있다. 가령, 학교를 휴학했던 경우에는 그 이유를 증명하는 진단서나 진술서 등을 제출해야 한다. 그 외 지원자는 해당 학교에서 요구하는 특정한 입학 조건을 충족시켜야 할 수도 있다. 어떤 특정한 요구를 입학 조건으로 내세우는 학교에 지원하고자 할 때 그럴 것이다. 그런 특정한 요구 조건들로는 다음과 같은 것들이 있을 수 있다.
- 김나지움이나 HF, HHX, HTX 등에서 공부한 특정 과목의 특정 수준. 다양한 선택과목들의 수준은 A, B, C 중 하나가 되어야 한다.
- 특정 과목을 통과하는 시험에서 얻어야 하는 최소한의 점수.
- 최소한의 직업교육 경험.
- 지원 분야와 관련된 청소년 직업교육 경험.

만일 지원하고자 하는 학과에서 요구하는 특정한 요구 조건을 충족시키지 못한다면, 이전에 얻은 대학 입학시험 결과(김나지움 등에서 본 시험)를 보충할 수 있는 다른 학습 과정의 이수가 필요하다. 몇몇 대학들은 가을이 시작되기 전인 8월 한 달 동안 그러한 보충이 필요한 지원자들을 위해 보충학습 과정을 제공하기도 한다. 또 어떤 대학들은 학생이 적어도 앞으로 어떤 과목을 어떤 시험 점수로 이수하겠다는 약속을 하면 입학을 허락하기도 한다.

KOT 제2 할당제

제2 할당제에 따르면, 다음에 소개하는 그룹의 지원자들은 각 대학에 충분히 입학할 자격이 있다. 두 번째 할당제에 따라 지원할 기회를 이용하는 학생들은 대부분 입학시험에서 상대적으로 낮은 점수를 받은 이들이다. 자기 성적만으로는 대학 입학이 불확실하다고 느끼면 이와 같이 다른 방식으로 얻은 이점들을 덧붙여 입학 가능성을 높일 수 있다.
- 대학 입학시험에 통과한 학생으로, 해당 학과가 요구하는 조건을 충족시킬 수 있고, 그밖에 각 학과에서 정한 부분적인 기준에 부합하는 경우.
- 대학입학시험을 면제받은 학생들.
- 다른 시험이나 시험에 통과한 사람들. 대학의 사회·건강 관련 학과들의 입학시험이 대표적이다.

대학이 입학 기준을 변경하고자 할 경우, 변경 사항을 일정 기간 동안 미리 고지해야 한다. 그래야 지원자들이 달라진 지원규정을 알고 미리 준비할 수 있기 때문이다. 각 대학들은 두 번째 할당량에 따른 입학기준을 자체적으로 정한다. 다음은 최근에 사용된 입학 기준들이다:

- 대학 입학시험 평균 점수(이것은 다음 기준들과 다양하게 결합된다).
- 해당 학과와 관련된 특정과목 점수.
- 김나지움 수준에서 보충과목과정을 이수하고 시험에 통과한 경우.
- 다른 학과의 과목을 부분적으로 혹은 완전히 이수한 경우.
- 해당 학과와 관련된 직업 경험이나 일반적인 직업 경험.
- 시민대학(Folk High Schools) 교육과정을 이수한 경우.
- 외국 체류 중의 공부나 직업 경험.
- 외국어 지식과 숙달 정도
- 지원 학과를 충분히 이수할 수 있고 적합하다 생각되는 다른 활동 경험.
- 이 학과를 지원할 만한 충분한 동기를 보여주는 지원자의 이력.

대학교육을 받고자 하는 청소년들은 대부분 필요한 보충과정들을 이수하고, 관련된 직업 경험 들을 통해 필요한 점수를 쌓아야 하며, 또 제각기 필요한 점수를 얻기 위해, 대학이 제시한 자격기준에 맞는 다양한 경험에 관한 정보를 찾는다. 이렇게 대학입학에 충분하다고 판단되는 평균점수를 다 얻었다고 생각하게 되면, 학생들은 지원서를 제출한다.

공적인 토론

1960년대 후반 덴마크의 종합대학을 포함한 대학들은, 부당한 교수와 정부, 자본주의에 대항하여 학생들이 저항을 표출하는 장소였다. 교육문제에 대한 공적이고 공개적인 토론은 물론, 정치적 표현으로 각종 집회가 열리기도 했다. 지금 대학생들은 강의 듣고 연구하는 일에 좀 더 집중하고 있는 듯 보인다.

그렇다고 최근 들어 대학교육의 기능이나 상황에 대해 토론을 할 만한 문제거리나 이유가 없다고 결론지을 수는 없다. 대학 내부에서는 토론이 일어나고 있고, 교수들의 의식과 대학의 리더십을 어떻게 향상시킬지 고민하는 모습도 곳곳에서 볼 수 있다. 세계화 추세와 대학기능을 부정하려는 도전적 움직임을 수습해보려는 노력의 일환일 것이다. 최근 상대적으로 작은 규모의 대학들은 거대한 대학들에 합병되고, 그 결과 비대해진 대학의 기능 역시 문젯거리가 된다. 이러한 과정들이 수많은 어려움과 문제를 내포하고 있음은 분명하다. 하지만 아직까지는 이에 관련해서 주목할 만한 공적인 토론이 이루어지고 있지는 않다.

3) 성인들의 여가를 위한 교육과 개방교육제도

성인과 여가를 위한 교육

1990년대 이후, 노동시장에서 노동자들의 진취적인 정신이 표면에 드러나면서, 공식 교육제도에서 길을 잃거나 떨어져나간 성인들을 위한 교육과정이 법적으로 마련되었다. 이 과정들은 준비단계의 성인교육에서 일반 성인교육, 노동시장교육, 성인을 위한 직업교육, 중급단계의 성인교육까지 범위가 넓다. 모든 과정은 정부나 시 행정당국의 추천을 받은 학생들에게 경제적 지원을 제공하고 그렇지 않은 학생들에게도 다양하고 유연한 방식으로 운영된다. 배우고자 하는 사람들을 불러들이고, 노동의 질과 함께 개인의 능력을 향상시키려는 의도가 엿보인다.

덴마크는 150년 이상 여가를 위한 교육에 큰 의미를 부여해왔다(덴마크 의회민주주의의 시발점). 1849년 덴마크가 전제주의에서 민주주의로 이행하는 과정에서, 성인들을 위한 교육과 계몽은 시민들의 정치 참여를 위해 반드시 필요한 선결조건으로 간주되었다. 가장 먼저 농촌 청년들을 위한 많은 기숙학교가 지역민들의 자발적인 참여로 전국에 세워졌다. 이런 학교들은 처음에 농민대학(Peasant' Highschool)으로 불리다가 나중에는 시민대학(People's Highschool)으로 바뀌었다. 농촌 청년들은 겨울이나 여름, 여기서 집중적인 교육을 받고 마을로 돌아갔다. 그들 중 많은 이들은 마을 주민을 위해 야학이나 도서관, 독서모임을 만들었으며, 그 결과 농촌에서 여가 시간을 위한 자발적인 교육활동이 이루어지기 시작했다. 이런 교육활동들은 개인적인 문제나 민주적인 삶을 사는데 꼭 필요한 책임감을 키우고 자립심을 기르는 데 큰 의미를 부여했다.

19세기 후반과 20세기 초반, 산업노동자들을 계몽하고 교육하기 위한 조직들이 꾸려졌다. 뒤이어 계몽과 교육을 위한 단체들이 설립되면서 정치 정당도 생겨났다. 여가 시간을 위한 교육활동에 공적인 재정지원 법률이 실행되자, 문화생활과 관련된 다양한 분야에서 수많은 단체들이 성인을 위한 광범위한 교육활동을 제공하게 되었다.

1941년에는 여가 시간을 위한 계몽과 교육을 제공하는 단체의 전국연합이 설립되었다. 국회와 지역 행정당국, 중앙정부에 자신들의 관심사를 대변할 수 있는 중앙조직이다. 현재 전국 33개 단체가 전국연합 회원으로 참여하고 있다. 물론 수백 개에 이르는 지역의 단체들은 전국연합 회원으로 가입하지 않은 상태에서 교육활동을 하고 있다.

개방교육제도

성인을 위한 개방교육제도는 2000년에 그 기본 틀이 만들어졌다. 이 제도는 그러고도 여러 번 수정되었으며, 가장 최근의 것은 2007년 여름에 만들어졌다. 이 제도의 목적은 성인들에게 직업 능력을 향상시킬 수 있는 가능성을 제공하는 것이다. 이 제도는 필연적으로 기본교육과 상급교육을 필요로 하며, 다양한 교육 내용과 체계는 성인인 학생의 삶과 직업 경험을 고려한 것이다.

기본단계의 성인교육으로는 다음 네 가지가 있다:
- 노동시장교육(AMU) : 학생들에게 상급단계의 직업교육에 비교할 만한 수준의 직업적인 능력을 제공한다.
- 예비단계의 성인교육 : 학생이 사다리의 다음 단계를 오를 수 있게 한다.

- 일반 성인교육
- 기본 성인교육 : 상급단계의 중등교육(김나지움·HF·HHX·HTX)에 비교할 만한 수준의 교육을 제공한다.

상급단계의 성인교육으로는 다음 세 가지가 있다.
- 좀더 진전된 성인교육 : 단기 고등교육에 맞먹는 수준이다.
- 학사학위를 위한 교육 : 전문적인 학사과정에 상응한다.
- 석사학위 교육 : 석사과정에 상응한다.

기본단계와 상급단계의 입학 조건은 각각 다음과 같다.
- 노동시장 교육과정 입학은, 지원자의 실제 능력을 개별적으로 판단하여 결정한다.
- 예비단계의 성인교육과정 입학은 18세 이상 연령이면 누구나 가능하다.
- 기본 성인교육과정 입학은, 지원자가 25세 이상인 경우, 최소한 2년간의 관련 직업 경험이 있어야 하며, 공립학교 9학년 수준의 수업을 들을 수 있는 지식과 능력이 있어야 한다.

이런 교육기관들은 지원자가 낸 서류를 기본으로 지원자의 능력과 지식에 관한 판단을 내린다. 필요한 경우, 지원자의 능력을 정확하게 식별할 수 있는 교육 프로그램을 1~2주 정도 거치도록 한다.

상급단계의 성인교육과정 입학은, 지원자가 중등교육 II 단계 수준을 통과했는지 혹은 성인을 위한 기본교육을 받았는지 여부에 따라 결정된다. 학사학위 과정 입학은 단기대학에서 요구하는 시험을 전제로 한다. 또한 특정 준비과정을 들었는지 여부도 포함한다. 아울러 2년간의 식업 경험도 필요하다. 석사학위 과정 입학은, 중기대학에서 요구하는 시험에 합격했거나 학사학위 수준의 교육을 받은 사람, 혹은 학사학위를 가진 사람이면 가능하다.

비공식적 교육의 가치

성인의 여가 시간을 위한 비공식적 교육과 계몽 과정은 앞서 말한 바대로, 1848년 민주주의가 시작된 이래 덴마크의 사회적, 문화적, 정치적 삶에서 대단히 중요한 역할을 해왔다. 시민대학, 국민 계몽을 위한 연합과 단체뿐 아니라 다양한 NGO 단체들의 활동은, 1850년에서 1950년까지 적극적인 시민의식 교육과 계몽을 통해서 민주주의를 강화하고 발전시키는 일에 영감을 불어 넣고 견인차 역할을 한 주된 힘이었다. 그 이후 계속된 인구 증가와 경제적, 문화적 재건 기간에는 앞서 언급한 교육단체들의 역할과 활동이 예전보다는 눈에 덜 띄게 되었고 약간은 불확실해 보이기도 했다. 최근에는 공적인 관심이 공식 교육제도가 지닌 문명의 원동력이라는 교육 기능과 가능성으로 훨씬 많이 집중되고 있긴 해도, 비공식 교육 분야의 전통적인 활동들도 여전히 계속되고 있으며 참여자의 수와 활동 범위도 다시금 넓어지고 있다. 아울러 최근 유럽연합의 발전과 세계화 과정 속에서 비공식적인 배움의 가치들이 새롭게 이해되면서, 이 교육기관들은 이전보다 더 많은 주목을 받게 되었다.

이런 현상들을 설명하고 비공식 교육의 중요성과 결과를 평가하려면, 무엇을 배우고 지식을 얻는 조건이 무엇인지 살펴봐야 할지도 모르겠다. 우선 첫째로, 뭔가를 배우고 지식을 얻는 일(박사학위 과정을 이수하는 일은 두말할 필요도 없고)은 어렵다는 의견이 당시 교육철학자와 심리학자들 사이에서 지배적이었다. 배우는 이가 배움의 목적과 목표에 대해 분명한 동기와 의식으로 무장하지 않을 경우, 배우는 일은 어렵다고 생각한다. 둘째로 고려해야 할 것은, 덴마크나 거의 전 유럽의 지식교육제도는 학생 개인의 상황이나 동기를 고려하지 않고, 특정한 이론 연구에 몰두하도록 하기 위해 만들어졌다는 것이다. 그 결과 제도교육은 공식적 제도가 요구하는 학생의 능력 향상에만 초점을 맞추어 이뤄져왔다. 일상생활에서 실제 교육환경을 만들어가는 교육입안자와 교사들은 이러한 전통을 여전히 지지하고 있다.

통계와 보고서에 의하면, 현재 덴마크 중등교육 II 단계와 대학교육과정에서 학생들의 탈락률이 높다. 대표적이고 뜻깊은 한 예로 (덴마크 통계 연구소의 보고를 보면) 2003년 종합대학 학생들 중 학사학위 과정 탈락률은 24%이고, 중등교육 II 단계의 학생들 중 전문과정 탈락률은 34%나 된다. 더 나아가, 정부 보고서 제6장 '미래의 부와 행복'을 보면, 전문적 능력을 기르는 공식 교육과정을 밟고 있는 사람들은 직접적 교육 방식이나 가장 짧은 교육 방식을 선택한 경우라도, 공립학교 9학년을 졸업한 이후 평균 5년 정도를 더 공부한다는 사실을 알 수 있다.

이러한 양상들은 다른 많은 비슷한 예와 함께, 19~20세의 많은 학생들이 자신의 미래를 선택하고 결정하는데 필요한 자기정체성과 소망에 대해 성숙하고 확실한 태도를 갖지 못하고 어려움을 겪고 있다는 사실에서 드러난다. 복잡한 현대사회, 개인주의의 유행, 모든 젊은이들이 혼돈 속에서 방향을 찾고 자신의 고유한 길을 찾으라는 요구는 거의가 다 도움을 필요로 하는 일들이다. 이런 상황에서 시민대학을 비롯한 여러 비공식적인 배움의 방식들이 등장한다. 시민대학의 슬로건은 '시민대학에서의 1년은 나머지 인생 7년을 사는 것과 맞먹는다' 혹은 '시민대학, 어디서도 배울 수 없었던 것을 배울 수 있는 곳' 같은 것들이다.

시민대학은 처음부터 배움을 이끌어가는 힘을 배움에 대한 강한 욕망으로 봤고, 몇 가지 근본이념들을 표방하고 있었다. 핵심 교수과목들은 다양한 점에서 삶을 계몽하는 것이어야 하고, 배움과 가르침은 현실을 움직이는 분명한 띠를 갖고 있어야 한다고 보았다. 즉, 이곳에서의 배움은 배타적인 이론이나 형식적인 배움이 아니라, 실제 상황을 반영하고 행동하고 참여하는 시민의 가능성을 보여주는 배움이어야 한다는 이념이다.

20세기 후반기 들어 이런 이념들을 비판적으로 보는 경향이 두드러졌다. 이 이념들과 이상은 19세기 농민들에게 삶의 활기를 불어넣는 데는 효과적이었지만, 지금 시대에는 뒤떨어진 것이고 현대 상황에서는 별 쓸모가 없는 것이 아닌가 하는 물음이 제기되고 있다. 또 오늘날의 시민대학들이 과거의 영예로운 기억에만 머물러 있는 것은 아닌가 하는 의문도 제기된다. 이런 의견에 대해 시민대학들은 내부 토론이나 논쟁을 거쳐 과거의 이상과 관심사를 현대적 언어와 상황에 맞게 바꾸려는 시도도 하고 있고, 미래에도 사회에 중요한 공헌을 할 것이라는 새로운 믿음과 낙관을 갖게 되었다.

시민대학의 역할과 전망

전통적인 이념들이 오늘날 어떻게 해석되고 있는지를 보여주는 팸플릿을 인용해보겠다. 이 팸플릿은 시민대학이 하는 일의 핵심 가치와 중요한 전망에 대해서 설명해주는 문건이다.

1. 인간은 동등한 존엄성을 가진 존재로 여기고, 교사와 학생들 사이에 인간적인 만남이 이루어지게 하여, 열려 있고 변증법적인 교육을 위한 토대를 제공한다.
2. 개인적인 자유 : 이 자유는 개인의 권리와 활동의 자유라는 추상적 개념이라기보다, 오히려 개인의 자부심과 주변을 배려하는 태도 사이에 균형을 맞추는 일을 포함해 개인의 분명하고 성숙한 태도를 뜻한다. 성숙함과 확신은 시민대학이 지향하는 목표이기도 하다.
3. 사람들과의 상호작용과 사람들과 함께하는 지역공동체가 인간 삶의 기본 조건임을 이해한다. 이는 개인적인 자유를 실현하기 위한 선결 조건이다.
4. 시민대학에서는 삶에서 일어나는 서로 대립되는 현상들을 이해하고 다루는 또 하나의 선결 조건으로 몸과 마음, 이성적인 것과 비이성적인 것, 시적인 것과 실용적인 것처럼 서로 반대되는 측면들에 대한 비판적인 분석과 토론을 통한 경험을 제공한다. 이처럼 서로 반대되는 것들은 일상적 삶과 공부에서 똑같이 중요하고 필요하다.

정리하자면, 비공식 교육에서 교육계획안을 세우고 구체적이고 실용적인 과목을 가르칠 때 염두에 두어야 할 전망 세 가지가 있다는 뜻이다.

첫째는 실존적 전망이다. 이는 종교, 심리학, 문학, 역사 과목을 활용해서 인간 삶의 기본 조건들을 토론하고 다룰 기회를 제공한다. 또한 세상과 각 개인의 정체성, 일상적인 삶에서 일어나는 개인적이고 윤리적인 딜레마를 토론하고 다룰 수 있는 기회를 제공한다.

둘째, 사실적인 문제에 관한 전망이다. 학생들의 실제적인 필요와 희망을 충족시키기 위해서는 사실적인 문제에 관해 질 높은 교육을 제공해야 한다. 이들 모두는 즉각적인 사용가치를 갖는 과목들이다. 이와 관련해서, 학교에서 공부하는 방향과 내용 그리고 지식습득 과정에서, 성적이나 시험으로 학생들에게 부담을 주거나 교육 내용을 왜곡해서는 안 되고, 오히려 학생의 자발적 욕구에 따라 어떤 자격이나 기술 혹은 지식을 얻을 수 있게 해야 한다. 이 지점에서 시민대학들은 자기 위치를 발견해야 한다.

셋째, 정치적 전망이다. 사회문제와 그 결정 과정에 일반인들이 적극 참여하는 것은 대단히 중요하다. 개인의 자유나 자기결정권은, 그 사회가 지향하는 목표의 우선순위를 정하기 위해 정치적으로 토론하고 결정하기 위해 적극 참여할 때만 도달할 수 있기 때문이다. 그러기 위해서는 사회의 기능에 대한 이해, 사회의 역사에 대한 지식, 미래에 대한 비전이 요구된다. 시민대학은 학생들에게 이러한 자극과 영감을 주어서, 정치적 자리에서 통찰력과 영향력을 행사하는 적극적인 시민이 되게끔 해야 한다.

4. 공식 교육과 비공식 교육의 경계

실제로 지금 국가의 재정지원을 받는, 인가된 시민대학은 대략 80여 개다. 국가는 이런 학교들의 운영비 중 75% 정도를 지원하고, 나머지는 학생들이 내는 수업료로 충당하고 있다.

시민대학 대부분은, 모든 연령대를 위한 1~4주간의 주제별 단기 과정들, 주로 18~25세의 젊은이들을 위한 4~7주간의 중기과정들, 그리고 8~40주간의 장기과정들을 동시에 운영하고 있다. 2003년에서 2006년까지 이 모든 과정에 참여한 학생들 수는 매년 4만5천 명에서 5만 명으로 추산된다. 1년 내내 계속 참여하는 수는 대략 4만8천 명에 이른다.

1994년까지 이 학교에 매년 풀타임으로 참여하는 사람은 증가했지만, 이후 점차 줄어들어 지금은 대략 7천2백 명 정도가 참여하고 있다. 그런가 하면 시민대학 수도 105개에서 80여 개로 줄어들어 많은 우려를 낳고 있다. 학생 수가 너무 적어져서 문을 닫을 수밖에 없는 학교들에 대한 걱정을 비롯해 이유가 무엇이고, 무엇을 해야 하는지, 시민대학의 시대가 끝난 게 아니냐는 물음이 제기되고 있다.

이러한 중대한 문제들에 대한 토론과정에서 시민대학에 관련된 사람들 사이에는 두 가지 서로 다른 입장이 나타났다. 하나는 시민대학의 존속이 가장 중요한 사항이라고 보는 입장이다. 운동의 기본이념이나 이상에 있어 약간의 타협을 해서라도 현실에 맞추어 학생들에게 시험에 통과할 기회와 공식·비공식적 교육제도가 가치 있다고 인정하는 능력을 제공하자는 입장이다. 다른 입장은 시민대학운동의 이상과 정신은 결코 타협의 대상이 아니라는 입장이다. 만일 그 이상과 사회에 대한 공헌이 필요하지도 않고, 이해되지도 못하며, 가치도 없는 것이라면, 시민대학은 공식 교육제도의 재미없는 일부가 되거나 문을 닫고, 그 시대가 끝났음을 인정하자는 입장이다.

이런 논의가 진행되는 동안에도, 남아 있는 시민대학들은 자신의 역할을 계속하고 있다. (이 운동의 원래 이상과 목표를 존중하고 보존하면서) 교과 선택과 수업 내용, 가르치는 방식들을 앞서 말한 내부 토론, 프로젝트, 실험 등에 의해 부분적으로 보완해 가고 있다. 이는 또 부분적으로 법률을 제정하는 사람들과 교육행정가들의 관점이 변함에 따라 보완되고 있다.

그 결과 2006년에는 '자유기숙학교들법'이 새롭게 통과되었다. 이것은 시민대학을 사회적 상호작용과 일반인들이 향유하는 삶에 대한 교육, 시민의 계몽과 민주적인 교육을 제공하는 기관으로 정의하고 있다. 더 나아가 시민대학의 교육활동은 스스로 정한 근본 가치들에 근거해서 광범위한 일반 교육을 제공해야 하며, 그리하여 참여자들의 일반적 자질, 실질적 자질, 개인적 자질을 향상시키도록 공헌해야 한다고 명시하고 있다.

마지막으로, 법을 제정하는 사람들은 앞서 언급한 두 가지 다른 입장을 가진 이들과 만나서 중재하기로 했다. 이것은 개별 학교의 자유와 같이 한쪽 측면에만 치우치지 않으면서 교육의 내용과 방법을 정하고, 동시에 학생들에게 예비단계의 성인교육 시험을 치를 수 있는 준비과정을 제공받길 원하는 사람들의 입장도 고려하자는 방안이다. 참여자들에게 성인들의 상위 교육과정에 입학할 수 있는 공식 자격을 주기 위해서다.

아울러 지난 몇 년간 다른 발전들도 이루어졌다. 이것은 시민대학과 기존의 공식 교육제도 사이의 상호 이해에 접근할 수 있는 가능성이 엿보이는 발전들이다. 2004년 교육부장관, 교육부, 또한 다른 교육행정부서 관계자들은 이 문제를 놓고 실제 자격과 공식적인 자격 사이의 관계에 대해 토론했다.

이 토론의 결과 2007년 6월에 새로운 법률이 통과되었다. 이 법률에는 실제 자격에 관해 포괄적인 정의를 내리고, 이를 공식적으로 인정한다는 의도가 표현되어 있다. 더 나아가 실제 자격을 가졌다고 평가되는 개인들은 기존의 공식교육기관들에 더 쉽게 입학할 수 있는 개방된 가능성을 갖게 되었다.

2007년 가을에는 비공식 교육기관, 경제 관련 조직들, 교육부 대표와 공식 교육기관 대표들 간에 회담이 열렸는데, 그 자리에서는 서로 협력할 수 있는 실제적인 문제들을 다루었다. 이 회담의 목적은 실제 자격 인정을 위한 규칙과 기준을 찾아내자는 것이었다. 첫 번째 회담에는, 덴마크의 시민대학협회 의장이 초대되어 공식 교육과 비공식 교육의 관련성에 관해 의견을 발표했다. 시민대학들, 교육문화 활동을 통해 국민 계몽을 하는 단체들, NGO 단체들을 대표해서 발언한 이 연설에서, 협회 의장은 비공식 교육에서의 자격에 대한 포괄적이 이해를 정의하고, 시민대학이 존속해야 힐 이유와, 그 참여자늘이 시민사회에서 필요한 사회적 활동과 문화적 활동을 통해서 얻을 수 있는 자격들의 범위를 설명했다. 여기에 대해 정부 행정 당국은 실제 자격을 인정하는 의제를 적극 환영한다고 밝혔다. 그리고 시민들 중 다수는 인생의 전 기간을 통해서 다양한 자격을 얻을 가능성을 높이자고 청중들에게 촉구했다. 결론은 서로 다른 다양한 교육기관들 사이에 상호작용이 이루어지게 하자는 것이었다.

여기서 다음과 같은 의문점들이 생겨난다. "과연 그런 상호작용들이 이루어질 수 있는가", "실제 자격을 정의하는 일반적 기준에 합의할 수 있는가", "공식 교육기관들은 공식적 학업 수행이라는 선결조건을 현재보다 더 넓게 정의함으로써 입학의 문을 넓힐 수 있을 것인가" 하는 문제들은 아직 미해결 상태다.

여하튼 앞서 소개한 법률 통과의 문제를 놓고 논의를 벌이는 덴마크의 정치·행정 시스템의 진취적인 정신을 보면 좋은 징조처럼 보인다. 이런 분위기는 미래 사회에 대한 긍정적 전망을 보여주고 있으며, 덴마크에서 비공식 교육 분야가 담당하는 활동의 가치를 인정한다는 뜻을 담고 있기 때문이다.

맺는 말

덴마크의 네 가지 교육제도의 현재 상황 중 중요한 사실만 간추려 보면 다음과 같은 결론을 맺을 수 있다. 이 네 영역이 서로 다르게 기능하고 있으며 다양한 과제와 문제를 갖고 있긴 해도 한 가지 공통된 문제에 직면하고 있으며, 또 모두 이 문제를 해결하려고 애쓰고 있다는 점이다. 이 문제는 바로 현 시대가 전환기라는 사실에서 비롯되는 문제다. 한 시대에서 다른 시대로 넘어가는 전환기, 근본이 되는 일련의 전통적 가치, 목적, 목표들의 전환, 일련의 익숙한 습관, 규칙, 절차, 방법의 전환기임을 떠올릴 수 있다.

덴마크 교육제도의 변화와 개혁의 역사를 개략적으로 검토하는 과제는 변화한 과정에 대한 검토를 뜻한다. 여기에는 각 교육기관들이 사회 변화에 발맞추는 문제에 관한 내부 토론의 결과가 중요하다는 사실도 포함된다. 즉, 이 내부 토론들은 정치가들의 이념과 이상에 따른 교육의 가치, 법적인 틀, 원칙을 제정하는 일이 이루어지는 단호한 토론과 협상들만큼이나 중요하고 비중이 있다는 뜻이다. 물론 정치가들과의 토론과 협상 과정에서는 필요한 변화에 관련된 법률 지침이나 교육제도가 갖추어야 할 미래의 가치, 구조, 실제적 기능 등을 새로 만드는 과제가 포함된다.

현재 진행 중인 덴마크 교육제도의 변화 과정과 개혁 과정은, 주로 정치적인 입법 활동으로 주도되고 이끌려가는 것처럼 보인다. 유럽연합의 교육기관들과 교육당국의 정신이 진취적으로 계속 발달하는 상황에 자극을 받으면서, 아울러 세계화라는 도전에 대응하고 미래 경쟁력과 자국 경제를 지키고 싶어 하는 덴마크 정부와 국회 다수당은, 여러 교육 관련 법률을 제안하고 제정하고 있다. 이러한 법 제정은 오래되고 여전히 일반적으로 인정되는 가치들을 따르고 있긴 해도, 덴마크 교육기관들이 실제로 그리고 미래에 따라야할 새로운 가치, 구조, 기준, 요구, 목표, 내용, 방법의 틀에 따라 이루어지고 있다. 그리하여 교육제도의 중요한 문제와 관련해서, 이 특이한 위에서 아래로 향하는 결정 절차로 인해 교육 관계자와 개인들 사이에는 원망과 불만이 표출되고 있다. 또 교육활동 조건의 변화와 악화된 상황, 새로운 요구나 목표에 대한 이해 부족, 목표나 의도에 대한 불일치로 인해서 좌절감 역시 널리 확산되고 있는 실정이다. 그런데 독립적인 관찰자의 입장에서 보면, 교육제도의 두 가지 혁신이 일반적으로 공감을 얻고 있기 때문에, 시간이 지나면 결국에는 현재의 갈등을 수습하고 극복할 방법을 찾을 수 있을 것이며, 또한 교육제도의 다양한 참여자와 파트너들 사이에 합리적인 의견 일치도 이끌어낼 수 있을 것이다. 교육제도의 두 가지 혁신 과제는 다음과 같다.

하나, 교육제도의 모든 분야에서 교육위원회를 만드는 것이다. 이 위원회는 자기가 담당하는 교육기관이 얼마나 발전했는지에 대해 매년 조사·보고하고, 교육활동을 안내하는 규칙을 만드는 임무를 지닌다. 그리고 기능을 잘 못하는 규칙들과 원칙들을 수정하는 방법을 행정기관과 정치부서에 권고하는 임무도 띤다.

둘, 새로운 평가 문화를 만들어가려는 노력이다. 여기에는 모든 교육기관들이 교육활동의 기능을 향상시키기 위해 의무적으로 매년 실시하는 자체 평가

과정, 계획안, 필요한 단계들의 수행 등이 포함된다.

만일 이 교육위원회가 하는 일과 조사가 독립적으로 이루어질 수 있다면, 또 그 조사 결과와 권고 사항들을 자유롭게 표현할 수만 있다면, 그리고 교육 관련 법률과 규칙들이 기능을 잘 못하고 있음을 교육부와 교육부 장관이 기꺼이 인정하고 그 실패를 고칠 의사가 있다면, 정치적 결정권자들과 교육기관 종사자들 사이의 상호 관계는 개선될 것이며, 교육제도 전체의 기능이 향상될 것이다. 앞에서 이야기한 새로운 평가 문화란 것이 그저 규제의 다른 수단이 아니라면, 그리고 개별 교육기관들의 교사들, 교장, 직원들 사이에서 교육의 어려움 내지 문제점과 학교의 기능과 질을 향상시킬 수 있는 이런저런 방법들에 관한 개방된 토론이 계속된다면, 이것이 현재의 교착 상태를 뚫고 나갈 강한 잠재력이 될 것은 의심할 여지가 없다.

하지만 이런 의무사항과 토론이 긍정적인 결과를 가져올 것인지 아닌지는 논의과정에 참여하는 교장이나 중재자의 능력에 따라 분명 달라질 것이다. 마찬가지로 교육기관에서 일하는 교사나 직원들의 긍정적이고 적극적인 참여 역시 긍정적 결과를 만들어내는 중요한 변수다. 앞에서 말한 영역들에서 바람직한 결과들이 실현될지 여부는 아직은 불분명하다.

마지막으로 비공식적이고 자유롭고 독립적인 교육 영역은 예전에는 민주주의 발전과 국민 계몽에 아주 큰 역할을 담당했고, 오늘날과 어쩌면 미래에도 덴마크 교육에서 결코 빼놓을 수 없으리만큼 중요하고 꼭 필요한 부분일 수 있다는 사실을 짚어두고 싶다.

2부
덴마크 교육 현장을 둘러보다

260개 덴마크 자유중등학교 (Efterskoler)

시민사회에 뿌리내린 자유교육

_민중운동의 역사 속에서 자란 교육제도

들어가면서

덴마크는 국가예산에서 교육예산이 차지하는 비율이 유럽의 어떤 나라보다 높다. 그만큼 교육에 공을 들인다는 이야기다. 그렇다고 이 '공'이 우리가 흔히 생각하는 학력 경쟁이나 수험 지옥으로 나타나지는 않는다. 무엇보다 아이들 한 명 한 명의 행복을 소중하게 생각하고 그런 방향으로 풀어 간다. 얼핏 아주 느슨해 보이지만 학력 수준은 유럽의 다른 나라들보다 높은 편이다. 이처럼 느슨하지만 높은 질을 확보하느라 효율적이고 철저한 교육이나 훈련 시스템을 갖추고 있는 것도 아니다. 이런 교육이 가능한 진짜 배경은 대화를 중시하고 자유로우며 비경쟁적인 사회 분위기인지도 모른다. 이 글에서는 이러한 사회 분위기나 메커니즘이 과연 무엇인지 자세히 살펴보고자 한다.

나가타 카즈이(永田佳之, 국제대안교육연구회 연구원)·김경복 옮김 이 글은 일본의 국제대안교육연구회에서 낸 보고서에서 뽑았다. 이 연구회는 전 세계 대안교육의 흐름과 현황 조사를 위한 프로젝트를 기획하고 아메리카, 유럽, 아시아 전 세계를 직접 발로 뛰며 실태 조사를 했다. 나가타 씨는 이 연구회의 연구원으로 한국 사회의 대안교육운동을 조사하러 한국을 찾아왔을 때 민들레에 와서 함께 이야기를 나누었다. 영국의 서머힐과 일본의 여러 대안교육 현장에서 경험을 쌓았고 지금은 대안교육운동을 분석하고 널리 알리는 일을 하고 있다.

1. 덴마크 교육제도와 그 배경

1) 민중운동의 역사 속에서 태어난 교육

　덴마크에는 교육 의무는 있어도 취학 의무가 없다. 19세기 초, 교육에 관한 부모의 권리를 법률로 인정하면서 그때부터 교육은 부모가 책임지는 것이라는 생각이 덴마크 국민들 속에 자리 잡았다. 또 덴마크에서는 시민들뿐만 아니라 정부도 '아래로부터'의 교육운동을 높게 평가한다. 대부분의 나라에서 보이는 관민 대립 구도로는 설명할 수 없는 관계를 양쪽 모두에게서 볼 수 있다. 덴마크 정부에서 만든 팸플릿을 보면 풀뿌리 시민운동을 높게 평가하고 이런 문화에 자부심을 가지고 있음을 알 수 있다. 이런 새로운 관계를 이해하기 위해서는 18세기 이후의 민중교육사를 파악하는 일이 중요하다.

　덴마크의 민중교육사를 말할 때 반드시 짚고 넘어가야 할 인물이 둘 있다. 니콜라이 그룬트비(1783~1872)와 크리스튼 콜(1816~1870)이다. 그룬트비는 덴마크 민중교육의 아버지로서, 교육자이자 목사이고 시인이자 정치가다. 그리고 풀뿌리 시민운동을 주도한 운동가이다. 그는 가난으로 고통받는 농민들이 살 만한 세상을 만들기 위해 『삶을 위한 학교』라는 책을 쓰고 자립과 대화를 중시하는 교육운동을 펼쳤다. 한편 실천가로서 콜은 암기와 훈련에서 벗어난 학교, 자유학교를 만들었다. 또 이들의 사상과 실천에 자극받은 이들이 자유학교의 중등 과정 격인 에프터스콜레를 전국 각지에 만들었다. 이런 일련의 흐름들은 공교육에도 많은 영향을 미쳤지만, 전체 사회에서 주류이기보다 '인가' 받은 대안적 흐름으로 한 줄기를 형성해왔다.

2) 헌법이 보장하는 부모의 권리

　앞서 적은 것처럼 덴마크는 취학의무가 없고 아이들을 교육시켜야 한다는 교육의 의무만 존재하는 나라다. 19세기 중반에 제정된 헌법에는 교육에 관한 부모의 권리가 명시되어 있다. 교육은 반드시 학교에서만 받을 수 있는 게 아니라는 사실도 분명히 하고 있다. 이 민주헌법이 교육에 미친 영향은 헤아릴 수 없을 정도로 크다. 헌법 정신을 바탕으로 제정된 학교교육법 제33조에는 '가정학습을 받고 있는 아이들은 학교교육에 참가하지 않아도 좋다'라고 규정하고 홈스쿨링을 당연한 것으로 인정하고 있다.

대안학교의 존재를 법적으로 인정하는 자유학교법(정식 명칭은 자유학교와 사립초등학교에 관한 법률)에도 부모들의 여러 권리를 명시하고 있는데, 다음과 같은 조항이 있다. 제9조 공립 초·중학교에서 실시하는 내용에 준하는 교육을 자유학교에서 실시할 것을 요구하고 자유학교의 전반적인 활동을 감사하는 일은 해당 학교에 다니는 아이들의 부모가 담당한다. 학부모회는 어떤 방식으로 감사를 실시할지 스스로 결정한다.

교육부의 사립학교 담당관이자 자유학교법을 만들고 개정 작업에 참가했던 한나 트라베르그 씨는 덴마크 교육을 아주 특별하게 만든 게 바로 이 9조라고 말한다. 이 조항은 교육의 주체가 국가가 아니고 부모이자 시민, 지역사회라는 의식이 뿌리내리는 데 결정적인 공헌을 했다.

덴마크의 부모들은 특히 교육 선택의 권리를 보장받고 있다. 일반적으로 아이가 교육을 받아야 할 경우 세 가지 선택 가능성이 있다고 말한다. 하나는 공립학교에 보내는 것이다. 물론 공립이다 보니 학비는 거의 들지 않는다. 제2의 선택은 자유학교라고 불리는 사립학교에 보내는 것이다. 이 경우 학비는 공립학교보다는 조금 더 들지만 공립학교의 70% 정도 되는 운영비를 국가로부터 지원받는 덕분에 부모들은 별 부담 없이 마음에 드는 자유학교에 보낸다. 제3의 선택은 홈스쿨링이다. 홈스쿨링을 하는 가정이 많지는 않지만 그 권리는 오랜 세월 동안 지켜져 왔다.

위에서 말한 세 가지 선택에 더해 제4의 선택도 가능하다. 그것은 스스로 학교를 만드는 것이다. 이 경우도 앞에서 적은 것처럼 기본 조건만 갖추면 학교운영자금으로 공적보조금을 받을 수 있다. 이때 정부는 교사 자격의 유무나 구체적인 교육과정에 대한 규정, 교육 내용에 대해 전혀 간섭하지 않는다. 덴마크사립학교협회의 폴스베르그 사무국장은 이렇게 말한다. "덴마크 사회에서는 기존의 것이 자기와 맞지 않으면 대안을 선택하면 되고, 대안이 맞지 않으면 스스로가 대안을 만들면 됩니다. 이런 기회를 언제나 열어 놓는 사회제도가 있다는 사실이 매우 중요합니다."

자유학교에서 공부하는 학생은 2000년 현재 이미 덴마크 전체 학생의 12%를 넘었고 이 비율은 조금씩 늘어나고 있는 추세다. (표1 참조) 또 1990년대 이후 10년 사이에 공립학교 수는 감소하는 반면 자유학교 수는 늘어났다. (표2 참조) 학생 수 감소로 폐교 위기에 처한 공립학교가 자유학교로 그 틀을 바꾸면서 이런 흐름은 더 빨라지고 있다.

<표1>

년도	공립학교(%)	증감	자유학교(%)	증감	전체	증감
90/91	1,779(81.3)	-51	409(18.7)	6	2,188	-45
95/96	1,675(79.7)	-2	426(20.3)	5	2,101	3
99/00	1,671(78.6)	-3	451(21.3)	15	2,125	18

<표2>

년도	공립학교(%)	자유학교(%)	전체
70/71	682,413(94.0)	43,535(6.0)	725,948
80/81	725,269(92.6)	57,982(5.8)	783,251
90/91	549,262(89.1)	67,200(10.9)	616,462
99/00	551,567(87.9)	75,699(12.1)	627,266

3) 삶을 위한 학교

덴마크 사회는 시험점수로 진단하는 평가를 별로 신뢰하지 않는다. 아이들이 시험 때문에 시달리는 경우도 거의 없다. 폴스베르그 씨는 이렇게 말한다. "덴마크 사람들은 평등이란 말을 아주 소중하게 생각하죠. 우리는 무언가를 판단하고 실천할 때 이 단어를 잊지 않고 떠올리죠. 인간을 서열화하는 시험에 흥미를 갖는 사람도 별로 없을 뿐더러 아예 실시하지도 않아요. 무엇보다 덴마크 사람들은 순위 따위는 믿지 않습니다. 영국같이 일류, 이류로 학교를 나누고 서열을 매기는 일은 우리 사회에서는 찾아볼 수 없어요."

물론 9학년이나 10학년이 끝날 무렵 덴마크어와 영어, 독일어, 수학, 물리학의 표준 시험을 보도록 되어 있어서 대부분의 학생들은 이 시험을 치르지만, 누구도 이것 때문에 공부를 하지는 않는다. 시험 결과가 아이늘 삶에는 거의 무용지물이라, 전국적으로 일제히 시험을 치르면서 엄청난 세금을 쏟아 붓는 어리석은 짓을 왜 계속하는지 회의감이 드는 부모나 교사도 꽤 많다고 한다. 이런 부모는 대부분 자유학교를 선택한다. 자유학교 출신학생 가운데는 유치원부터 자유중등학교를 마치기까지 한 번도 시험을 보지 않은 학생도 적지 않다고 한다.

이런 흐름 뒤에는 삶을 위한 학교, 사람 중심의 교육을 표방하는 그룬트비와 콜이 있다. "나는 아이들이 음식을 제대로 씹어 먹고 있는지 확인하려고 아이들 입에 억지로 음식을 집어넣고서 토하게 하는 일은 절대 하지 않겠다"라는 콜의 말은 자유학교에서 자주 인용된다. 이런 토양에서 자라난 그들의 휴머니즘은 경쟁 원리를 먹고 자라는 국가주의나 시장주의와 달리 자유학교가 상대적인 자율성을 유지할 수 있도록 하는 든든한 버팀목이다.

2. 자유교육의 다양성을 키우는 다원적 네트워크

1) 다양한 자유학교들

덴마크 초·중학교는 1,671개가 공립이고, 우리의 대안학교 격인 자유학교는 452개가 있으며, 취학 연령 이상 아이들의 약 12%가 자유교육을 받고 있다.(표 1, 2 참조, 2000년 통계자료) 자유교육을 한마디로 설명하기에는 그 내용이 너무 다양하다. 그룬트비나 콜의 사상과 실천이라는 흐름 속에서 약 150년 전부터 있어온 전통적인 자유학교를 비롯해서 중등교육 과정으로서 전원 기숙사 생활을 하는 자유중등학교, 1960년대 진보교육 내지 개혁교육 사상을 반영한 작은학교, 교과교육을 중시하는 중간 규모의 실업학교, 이밖에도 덴마크의 주류 종교인 개신교계 학교, 가톨릭계 학교, 덴마크 내 독일 인접 지역에 사는 독일 사람들을 위한 학교, 발도르프 학교, 몬테소리 학교, 이슬람계 이민자를 위한 학교, 학습장애나 지체장애를 가진 아이를 대상으로 하는 학교도 있다. 평균 학생 수도 학교마다 다르다. 실업학교는 300명 정도인 반면 작은학교는 10명 조금 넘는 소규모가 대부분이다. 과거에는 전형적인 공립교육에 만족하지 않는 부모 가운데 진보적이면 작은학교, 보수적이면 실업학교로 뚜렷하게 나뉘어졌는데 최근 들어서는 그 기준이 희미해졌다고 한다.

2) 자유학교를 연결하는 네트워크(협회)

덴마크의 자유학교들은 저마다 성격에 맞는 네트워크(협회)를 가지고 있다. 영국의 서머힐이나 태국의 무반덱처럼 홀로 정부와 대치하는 자유학교는 극히 드물다. 이 네트워크의 역사 역시 오래되었다. 자유학교협회는 1886년[31], 자유중등학교협회는 1908년에 만들어졌다. 각각의 자유학교들은 자기 성격에 맞는 협회를 선택해서 가입한다. 그러다 보니 협회마다 나름의 특징과 색깔을 띠고 있다. 가령 릴레스콜레협회는 좌파 개혁운동의 일환으로 만들어진 작은 규모의 릴레스콜레를 지원하고 후원하는 조직이다. 덴마크사립학교협회는 상경계 실업학교로 교과교육을 중시하는 레알스콜레들 간의 협회다.

한편 가장 큰 네트워크를 가지고 있는 자유학교협회는 다른 협회에 비해 참가 학교들의 동질성은 옅은 편이다. 그룬트비나 콜의 영향을 강하게 받은 학교와 소수 종교나 민족을 위한 학교, 발도르프 학교를 다 아우르고 있다. 이

---

31) 자유학교가 처음 문을 연 것은 1852년이다.

렇게 철학과 성격이 서로 다른 학교들이지만 '다섯 가지 자유'라는 원칙을 공유하면서, 하나의 네트워크로 엮여 함께 일을 풀어가고 있다. 이들이 고수하는 다섯 가지 자유의 원칙은 다음과 같다.

하나. 이념적 자유 - 모든 국민은 이념의 종류나 성격에 상관없이 학교를 설립할 자유가 있다.
둘. 교육적 자유 - 모든 국민은 교육 내용이나 방식에 상관없이 학교를 설립할 자유가 있다.
셋. 경제적 자유 - 모든 국민은 정부보조금으로 학교를 운영할 자유가 있다.
넷. 고용의 자유 - 학교는 이사회를 만들고, 이 이사회에서 직원의 자격과 역할을 정할 자유가 있다.
다섯. 선발의 자유 - 학생은 모든 학교에 입학 신청을 할 수 있고, 학교는 학교 방침에 맞지 않는 학생의 입학을 거부할 자유가 있다.

여기서 모든 협회를 소개하기는 어렵고 릴레스콜레협회만 간단히 살펴보기로 한다. 릴레스콜레, 곧 작은학교는 2차대전이 끝나고 나타난 평화주의와 1960년대의 진보적 운동에 영향을 받은 개혁교육운동의 산물이다. 학교를 만든 이들은 정치적으로는 급진적 좌파 성향을 가지면서 영국의 니일과 미국의 듀이에게서 큰 힘을 얻었다. '작은 것이 아름답다'는 대안문화운동의 흐름과 함께하면서 '릴레(작은)'라는 이름을 갖게 되었다. 1949년에 첫 학교가 문을 연 이후 몇 년 동인 베이비붐 시대를 맞아 많은 작은학교들이 생겨났다.

1980년대 덴마크가 경제위기에 휘말렸을 때 작은학교들은 재정난을 해결하는 방법으로 정부 지원을 받고자 했고, 국가예산을 확보하는 일들을 하기 위해 협회를 만들었다. 2001년 현재 47개 학교가 협회에 소속되어 있다. 그러나 이들 협회 소속 학교 가운데 '릴레'란 이름에 걸맞은 학교는 반 정도에 지나지 않는다.

사회적 힘이 약한 작은 학교들이 서로 힘을 모아 최소의 규제와 최대의 예산 확보를 위해 정부와 대화하고 교섭하는 것이 이 협회의 주요 설립 목적이다. 이밖에도 홍보, 정치적 문제에 대한 입장 표명, 이사·교장·교사 연수, 이사회와 교장, 직원들 사이에 갈등이 생기면 조정하는 역할도 하고 있다. 모든 회원이 모이는 총회가 일 년에 한 번, 교장 총회가 한 번, 이밖에도 특정한 주제로 열리는 전체 회의가 다섯 차례 있다. 또 학교를 만들어보려는 부모들의 상담에도 응하고 있다.

협회 가입은 이사회의 심의를 거쳐 결정한다. 얼마 전 네오나치스트와 특정 종교단체에서 학교를 만들려고 협회 참가신청을 했지만 둘 다 거절당했다. 네오나치 쪽은 '아이들의 행복을 위해서'라는 협회의 교육이념과 맞지 않고, 종교계 학교와는 일정하게 선을 긋는다는 생각을 가진 까닭에서였다. 이사회는 일 년에 여섯 차례, 이사장과 사무국장이 참석해서 다양한 논의를 갖는다. 사무국 운영비는 각 학교에서 학생 한 명당 일 년에 250크로네(약 4만 원)의 회비를 내서 충당한다. 여러 협회들을 연결하는 조직도 있다. 예산확보 등 정부와의 교섭을 원활히 하기 위해 부모들이 조직한 자유학교심의회는 여러 협회의 다양한 활동을 지원할 뿐 아니라 연결도 한다.

덴마크라는 나라에는 자유학교협회뿐만 아니라 구석구석 다양한 종류의 협회가 있다. 마을마다 조기축구회나 배드민턴 동우회처럼 흥미나 취미를 같이 하는 사람들이 모여 또 하나의 협회를 만든다. 덴마크 사람들은 협회라는 조직을 만들고 운영하면서 일상생활에서 수평적 연대감을 누린다. 이와 같은 연대의식은 학교 만들기에도 그대로 녹아 있어 스스로가 혼자라고 생각하는 자유학교는 거의 없다고 말해도 좋을 것이다.

이런 협회는 사무국 직원이 많지 않다. 가장 큰 조직인 자유학교협회를 봐도 상담인 세 사람, 사무직원 세 사람 해서 모두 여섯 명이 일한다. 이처럼 적은 수의 직원들이 각종 상담에 응하고, 학교 설립이나 운영에 대한 법률적 조언과 행정상의 문제 해결도 돕는다. 시 당국이나 교육부와 연락하고 교섭하는 일은 물론 교장과 직원 사이의 갈등을 조정하고 교사와 교장을 대표하는 조합 역할도 해낸다. 세미나를 열고 인터넷이나 전화를 이용한 홍보활동까지 한다. 이중에서도 단체교섭은 교사 한 사람 한 사람의 생활이 걸린 중요한 일로서

교섭 결과에 따라 자유학교의 노동조건이 정해진다.[32]

3) 부모 참여와 자유학교 만들기

덴마크의 자유교육 현장을 돌아보면서 교육에 관한 부모들의 강한 권리의식이 돋보였다. 부모 스스로가 교육에 대해 생각하고 고민의 결과물을 학교에 건의하는 등 그들의 활동은 현장 여기저기에서 눈에 띄었다. 더욱이 덴마크 정부가 이런 부모들의 자발적 움직임을 적극 지원한다는 사실은 덴마크 자유교육의 큰 특징이자 강점이다.

교육부 담당관은 덴마크에서 사립학교가 반드시 인가받을 필요는 없다고 한다. 단지 어떤 지역에 어떤 아이들이 다니는 학교가 만들어졌다는 사실을 보고만 하면 된다. 그리고 보조금이 필요하다면 수업을 시작하는 해 2월 1일까지 등록신청을 하면 된다. 자유학교를 설립하려면 3만 크로네(약 450만 원)의 신청금을 내고 학교가 문을 열기 전까지 정부에 신고한다. 학교가 정식으로 문을 열면 신청금은 다시 돌려준다. 해마다 끊이지 않고 몇 건의 신청이 있다. 최근 들어서는 이슬람교도의 이민이 늘면서 이미 스무 개 정도의 자유학교를 만들어 다른 자유학교와 같은 조건으로 덴마크 정부의 보조를 받고 있다. 자유학교협회만 해도 2000년도에만 열한 건의 신규 학교 설립 상담이 있었고 실제로 모두 학교가 문을 열었다고 한다. 2001년도 상반기에도 부모모임 세 군데에서 학교 설립 상담을 받고 있다고 한다.

자유학교법 제1조에서 밝히는 것처럼 아이들이 공립학교 정도의 기본교육을 받을 수 있다면 자유학교에서 어떤 교육과정을 만들든 자유다. 아이들은 집이든 자유학교든 또는 공립기초학교에서든, 초등 교육과정에서 덴마크어와 영어 읽기 쓰기, 산수를 배우게 되어 있지만 그밖에는 당사자에게 맡기고 있다. 교사 자격이 있는지 없는지는 필수 인가조건이 아니다. 교사 자격이 없는

---

32) 예를 늘면 모든 자유학교 교사의 최저 노동시간은 연간 1,924시간(주 24시간)이다.

교사의 급여도 공적보조금에서 나온다. 큰 규모의 학교에는 자격증 있는 교사가 많고 지방의 작은 학교에는 상대적으로 그 수가 적다. 자유중등학교협회 사무국장 말로는 자유중등학교에는 약 85%의 교사가 교사자격증을 갖고 있고 나머지 15%는 비상근 교사로서 예술가나 기술자, 장인이 많다고 한다. 그 중에는 교사 자격을 얻기 위해 교육을 받기보다 대안적인 교육과정으로 운영되는 학교의 교사가 된 데에 자부심을 갖고 열심히 일하는 교사도 많다. 교과서도 무엇을 사용해도 좋다. 이사회나 교사들이 교재를 골라서 저마다 연구를 더해 독자적인 수업을 하고 있다. 시험을 보든 보지 않든 그것도 자유다. 우리가 찾은 자유학교와 자유중등학교도 시험 그 자체의 가치를 인정하지 않는 지향 덕분에 전혀 시험을 실시하지 않았다.

그러나 자유와 함께 그만큼의 책임도 따르게 마련이어서, 학교를 운영하기 위해 다들 헌신적으로 노력하고 있다는 사실도 놓쳐서는 안 된다. 자유학교는 건물과 토지 그리고 적정한 학생 수, 이 세 조건만 갖추면 출발은 그리 어려운 일이 아니다. 그러나 일정한 학생 수를 유지하고 문제없이 학교 재정을 꾸려가기란 쉬운 일이 아니다(각 학교의 보조금 액수는 학생 수, 학생 나이, 교사 나이 세 가지 조건에 따라 변한다). 운영비는 공립학교의 70% 정도가 지원되지만 원칙적으로 토지나 건물은 설립자가 준비해야만 한다. 이런 부분까지 정부 지원이나 특별 임대를 주선해주지는 않는다. 공립학교에서 자유학교로 전환하는 경우도 많은데, 이 경우 이미 학교 건물이나 토지가 있어서 손쉬운 편이다. 그렇지 않은 경우 부모들이 시간과 돈을 내서 직접 교실을 짓는 자유학교도 드물지 않다.

부모들이 학교를 만들고 운영하는 것은 지극히 자연스러운 것으로, 자녀교육을 남한테 맡겨 버리는 부모는 드물다고 한다. 자유학교를 방문해보면 부모들의 모습이 자주 눈에 띈다. 아이들을 데리러 온 게 아니라 기획에 참여하고 행사를 주최하는 등 자원활동을 하기 위해서다. 학교 건물을 설계하고 짓는 일은 물론, 주말이면 풀을 뽑거나 페인트를 칠하러 학교를 찾기도 한다. 파티 같은 주말 기획행사에서는 부모들이 큰 역할을 한다. 또 일상적인 교육활동

방침을 짜는 과정에도 적극적으로 참여한다. 무엇보다 학교를 자신들이 만들어 간다는 자부심이 부모들한테서 엿보인다. 그들은 권리를 주장하는 데서 그치지 않고 실제로 학교 만들기에 다양한 형태로 참여하고 있다.

3. 자유를 살리는 제도

덴마크의 자유로운 교육제도는 자유교육의 건강한 성장이 만들어낸 것이기도 하다. 이처럼 자유교육이 자랄 수 있었던 배경에는 자유를 긍정적이고 생산적인 방향으로 살려 나가는 어떤 메커니즘이 작동하고 있는 것으로 보인다. 바로 다음과 같은 것들이 그렇다.

1) 보조금

자유학교는 전체 예산의 70%는 정부보조금으로, 30%는 부모가 내는 수업료로 충당한다. 보조금을 받기 위해서는 다음과 같은 조건이 필요하다.

- 비영리 조직일 것
- 학교 구성원 이외의 사람이나 조직의 지휘를 받지 않는 독립된 조직으로, 학교운영에서 나온 이익은 학교를 위해서만 쓸 것
- 건물과 토지가 한 덩이로 있을 것(분교를 가지지 않을 것)
- 다섯 명 이상으로 구성된 이사회를 둘 것
- 교육활동을 책임지는 교사가 있을 것
- 국가와 학교노동단체가 노동조건을 교섭하고 모든 교사는 이렇게 해서 만들어진 노동조건을 준수할 것
- 학생을 28명 이상 확보할 것(1년째 12명, 2년째 20명, 3년째 28명을 모으면 된다.)

앞에서 말한 것처럼 국가에서 학교운영보조금을 받아도 수업료 일부는 부모가 부담한다. 예를 들어 우리가 방문한 파보르그 시 교외의 엔가베 자유학교에서는 한 달에 585크로네(약 8만 원)를 부모가 부담했다. 엔가베의 예산 내역은 정부보조금 71%, 부모 부담 17%, 기타(기부금이나 바자회를 통한 수익금)가 12%였다. 지출은 교사들 급여 56%, 탁아소 운영비 11%, 교재비 10%, 건물 관리 유지비 10%, 사무비 2%, 기타가 11%였다. 학교에 따라 수업료는 다르지만 대체로 지방은 좀 싸고, 도시는 비싸다. 어떤 지방은 학비가 400크로네인 곳도 있고 그 두 배나 되는 도시의 학교도 있다. 탁아소를 함께 운영하는 자유학교에서는 탁아소에 지원되는 보조금은 없어서 별도로 800크로네 정도를 더 얹어서 받는 학교도 있다. 또 보조금 산정 방법은 택시미터 시스템이라는 독특한 방식을 쓰고 있다. (학생 수, 학생 나이, 교사 나이라는 세 가지 조건을 감안하여 총액을 결정한다.) 이것은 공립학교와 균형을 잡기 위한 독자적인 산정법이라 한다.

2) 자유학교의 교육평가 및 경영에 대한 감사

'시민의, 시민에 의한, 시민을 위한' 학교 만들기가 일상적으로 이루어지고 있는 덴마크에서 학교평가는 어떻게 이루어지고 있을까? 앞에서 말했듯이 학교를 만드는 시점에는 엄격한 규제가 없지만 운영에는 공적자금이 들어가므로 나름의 감사를 받게 된다. 하지만 감사라고 해도 미국의 차터스쿨처럼 하지는 않는다. 모든 자유학교에는 부모회가 있는데, 이 부모회에서 감사 역할을 할 사람을 뽑는다. 그렇게 뽑힌 사람들이 일 년에 한 번 몇 쪽짜리 보고서를 쓰면 된다. 감사는 부모들이 뽑은 사람이면 누구나 가능한데 실제로 매우 다양한 직업을 가진 사람들이 뽑히고 있다.

주변에서 적당한 인물을 찾지 못할 경우 시에 감사 대행을 의뢰할 수도 있다. 실제로 이런 학교가 20%에 가깝다. 감사로 뽑힌 사람들은 한 해 10일 정도 학교를 방문해 최소한의 과목은 배우고 있는지, 경영은 안정적인지, 1년에

200일로 규정된 수업일수는 지켜지고 있는지 등을 평가한다. 방문 뒤 보고서를 작성해서, 교육부나 시가 아니라 해마다 열리는 부모총회와 이사회에 보고한다. 보고서라고 해도 몇 쪽짜리로 그렇게 전문적이지는 않다.

덴마크에서는 오랫동안 이런 방식의 평가가 이루어져 왔지만 최근 들어 전문적인 평가를 하도록 정부에서 권고하기도 한다. 뚜렷한 기준이 없는 탓에 감사를 맡은 사람들도 어떻게 보고서를 작성해야 할지 감을 못 잡고 당혹스러워하기도 한다. 정치가 중에는 교육수준을 저하시키지 않기 위해 더 전문적인 감사가 이루어져야 한다고 주장하는 이도 있다. 이런 목소리를 반영해서 2001년에는 학교 감사를 위한 가이드라인이 만들어지기도 했다.

감사에서 뭔가 부족하다는 결과가 나오면 감사 역할을 맡은 사람이 고치고 보완할 것을 학교에 요청하고, 때에 따라서는 시 당국에 보고하도록 되어 있다. 더 나아가 꼭 개선이 필요하다고 판단되면 교육부가 특별감사를 할 수도 있다. 시 당국이 반응을 보이는 일은 그렇게 많지 않지만 최근 이민자를 위한 학교에서 이런 사례가 드물게 나오고 있다. 하지만 교육부가 감사에 나설 정도까지 진행된 건 자유학교법이 제정된 1992년 이후 열 건밖에 되지 않는다. 그 가운데 다섯 건은 결과가 나왔는데 이중 언어를 사용하는 학교들(덴마크어를 모어로 하지 않는 이민학교) 중 한 학교가 학교 문을 닫았고 나머지 네 학교는 문제점을 고쳐서 계속 운영하고 있다. 나머지 다섯 건은 아직 심의 중에 있다. 말하자면 지난 십 년 동안의 감사 결과 문을 닫은 학교는 한 군데뿐이었다.

해마다 경영이 어려워져 문을 닫을 수밖에 없는 학교는 여러 군데가 있지만 교육 내용이 문제가 되어 그만둬야 하는 경우는 거의 없다고 봐도 좋다. 자유중등학교의 경우도 과거 십 년 동안 세 군데가 폐쇄되었는데 어디나 경영 문제로 문을 닫았다. (두 군데는 외진 곳에 있어서 학생 수가 줄어들어 문을 닫았고, 경영이 곤란해져 아이들이 이웃 자유중등학교로 옮겨가서 문을 닫게 된 사례도 있다.) 하지만 현장에서 느끼기에는 좀 다른 모양이다. "학교 만들기는 무척 자유롭지만 요즘 들어 정부에서 좀 엄격하다 싶을 정도로 강하게 나올 때도 있습니다. 기숙형 자유학교에는 좀더 강하게 말을 하기도 해요."하고 오스테즈 자유학교 교장은 말한다. 특히 최근 트빈스쿨33)이 학교 재정 문제로 재판을 받은 뒤로는 감사가 엄격해졌고 경영면에서 시정 요구를 받은 학교도 있는 걸로 알려져 있다. 자유학교법 제21조 제2항에는 '법률, 또는 교육부장관이 정한 규칙에 따르지 않는 학교는 교육부장관이 보조금을 유보하거나, 보조금 산정의 기본조건에 잘못이 있을 경우 반환을 요구할 수도 있다'고 적혀 있다. 이 조항에 따라 1995년부터 2000년도까지 보조금 지급이 중지된 자유학교는 모두 일곱 군데다. 앞에서 밝힌 것처럼 현재도 다섯 개 자유학교가 수정을 요구받고 있고 경우에 따라서는 폐교될 수도 있다.

정치권에서는 자유학교에 상당액의 세금이 투입되고 있으니 경영 평가뿐만 아니라 자유학교법으로 정해 놓은 교육의 질에 대해서도 정당하게 평가하지 않으면 안 된다는 주장과 함께 자유학교에서도 국제경쟁에서 살아남을 수 있는 교육을 할 필요가 있다는 주장도 있다. 1999년에는 전국교육평가연구소가 설립되어 덴마크 국내의 모든 학교교육의 질을 유지하고 향상시킨다는 목적으로 자유학교에 대한 평가도 하도록 했다. 그러나 자유학교협회가 강하게 반대해서 의무화는 피할 수 있었지만 자유학교의 평가방식을 두고 정부와 자유학교심의회가 교섭 중이다.

3) 이사회와 교장

자유학교의 가장 큰 특징은 학교운영위다. 이 운영위는 보통 부모가 중심이

---

33) 트빈스쿨은 1960년대 반문화운동이 활발하던 시대에 탄생한 대안학교이다. 비핵화운동을 비롯해 국내외에서 매우 급진적인 실천을 하고 있는 학교로 유명하다. 학교는 국내에도 열 군데 이상 있고 개발도상국에서 호텔이나 방송국을 운영하기도 한다. 지원금이 교육 목적 이외로 사용되고 있다는 의혹을 받아 1996년 인가가 취소되었다. 그러나 이는 트빈스쿨의 특성을 고려하지 않은 처사로, '국가로부터 자유로운 교육'이라는 취지를 훼손하고 있다는 문제가 제기되면서 국민적인 논쟁을 불러일으키기도 했다.

되어 다섯 명 이상으로 구성된다. 모든 운영위원이 부모인 경우도 있고 지역 주민이 참여하는 경우도 있다. 회의에는 부모 말고도 교장이나 교감, 교사나 학생대표도 참가하지만 교장이나 교사들에게는 투표권이 없다. 교장이나 교사를 뽑고 파면시키는 일까지도 운영위에서 이루어지기 때문에 만들어진 규칙이다. 자유학교협회에서는 최근 교사도 투표권을 가지고 운영위에 참가할 수 있도록 논의를 거듭하고 있다. 운영위는 보통 한 달에 한 번 열리고 교육 내용이나 재정에 관한 이야기를 나눈다.

최고 의사결정 조직으로 운영위가 있고, 교장은 그 피고용자이기 때문에 지도력을 발휘하기가 힘들 거라고 짐작하는 이도 있지만 결코 그렇지 않다. 우리가 찾아간 자유학교 현장의 어느 학교든지 학교장의 지도력이 두드러지는 공동체였다. 한 예를 들어본다. 코펜하겐 교외, 부자동네로 알려진 마을에 홀쇼룸 작은학교가 있다. 이 학교는 마을의 공립학교가 너무 대규모라 아이를 보내기가 썩 내키지 않은 부모들이 만들었다. 그때가 1970년으로, 기존에 있던 공립학교 건물을 개조해서 만들었다. 그런데 정작 만들기는 했지만 지금 교장인 한소우 씨가 오기까지는 어려움이 많았다고 한다. 교사와 교장, 학생들이 서로 싸웠다. 아이들이 안심하고 배울 수 있는 곳이 아니었다. 학교운영위는 고민 끝에 공립학교 교장을 지냈으며 경험이 풍부한 한소우 씨를 채용하기로 했다. 이때 한소우 씨는 자기 나름의 고용 조건을 내걸었다. 키에르케고어의 실존주의 사상과 흐름을 같이하는 게슈탈트 심리학자인 폴더켐프라의 개인주의와 공동체성을 중시하는 학교를 만드는 데 동의한다면 교장을 해보겠노라고 이사회도 부모회도 이 제안을 받아들였고 한소우 씨는 지도력을 발휘하여 학교개혁을 진행시켰다. 지금은 안심하고 배울 수 있는 '개인이 살아 있는 공동체'로 바뀌었다.

4) 교육부와 자유학교의 관계

홀쇼룸 작은학교의 한소우 교장은 "국가는 우리들을 공정하게 대해주고 있다"고 한다. 이 말은 대부분의 자유학교 교장들이 가지고 있는 느낌이라고 해도 좋을 것이다. 교육부가 자유교육을 어떻게 바라보는지 자유학교 직원이나 여러 교장에게 물어봤지만 예외 없이 다들 긍정적으로 평가하고 싶다는 반응을 보였다. 또 자유교육운동을 하는 이들은 교육부를 어떻게 생각하는지 궁금했던 터라 인터뷰 기회가 있을 때마다 그들에게 물었다. 인터뷰를 했던 자유학교협회의 사무국장들은 다들 교육부에 호감을 갖고 있었다. 자유학교협회의 호가드 사무국장은 "교육부는 언제나 열려 있으며 잘 도와주고 친절합니다. 그들은 기본적으로 우리한테 힘이 되려고 하죠. 서로가 적대관계에 있다든지 거리가 있다고 느낀 적은 없습니다"고 했다. 이런 우호적인 관계는 온라인에서도 볼 수 있었다. 교육부 홈페이지(www.uvm.dk)에 다음과 같은 자유학교 안내문이 실려 있다. "자유학교로 등록하시려는 분들은 언제나 찾아오세요. 공적 재정지원을 받으려면 어떤 조건을 갖추어야 하는지 교육 내용은 어떠해야 하는지 자세히 알려드리겠습니다. 도움이 필요하면 언제나 요청하세요. 필요에 따라 특별한 조치를 취할 수 있습니다."

자유학교 관계자들은 교육부와는 협력관계에 있지만 재무부와는 적대관계를 느낀 적이 있다고 한다. 이는 예산 획득을 위해 싸우기도 하고 양쪽이 팽팽하게 줄다리기를 하기 때문이라고 한다. 이럴 때도 교육부는 자신들의 든든한 후견인 노릇을 자처한다고 한 목소리로 말했다. 많은 나라에서 대안교육 실천가들과 정부담당관이 대립관계에 있는 상황과는 크게 다르다. 하지만 자유학교와 시 당국은 아주 일상적인 문제로 서로 신경을 곤두세우는 경우도 있다. 우리가 방문한 한 자유학교에서 들은 이야기로는, 시립수영장을 공립학교 아이들은 무료로 이용하는데 자유학교 아이들한테는 입장료를 내라고 한다든지 시영스쿨버스 이용의 우선순위를 공립학교에게 준다든지 하는 문제들이 있다. 이럴 때는 그때마다 사안별로 다르게 교섭할 수밖에 없다고 한다.

대안적인 교육을 실천하는데 무엇보다도 중요한 요소가 '자유'라는 사실을 민과 관 양쪽 모두 공통으로 인식하고 있었다. 교육부의 자유학교 담당관인 트라베르그 씨는 이렇게 말한다. "영국의 자유학교는 자유를 얻을지 보조금을 얻을지 둘 중 하나를 선택해야만 하는 상황에 놓였죠. 서머힐은 보조금을 버리고 자유를 선택했습니다. 그러나 덴마크는 자유와 보조금 둘 다 얻을 수 있습니다."

재정문제로 감사에 걸린 자유학교는 지금까지 열 군데 정도 있었지만 교육 내용이 문제가 된 학교는 거의 없다. 이런 현황들은 자유학교가 교육 내용을 제대로 만들어가기 위해 끊임없이 노력하고 있고, 정부에서는 이런 노력을 그대로 신뢰하고 있음을 입증하고 있다. 자유학교와 시 당국이 일상적인 일로 서로 마찰을 일으키는 경우도 있지만 중앙정부와는 기본적으로 신뢰하고 협력하는 관계를 유지하고 있다.

5) 유연한 조직운동체

그룬트비와 콜의 영향을 받은 덴마크 민중교육운동은 자유교육운동의 흐름을 주도하면서 학생 수를 점점 늘려 가고 있다. 이런 배경에는 교육에서의 '부모의 권리와 자유'라는 기본 가치를 견지하면서도 때에 따라 유연한 태도로 대처해 나가는 창의적인 운동 자세가 있었기에 가능한 일이었다.

자유중등학교는 과거 160년에 걸친 역사 속에서 '대안 속의 대안'을 만들어 왔다. 처음에는 그룬트비와 콜의 교육철학에 바탕을 둔 자유중등학교가 대부분이었지만 1950년대에는 종교적인 색깔을 지닌 YMCA와 YWCA운동의 영향을 받은 학교도 만들어시고, 노농운동이나 정치적 좌파운동이 활발했던 1960년대 후반부터 1980년대 걸쳐서는 진보적인 슬로건을 내건 학교들이 늘었다. 1980년대와 1990년대는 학습장애아들을 위한 학교가 만들어졌고, 지금은 개인의 흥미와 관심을 중시하는 현대적 기호를 반영하여 스포츠, 음악, 드라마, 자연환경 등을 주제로 하는 다양한 학교가 늘어나고 있다. 그룬트비 식 학교 36%, 종교적인 학교 22%, 예술체육 계통의 학교가 15%, 학습장애나 학습곤란을 겪는 아이들을 위한 학교가 14%로 다양해지는 추세는 지금도 계속 이어지고 있다. 2001년에도 9월에 이미 네 군데가 더 늘었다. 자유학교들은 이처럼 시대에 따라 더 강하게 드러나는 요구를 우선적으로 충족시키고자 하는 특성을 가지고 있지만 앞에서 말한 다섯 가지 자유와 같은 기본정신은 시대를 관통하는 보편적 원리로 계승하고 있다는 사실을 강조하고 싶다.

4. 앞으로의 과제

1) 자유는 어디까지 허용될까

앞에서 적은 것처럼, 시민들이 새로운 학교를 만들기 위해 자유학교협회에 가입을 원할 경우 협회는 이를 받아들일지 말지를 결정해야 한다. 협회 사무국장들을 인터뷰할 때면 다음과 같은 이야기들이 가끔 화제가 되었다. '만약에 네오나치스트가 학교를 만든다고 협회 가입 신청을 하면 어떻게 해야 할까?' 자유학교협회의 올레 미켈슨 씨는 이렇게 답했다. "네오나치라고 해서 정부가 설립 허가를 거절하기는 어려울 거라고 봅니다. 하지만 설립은 했다 해도 문제가 생길 여지는 아주 많죠. 그래서 학교를 제대로 운영하기가 쉽지 않을 거라는 건 충분히 짐작할 수 있죠." 자유중등학교협회 사무국장인 엘스호른 씨는 "교육부는 그게 네오나치라 하더라도 원칙적으로 소수파로서의 권리를 인정할 수밖에 없지요. 그러나 자유중등학교나 시민대학은 그 바탕에 '삶을 위한 교육'을 해야만 한다고 분명히 밝히고 있습니다. 자유중등학교의 경우 '일반 교육과 연대, 삶을 위한 계몽'이라는 교육목표가 정해져 있습니다. 이런 가치관이나 목표와 나치즘이 서로 맞지 않는 건 너무 당연해서 협회 가입은 당연히 거절입니다"고 말했다.

교육부의 자유중등학교 담당관인 요룬보이 씨는 "어느 누구를 막론하고 그가 학교든 모임이든 우리 사회에 물리적, 정신적, 문화적 폭력을 가할 경우 정부는 무슨 조치든 취해야만 합니다. 그렇다고 해서 그들의 학교 설립 신청 자체를 막을 수는 없어요. 그들이 학교 설립 신청서를 냈다면 그들이 소수 집단으로 존재하는 한 정부가 설립을 못하게 할 근거는 어디에도 없습니다." 하고 분명히 말했다. 페테루센 씨는 "예를 들어 나치 집단이 학교를 만들려고 하더라도 정부가 처음부터 그 시도를 봉쇄할 수는 없습니다. 역시 소수 집단을 먼저 보호한다는 기본을 지키기 위해 학교 만드는 것을 허락할 것입니다"고 말한다. 그리고 "한참 동안 관찰 기간이 지나면 위험할지 어떨지를 판단해서 위험한 경우에는 보조금 지급을 중지한다든지 하는 적절한 대응방식을 찾아서 취하겠지요"라는 말도 덧붙였다.

IPC(International People's College)의 교사이고 두 자녀를 엘시노아의 작은학교에 보내고 있는 요륜보이 씨는 다음과 같이 말했다. "덴마크에서는 어떤 사상을 가진 사람이든 그가 가진 사상 문제로 학교설립을 막을 수는 없습니다. 문제는 그 단체의 활동이 폭력을 부추기는 성질이 있는지 없는지 하는 거죠. 즉 사상보다는 수단이나 과정을 보는 겁니다."

자유중등학교의 해설서를 보면 '자유중등학교의 자유'라고 제목을 붙인 문장을 발견할 수 있다. "교육과정이나 이데올로기의 자유 : 학교가 스스로 교육과정을 정치적 또는 종교적, 교육학적인 이념에 따라 정했다고 해도 국가는 간섭하지 않는다. 원칙적으로 정부는 어떤 교육과정이나 학교라도 인가한다. 곧 국가전복을 위해 학생들이 저항해야 한다는 교육목표에 따른 커리큘럼, 글자 그대로 성서를 강독하는 듯한 교육과정, 교실에서 배우지 않고 가게나 작업현장에서 일하는 것으로 대신하는 학교, 과목이 하나밖에 없어서 교사나 학생이 그때그때 적당하게 학습주제를 정하는 학교도 있을 수 있다."

사회의 여러 집단이 자신의 이익을 위해 교육에 파고들지 않을까 상당히 민감하게 반응하는 사회에서는 이런 표현이 위험하기 짝이 없는 것으로 비칠지도 모르겠다. 그러나 신나치즘을 인정한다는 사실 자체가 나치즘에서 아주 멀어지는, 나치즘을 두 번 다시 살이니지 못하게 하는 심이 된다면? 그들을 소수파로 인정해 버리는 것이 그들의 세력확장을 막는 데 무엇보다 효과적이라고 한다면 너무 모순적인 것일까. 민관 양쪽 전문가를 인터뷰하면서 덴마크 교육 관계자들의 '감성', 달리 말하면 오랜 세월 켜켜로 쌓인 민중운동으로 자라난 '작은 나라의 지혜' 같은 정신문화를 만났다는 생각이 들었다.

2) 최근의 사회변화

시민의 학교 만들기에 대한 정부의 역할은 조정이라기보다는 지원이라는 인식이 시민 쪽이나 정부 쪽에도 정착되어 있다. 물론 건강한 경영이나 기초학력 유지를 위해 교육의 질을 짐검하는 역할을 정부가 맡고 있기는 하지만 그것이 시민의 창의적인 활동을 방해하는 기능은 하지 않았다.

그러나 최근 들어 조금씩이기는 하지만 시민에 대한 정부의 기대가 흔들리고 있는 듯하다. 자유중등학교 사무국장인 엘스 홀더는 "최근 정부는 학교 만들기를 시민에게 맡기지 않으려고 한다"고 했다. 이런 발언의 배경에는 덴마크 사회의 이민문제가 있다. 덴마크 이민의 대부분은 터키나 팔레스타인, 레바논 같은 이슬람 국가와 옛 유고슬라비아에서 오는 사람들이다. 이민 인구는 전 국민의 약 6%에 이르고 취학연령 아이들의 수는 6년 뒤에 전 취학아동의 10%를 차지할 만큼 빠른 증가 추세를 보이고 있다. 그들은 정착한 곳에서 자신들만의 학교를 만들고 자유학교협회에 가입해 정부보조금을 받고 학교를 운영하고 있다. 그런데 일부 학교의 교육 내용은 덴마크나 영어를 중시하지 않고 덴마크의 역사도 충분히 가르치지 않고 있다는 지적을 받고 있다. 이런 상황 속에서 정치가들은 시민으로서 최소한의 교육수준을 위한 표준이 꼭 있어야 한다는 목소리를 내기도 했다. 교육부는 지난해 처음으로 이슬람계 소수민족의 교육을 담당하는 담당관을 임명하고 교육 내용 등에 대해 이야기를 나누고 필요하면 개선을 요구하도록 했다. 2001년 9월 교육부는 프리스콜레 같은 자유학교를 대상으로 교육 내용에 대한 가이드라인을 교육부장관의 이름으로 배포했다. 150년의 민중교육사에서 이례적인 일로, 앞으로 어떻게 변화해 갈지 주목할 필요가 있겠다.

5. 끝내면서_소수파라는 것의 의미

덴마크 교육제도를 아주 이상적인 모델로 보는 견해도 적지 않게 있다. 특히 대안교육 관계자들은 정파주의에 따라가지 않고 발전해온 이 나라의 교육제도를 높이 사는 경향이 있다. 우리가 만난 미국 대안교육자원센터 사무국장은 덴마크의 교육제도를 "믿을 수 없을 만치 긍정적으로 기능하고 있다"는 표현을 하기도 했고 한국의 대안교육 연구자는 교육의 유토피아라는 의미로 '에듀토피아'라 하기도 했다.

확실히 덴마크 교육에서 배울 점은 한두 가지가 아니다. '삶을 위한 학교교육'이나 생활 속에서 대화를 중시하는 모습, 연대의 문화 등 세계적인 정신성을 덴마크 교육에서 읽어 내기는 비교적 쉽다. 또 부모들의 학교 참가, 지역주민과 함께하는 학교 만들기, 독자적인 학교평가법, 정부의 자유교육에 대한 적극적인 지원 등 기술적인 측면도 배울 점이 아주 많다. 더 나아가 강조할 것으로 교육법과 교육제도는 아주 큰 틀만 확실하게 규정하고 있고 그 내용을 결정하는 것은 학생이나 부모, 또 각 학교운영자들의 상식이고 양식에 달려 있다는 사실이다. 교육과정만 해도 우리나라의 국민공통 기본교육과정과 같은 규정은 어디에도 존재하지 않는다. 덴마크어, 영어, 산수 같은 기초과목 학습은 권장하고 있지만 그밖에는 당사자에게 모든 걸 맡겨 둔다. 이렇게 아주 세밀한 규정까지는 하지 않는 메커니즘이 시민의 양식이나 판단력을 키워 온 것이라고 말할 수 있을 것이다. 자유교육협회의 사무국장들은 덴마크의 '명문화하지 않는 문화'에 대해 말할 때 이런 메커니즘이 스스로를 엄청나게 성장시켰다면서 자신들의 문화에 대한 자부심을 드러냈다.

그러나 덴마크 교육제도에서 무언가를 배우려고 할 경우 자유교육뿐만 아니라 사회 전체상을 보지 않으면 안 된다는 것이 현시소사를 끝낸 느낌이라고 할 것이다. 덴마크에서는 국가제도로는 풀기 어려운 아주 곤란한 문제들도 너무 간단히 해결하고 있는 것처럼 보였다. 한편 누구나 완전히 자유롭게 학교를 만들 수 있는 제도로 생각하고 있고 그건 그렇게 틀린 이야기는 아니지만 자유교육을 제도로서 확립하는 데는 공립학교와의 미묘한 긴장관계에 부딪히기도 한다. 택시미터법이라는 독자적인 이론으로 측정하는 보조금 계산법을 보더라도 자유학교제도와 공립학교제도와는 대단히 미묘한 관계에 놓여 있다고 볼 수 있다. 이런 아주 작은 벽(장애물)들도 그냥 지나치지 않는 덴마크의 자유교육은 아무리 해도 불가사의다.

여기서 덴마크 자유교육과 공교육의 관계에 대해 잠깐 살펴보자. 덴마크의 공립학교와 자유학교는 양 쪽 모두 상대를 통해 스스로의 존재를 확인하는 상호보완적인 관계라고들 한다. 자유학교가 만들어 내는 혁신적인 실천이 '눈을 뜨게 하는 효과'를 주어서 공교육을 개혁해 온 흐름도 있다. 홀쇼룸 작은학교의 한소우 교장은 전체 교육제도 속에서 자유학교가 가지는 역할의 중요성을 강조했다. "여기서는 실험적인 시도들을 교사가 해보고 싶다고 상담해오면 두 말할 것 없이 그 자리에서 한번 해보라고 권하지요. 하지만 이전에 공립학교 교장이었을 때는 그런 자유가 허용되지 않았어요. 교사들의 선진적인 시도나 자주성을 살릴 수가 없었죠. 그래서 자유학교에서 선진적인 프로젝트가 만들어지고 그것이 공립학교에도 확산되는 일이 자주 일어나는 거죠."

엔가베 자유학교의 한센 교장도 공립학교와 자유학교의 관계에 대해서 이렇게 말한다. "덴마크에서는 공립학교와 자유학교는 서로 자극을 주고받는 관계를 만들어 왔습니다. 대부분의 경우 자유학교에서 실험적인 실천이 탄생하고 그것이 공립학교로 파급되죠." 실제로 지금 덴마크의 공립학교에도 보급된 팀 티칭이나 프로젝트 베스트 워크, 또 유치원 교사와 초등학교 교사가 서로 도우면서 일하는 방식(교과가 아니라 생활을 중시하는 유치원 교사가 초등학교 실내 환경 등을 개선하는 효과)들은 모두 자유학교에서 생겨난 아이디어다.

마지막으로 대안교육이 비주류로 있는 의미에 대해 언급하고 끝을 맺고 싶다. 우리는 자유학교협회 사무국을 방문해서 사무국 직원인 올레 미켈슨 씨와 이야기하면서 대안교육의 의미와 의의에 대해 다시 한 번 생각할 기회가 있었다. 미켈슨 씨는 비주류로서의 사회적 기능에 대해 다음과 같이 말했다.

"자유교육이 비주류라고 하는 사실은 소중한 의미가 있다고 생각합니다.

우리들처럼 자유에 가치를 두는 그룹은 주류가 되는 것보다 비주류로서 사회 전체에 지속적으로 영향을 미치는 것이 중요합니다. 덴마크에서 자유교육을 받고 있는 아이들은 10% 정도입니다만 그 10%가 지니는 뜻은 단지 숫자로만 따지기 힘들게 큽니다. 특히 사회 전체의 균형을 이루는 데 그 역할은 지대합니다."

이런 미켈슨 씨의 '감성'은 우리들에게는 발상의 전환을 가져다주었다. 대안교육에 대해 말할 때 아이들의 자주성이나 주체성, 권리 등 우리들은 어쨌든 교육의 질에 주의를 돌리고 그것들을 보편적인 가치로 보급하려고 하는 경향이 있지만 교육 시스템 전체에서 양적인 균형이라고 하는 시각으로 바라보는 것 또한 중요한 것일지 모른다. 더 많은 놀이와 모험, 때로는 바람처럼 지나가기도 하고 좋은 것만 하려고 하는 것까지 용서되는 시스템의 구축, 달리 말하면 사회시스템 가운데 10% 정도의 '틈새'를 열어 놓는 문화를 만드는 것이 중요하다는 인식이야말로 교육개혁에서 중요한 포인트라는 생각이 들었다.

덴마크 교육 관계자가 '자유'나 '아이들 중심'이라는 신교육운동의 표어보다 '비주류' 또는 '비주류의 권리'를 표방하는 일이 많은 것도 제도개혁이라는 주제에서는 매우 흥미로운 점이다.

삶을 위한 교육

2007년 1월 담양 한빛고등학교에서 덴마크 자유학교와 시민대학에 대한 강연이 있었다. 연사로 오신 토베(Tove) 선생님은 륀델세 자유학교에서, 에기디우스 선생님은 자유학교 교사 양성을 목적으로 세워진 자유교원대학에서 교사로 재직하고 있다고 했다.

강연 중 가장 인상에 남은 것은 프로젝트 작업을 수행하는 어린이들의 모습을 담은 영상이다. 대여섯 명으로 구성된 세 모둠의 어린이들이 안데르센의 동화 '미운 오리새끼'를 주제로 진흙으로 인형을 빚고 연극으로 각색하는 내용이었다. 세 살 정도 나이 차이가 나는 학생들이 함께 얼굴을 맞대고 진지한 모습으로 토론해서 인형을 완성하고 연극을 공연하는 모습이 담겨 있었다. 에기디우스 선생님이 말씀하신 자유학교의 교육철학과 원리가 교실에서 실제로 구현되는 것을 보면서 놀라울 따름이었다.

그런데 역설적이게도 그것은 딱히 '학교'교육이라고 할 게 없었다. 아이들의 모습에서 공부와 삶은 구분되지 않았다. 특히 주어진 문제를 해결하는 과

김성오 파주자유학교 교사. 2002년까지 상반기 덴마크 IPC(International People's College)에서 수학했다. 역서로 비노바 바베의 교육론 『삶으로 배우고 사랑으로 가르치라』, 『도널드 덕 어떻게 읽을 것인가』 가 있다.

정에서 나이가 제일 많은 아이들은 자연스럽게 모둠을 이끌었고, 토론을 거치면서 의견을 조정했다. 선생님의 역할이 아예 없지는 않았지만 처음 모둠을 만들고 과제를 할당하는 일이 끝난 뒤에는 아이들이 원만하게 과업을 수행하게끔 도와주는 데 머물렀다. 덴마크 교육에 완전히 문외한이었던 내가 덴마크 교육에 관심을 갖고 현장을 탐방하게 된 것도 이 경험 때문이었다.

지난 여름 유럽 여행 계획을 짜면서 토베 선생님과 에기디우스 선생님께 연락을 드렸더니 덴마크로 초청을 해주셨다. 그래서 여행 중 오덴세에 있는 선생님 댁을 방문하고 토베 선생님이 평생 동안 재직한 륀델세 자유학교 수업도 참관했다. 정작 에기디우스 선생님이 강연 당시 추천해주셨던 국제시민대학(Den International Højskole)은 방문하지 못했으나, 여행이 끝난 후 아예 입학신청을 해서 2007년 1월부터 5월말까지 학교에서 수업을 들었다. 공부를 하던 중 에기디우스 선생님 부부의 초대를 받아 댁을 방문했을 때, 가능하다면 덴마크의 여러 교육기관을 방문하고 싶다고 말씀드렸더니, 선생님께서는 몸소 방문 일정을 정하시고 해당 학교와 기관에서 일하는 교사와 상담가들과도 면담을 할 수 있게 주선해주셨다.

다음은 방문했던 학교들과 기관에 대한 짤막한 기록이다. 짧은 시간과 부족한 공부 탓에 자칫 피상적인 기록에 불과할 수 있다는 우려가 없지 않으나, 부족하나마 차후 연구의 지침을 삼고자 하는 마음에서 소개한다.

1. 북(北) 륀델세 자유학교(Lyndelse Friskole)

토베 선생님은 거의 30여 년을 륀델세 자유학교에서 영어와 음악교사로 일하셨다. 5년 전에 정년을 맞아 학교를 그만두셨지만 지금도 학교 열쇠를 갖고 자유롭게 학교를 출입하신다. 아침 일찍 토베 선생님과 함께 학교로 발걸음을 옮겼다. 정규 수업이 시작되기 전인 오전 8시 30분 학교의 모든 구성원들이 체육관에 모였다. 모두가 편하게 앉아서 교장선생님 인도에 따라 함께 노래를 하고 기도와 인사말을 한 후 다시 합창하고서 학생들은 교실로 향했다. 덴마크의 모든 학교에는 합창할 때 쓰는 노래 책이 따로 비치되어 있다. 노래는 주로 민담, 문학 작품, 성서에 나오는 내용을 담고 있으며, 특히 자유학교나 시민대학 같은 사립학교에서는 그룬트비가 만든 노래를 많이 부른다. 학교 현관의 널찍한 벽면은 아이들과 선생님 사진으로 도배가 되어 있다. 전교생이 동원된 축제가 있었는지 게시판이 좁아 보인다. 이 사진들은 학교 구성원들이 학교에서 진행되는 일을 공유할 수 있도록 하는 장치이다.

1) 유치원반

마치 가정집을 옮겨 놓은 모습의 교실에 들어서자 큰 책상 주변에 옹기종기 모여 앉아 있는 아이들이 먼저 눈에 들어온다. 무언가를 열심히 하고 있는데 그림 카드를 보고 선생님이 부르는 대로 운(韻)이 맞는 낱말들을 찾아서 두 개씩 짝을 짓는 놀이를 하고 있다. 두세 명씩 짝지어 놀이를 하고 있는데 간혹 모르는 그림이 나오면 서슴없이 선생님한테 가서 그림카드를 내밀고 발음을 들어본 다음 다시 돌아가 그림을 뒤적인다. 공부는 아예 안중에도 없다는 듯 따로 교실 한구석에 마련된 소파나 양탄자 위에서 뒹굴뒹굴하는 아이들도 있다. 선생님은 그다지 신경 쓰지 않는 눈치다. 아이들이 스스로 공부에 관심을 갖고 참여하기를 기다리는 것이다. 카드를 이용한 놀이가 끝난 후에는 그림책을 보고 색칠놀이를 한다. 교통질서 지키기를 내용으로 하는 그림이다. 그림에 대한 설명을 들으면서 해당 설명이 나오면 색칠을 하도록 유도하고 있다. 다른 유치원에서도 확인한 사실이지만 덴마크는 아이들의 자발적인 의사를 중요하게 생각하고 참여를 유발시키는 것을 중요하게 생각한다. 통제나 관리가 중심이 아니라는 말이다. 가령 점심시간에도, 아이들은 먹고 싶은 때에 자기 도시락을 먹을 수 있다. 그렇지만 만약 밥을 먹지 않으려는 아이가 있으면 먹도록 선생님이 유도한다고 한다.

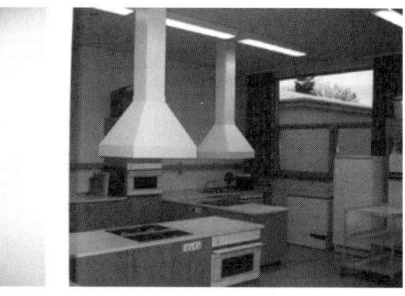

왼쪽부터 시계 반대 방향으로, 륀델세 자유학교 입구의 조형물, 회의실, 조리실

2) 1학년

조그마한 교실에 16명의 어린이들이 둥글게 앉아 있다. 교실은 아주 단촐하게 꾸며져 있다. 그것도 대부분 학생들을 위한 것이고 간소한 장식들도 학생들이 만든 것이다. 교실 뒤에 학부모 한 분이 앉아 있다. 딸이 공부하는 모습을 살펴보기 위해 온 아버지다. 아이는 아버지에게 눈짓도 보내고 이야기도 하면서 사뭇 즐거워 보인다. 자유학교의 학부모는 학교운영에 직·간접으로 관여할 뿐만 아니라 수시로 교실에서 수업을 지켜보는데, 이는 매우 자연스러운 일이다.

수업의 시작은 주말에 겪은 일들을 이야기하는 것으로 시작된다. 먼저 선생님이 학생들과 할 이야기와 관련된 글(짤막한 동물 이야기)을 읽어준다. 그 이야기와 비슷하거나 각자가 떠오르는 경험을 이야기하도록 유도하는 것이다. 선생님은 아이들의 이야기를 들어주고 가끔씩 질문도 던진다. 아이들도 각자 자기 이야기에 열심이다. 한 아이가 선생님과 이야기를 나누는 동안 다른 아이들은 그 이야기를 듣거나 아니면 옆에 앉아 있는 친구와 자기 이야기를 하는 것을 볼 수 있다. 그러나 전체적으로 아이들은 선생님에게 잘 집중하고 있다. 아이들을 대하는 선생님의 자상한 모습과 유연한 수업 운영이 인상적이다.

3) 3학년

읽기 공부를 하는 교실에 들어갔다. 수업이 끝나기 직전이었는데 대부분의 아이들이 조용히 교실에서 책을 읽고 있다. 그런데 선생님의 모습이 보이지 않는다! 둘러보니 교실 구석 바닥에 두 아이를 양쪽에 앉혀 놓고 책을 읽어 주고 있다. 특별한 지도가 필요한 아이들인가 보다.

읽기 수업이 끝나고 우리는 다른 교실로 들어갔다. 미술실이라고 부를 만한 곳이다. 그림을 그리는 시간인데 하양, 검정, 초록, 노랑 네 가지 색으로만 그림을 그리게 한다. 선생님의 설명을 듣고 다들 그림 그리기를 시작하는데, 한 아이가 종이에 둥실둥실 동그라미를 그리니까 아니나 다를까 그걸 보고 다른 아이들도 너나 할 것 없이 동그라미를 그리기 시작한다. 교실 안은 다른 학년 학생들이 만들었거나 만드는 중인 작품들이 어지러울 만큼 사방에 흩어져 있다. 교실 한구석에는 빈 상자와 아이스크림 통, 폐지 등 온갖 쓰레기들이 쌓여 있다. 3학년이 아닌 학생들도 당장 그림 수업이 진행되고 있는 것에는 아랑곳하지 않고 마음대로 들락거리면서 자기 할 일을 한다. 주마다 부여된 과제, 즉 프로젝트를 완성해야 하기 때문이라고 한다. 가만히 살펴보니 아까 들어왔던 녀석들 중 두 명이 그 폐지 더미에서 용케 골판지를 찾아내 이리저리 맞추고 이야기도 하면서 뭔가를 만들고 있다. 다른 쪽에서도 두 녀석이 공구용 집게와 철망을 가지고 뭔가를 열심히 만들고 있다. 뭘 만드냐고 물어보니 멋쩍은 표정으로 "전기의자!"하고 말한다. 학생들은 과제를 특정 시간에만 하지 않고 시간이 나는 대로 완성할 수 있다. 한 교실을 특정 학년이 폐쇄적으로 이용하는 것이 아니고 누구나 수시로 자유롭게 드나들게 함으로써, 효율적인 공간

이용과 함께 자율적인 시간 배분 능력을 기르도록 한다. 그렇게 하면 경직된 수업 분위기도 사라지고, 교실이 놀이터처럼 여겨질 수도 있다.

4) 8학년

물리 시간이다. 오늘의 수업 목표는 지구의 공전 원리를 이해하는 것이다. 학생들은 미리 준비한 설명서와 실험재료(대롱과 실, 껌)를 이용해서 행성 모델을 만들어 손으로 돌려봄으로써 원심력과 행성의 순환, 인력에 대한 '느낌'을 갖게 된다.

오전 10시경에는 휴식시간을 겸한 교사들 모임이 있다. 이날은 병원에서 간호사가 와서 학생들의 위생 및 건강 상황을 상담하고 있었다. 약 30분간의 휴식시간인데, 교장선생님(이 학교에서는 '리데leader'라 부른다)과 학교 관리인들을 포함한 모든 어른들이 함께 모여서 늦은 아침을 들기도 하고 함께 차를 마시면서 이런 저런 주제를 놓고 이야기를 나누거나 수업준비를 한다.

다시 체육관으로 향한다. 다섯 살 이하의 어린이들과 어머니 몇 명이 홀 가운데 모여 이야기를 나누고 있다. 지역기관에서 마련한 어머니 모임이 있는 날이다. 어머니들은 주마다 이곳에 모여서 모임을 갖고 아이들을 돌보는 데 필요한 정보를 교환하고 또 함께 할 수 있는 일을 논의한다. 이 다섯 살짜리 아이들에게는 미리 학교 환경에 친숙해질 수 있는 기회가 된다. 자유학교는 어린이와 교사, 학부모가 함께 참여하는 생활공간을 창출하기 위한 것이기도 하며, 그만큼 지역사회의 삶에 깊이 뿌리내리고 있다. 그렇기 때문에 학교는 언제 누구라도 찾을 수 있는 곳으로 인식된다.

덴마크의 다른 학교처럼 이 학교도 국가에서 정해준 교과서가 아닌 교과 담당 선생님이 선택한 교재를 가지고 공부한다. 교재와 교과 내용을 결정하는 것은 전적으로 학교와 선생님 몫이다. 교사는 자신이 가르치고자 하는 것을 가르친다. 정부가 제시한 개괄적인 교육지침이 있기는 하지만 대체로 참조할 뿐이라고 한다. 외국어는 영어와 독일어를 배우는데 영어는 4학년부터, 독일

어느 7학년부터 배운다고 한다. 장애를 가진 학생의 경우 도우미 한 명이 생활 전반을 도와주며, 일반 학생들과 같은 교실에서 함께 공부한다. 수업 이해도가 많이 차이 나면 따로 시간을 내서 강의를 보충하기는 하나 그런 경우는 아주 드물다. 가령 읽는 능력이 뒤처져서 읽는 데 많은 시간이 걸리더라도 다른 학생들과 선생님 누구도 지루해하지 않는다.

아이들은 학교에 마련된 부엌에서 직접 요리를 하기도 하며 담당 학생을 정해서 요리에 필요한 재료를 구입하고 돈을 관리하는 일을 맡아 하기도 한다. 아이들의 생일 파티도 이런 식으로 준비한다.

2. 퓐 학습자료지원센터(Amtscenteret for Undervising, Fyns AMT)

교사들을 위한 학습자료지원센터는 덴마크에 40여 곳이 있으며 정부 지원으로 운영하지만 사립학교 교사도 시설과 자료, 교육 프로그램을 이용할 수 있다. 이곳에는 6세부터 대학에 진학하기 전 연령까지의 학생들을 위한 모든 수업 자료를 비치하고 있다. 센터에 공급되는 자료는 계약을 통해서 저가에 공급된다. 덴마크에서 출판되는 교육에 관련된 거의 모든 자료는 이곳에서 구할 수 있다. 분야 혹은 주제에 따라 차이는 있지만 하나의 교과 혹은 언어에 대해 보통 4~6개의 각기 다른 자료를 비치해 둔다.

덴마크에는 국정교과서 개념이 없다. 학교마다 혹은 개별 교과 선생님의 선호에 따라 교재와 교과 내용의 선택이 가능하다. 어떤 교과목에 대해서 정부의 지침이 내려오긴 하지만, 일반적으로 학교와 학교가 있는 지역의 특성에 따라서 결정한다. 따라서 센터는 선생님들이 교재와 교과 내용을 정하는 데 매우 요긴하며, 사회 전체적으로는 교재의 선택 등에 수반되는 여러 가지 비경제 요인을 줄이는 효과를 낳는다.

잘 정돈되어 있어 쾌적하기까지 한 센터의 분위기는 도서관과 비슷하다. 휴게 공간과 열람용 테이블이 있고 간단한 식사가 가능한 카페테리아도 있다.

센터는 자료의 열람과 대여만이 아니라 자료들을 어떻게 사용할 것인지 안내하는 단기 강좌를 열기도 한다. 강좌 프로그램은 센터의 장이나 카운슬러가 준비한다. 강좌 내용이나 구성을 결정하는 것은 공급자 기반을 원칙으로 한다. 그리고 다른 센터와 정보를 공유하고, 어린이와 교육에 대한 주제로 학자나 교사들의 토론을 거쳐서 무엇이 중요하고 필요한 것인지 결정한다. 대개 회사에서 지원을 해주는 경우가 많고 전문가나 학자들이 강의를 맡는다. 교사들은 센터에서 배포한 안내 책자를 참조하고 관심 있는 강좌를 신청한다. 수강신청은 학교 내의 여건(교사의 수, 담당 업무, 학생 수)을 고려하여 학교장이 결정하기도 한다. 강좌는 대개 주 단위로 편성하며, 한 번에 세 시간 정도 진행한다. 강좌의 내용은 교육 자료에만 한정하지 않는다. 가령 새로 소개되거나 도입된 교육이론을 어떻게 현장에서 적용할 것인지, 연극을 학교에서 어떻게 교육에 이용할 수 있을지, '몸으로 배워요(Move Your Body)' 프로그램 안내를 하기도 한다. 강좌의 내용은 이론에만 치우쳐 있지 않고, 오늘 수강한 내용을 내일 수업시간에 곧바로 적용할 수 있도록 실질적이고 즉각적인 도움을 줄 수 있지만 때로는 이론적인 주제들을 다루기도 한다. 센터는 모든 교과목과 모든 교사들을 대상으로 하며 강좌 또한 그렇다.

또 센터는 교사가 담당 교과목을 바꾸는 경우에도 도움을 준다. 강좌가 끝나면 자체적으로 해당 강좌를 계속 운영할지, 그리고 강좌의 유효성에 대한 전반적인 평가를 한다. 현재 인기 있는 강좌는 인터넷 강좌라고 한다. 이용자 수를 물었더니 시역 내 4백여 개 학교에서 연간 약 2만 명의 교사들이 참석했다면서 통계 자료를 보여주었다. 한 교사가 중복 참여한 경우를 감안하더라도 매우 높은 이용률이다.

공립학교 교사이면서 동시에 센터에서 카운슬러 일을 겸하고 있는 피아(Pia Danielsen)는 면담 내내 열정적으로 자신의 교육관을 피력했다. 배운다는 것은 다른 사람의 말을 같은 상황에 처해 있는 이의 감정을 고려해서 귀 기울여 듣고 자신을 잘 표현하여 협동 정신을 기르는 것이라면서 읽고 쓰는 능력을 기르는 것뿐만이 아니라 좋은 사람이 되도록 하는 것이라고 했다. 그런데 문제는 이런 요소들은 평가할 수 없는 것 아니냐고 하면서 '평가에 미쳐 있는' 정부의 교육 정책을 비난했다. 교육은 자신의 견해를 가지고 자신이 속한 사회에서 원만하게 역할을 수행해 내는 훌륭한 시민으로 자라게 돕는 것이라고 했다. 인간은 수치화가 가능한 상품이 아니라는 것이다.

이 센터의 목적은 인간 정신, 즉 인간의 인격을 고양시키는 것이라고 했다. 그러면서 1993년에 새로 시행된 학교법의 기본 취지를 설명해주었는데 간단히 소개하면 다음과 같다. '교사는 그 무엇도 가르칠 수 없고 오로지 학생 스스로가 배울 수 있을 뿐이다. 교사보다는 학생이 더 중요하며, 학생이 교육의 중심에 있다.' 이는 다른 말로, 모든 사람은 각자의 배움에 책임이 있고, 교육은 교사가 도맡는 것이 아니라(교사한테만 책임이 있지 않다)는 말이기도 하다.

에기디우스 선생님은 현재 덴마크에서는 두 개의 상반된 경향을 볼 수 있는데 하나는 시험을 더 강조하는 경우이고 다른 하나는 인간성이나 사람 됨됨이를 더 강조하는 것이라고 했다. 그런데 현재는 시험을 선호하는 사람들이 주도권을 잡고 있는 것처럼 보인다고 말했다. 잘 가르친다는 말은 교실 안에 있는 학생들의 정신(영혼)을 얼마나 잘 읽어내는가를 의미한다고 했다. 모든 사람은 똑같이 존엄하며, 경쟁보다는 수용과 도움이 필요하다는 점을 아는 것이라고 강조했다. 이 경우 통제보다는 신뢰 구축이 더 필요한데 신뢰는 학생을 믿고 존중함으로써 생겨나고, 통제는 불신과 권위주의적인 발상에 근거할 뿐이라면서 신뢰 구축을 강조했다. 장애를 가진 학생들에 대한 생각을 물어봤더니 피아 선생님은 장애와 그로 인한 차이는 인정하되, 그 차이가 문제되지 않는 상황을 만드는 것이 중요하다고 했다. 선생님은 모든 사람이 각자 고유한 영역이 있고 그러한 각각의 개인들이 상호 보조하면서 살아가야 한다는 원리, 즉 보완적인 역할을 강조했다. 나아가 학생이 창조적인 인격체, 적극적이며 책임감 있는 인간으로 자랄 수 있도록 해야 한다고 말했다.

자유중등학교 학생들

3. 베스터댈 자유중등학교(Vesterdal Efterskole)

　자유중등학교는 공·사립을 통틀어서 15세에서 17세의 의무교육 과정을 마친 학생들이 기술직업학교(Technical School)나 김나지움(Gymnasium)에 입학하기 전에 다니며, 공립학교에서 10학년 과정을 마친 것과 같은 학력 인정을 받는다. 덴마크 전체 학생 중에서 40%가 자유중등학교에 다닌다고 한다. 특히 퓐(Fyn)지역은 50% 이상의 입학 비율을 보여주는데 이는 퓐에 다른 지역보다 더 많은 자유학교와 자유중등학교가 있기 때문이다.

　한 학기는 10개월이며, 기숙사 생활을 원칙으로 한다. 덴마크에는 체육, 음악, 국제협력, 체스, 조각 등을 특성화한 자유중등학교가 많은데, 이 학교는 종합학교이며, 특정 교과목을 특화해서 가르치지 않고 전반적인 자기 계발을 교육 목표로 하고 있다. 전체 학생은 98명으로 남학생이 32명이고, 여학생은 66

명이다. 교사는 모두 14명이며 관리인 3명이 있다. 학생들은 1년에 2주씩 부엌 청소와 음식 분배 등의 일을 돕는다. 하루 6인 1조로 일을 한다. 수업은 크게 오전과 오후로 나뉘어 진행되며 오전에는 필수과목을 듣고 오후에는 선택과목을 듣는 것이 일반적이다. 매년 8월에 새 학기가 시작된다.

교과 내용은 개인과 사회, 철학, 심리학 등이 있으며 다시 필수와 선택으로 구분된다. 창조적 활동, 즉 체육, 음악, 연극, 수공예, 조각, 양재와 재봉 같은 교과목들은 대개 3주에서 5주 정도로 개설되어 있다. 그밖에 영화, 비디오, 컴퓨터, 홈페이지 작성 등을 배우는 미디어 프로젝트가 있는데, 이 경우 기술이 사회에 미치는 영향을 반영하는 것이라고 할 수 있다. 많은 학생들이 미디어 프로젝트를 듣기를 원하는데(공립학교보다 이 학교를 선택하는 이유이기도 하다), 학교에서는 그런 욕구에 부응하기 위해 노력한다.

학기 초에 학생 스스로 교과를 선택하고 지도교사를 소개받는다. 그래서 첫 출발이 매우 중요하며 자칫하면 학기 내내 덜거덕거리기 쉽다. 또한 학교의 생활방식을 익히고 일상화하는 데 교사의 역량이 매우 중요하며, 최초 몇 주는 고도의 인내심과 면밀한 대화가 필요하다.

이 학교의 기본 철학은 학생 스스로가 참여하고, 스스로가 책임을 지는 것이다. 즉 학교(학생과 교사)가 주체가 되어 할 일을 조직하고, 그에 책임을 지면서 일을 잘해 나갈 수 있는 방법을 만들어 낸다. 이 학교의 목표는 학생들이 지역사회에서 책임감을 갖고 행동하도록 깨우치는 것이다. 학생으로 하여금 일상생활을 자유롭게 영위하고 동시에 책임감을 갖게 함으로써 학교는 사회생활을 익히기 위한 배움터이자 작은 사회가 된다.

오전 9시쯤 학교에 도착해서 교장선생님으로부터 학교의 운영 지침과 특징에 대해 위와 같은 간단한 소개를 들은 후 10시 30분부터 50분까지 강당에서 진행된 학생 전체모임(이 학교에서는 gathering이라고 부른다)을 참관했다. 노래 한 곡을 합창한 뒤 교장선생님이 손님인 우리를 유념한 듯, '만남의 어려움'이 주제인 시 한 편을 낭송하고 우리를 소개했다. 그리고 다시 합창과 간단한 공지시항 전달을 끝으로 바로 수업이 시작되었다.

오전 2교시 물리와 수학 시간부터 수업 참관을 했다. 이 과목은 연계교과(Cross Subject) 수업으로 전체적인 진행과정을 간단히 설명하자면 이렇다. 학생은 2인 1조로 선생님이 제시한 주제들 가운데 관심 있는 것을 택해 자료 조사와 연구, 발표문을 준비해서 최종 발표를 해야 한다. 필요한 경우 선생님의 지도를 받을 수 있다. 발표가 끝나면 다른 학생들의 질문을 받고 선생님의 논평이 이어진다. 따라서 교과서는 불필요하다. 수학과 화학을 담당하고 있는 두 명의 교사가 교실에 들어와 있었다. 수업은 화학물질이 어떻게 만들어지며, 그 성분은 무엇인지 발표하면서 동시에 실험도 진행되었다. 실험 재료도 설탕, 이스트 등 생활 주변에서 쉽게 구할 수 있고 실제 쓰이는 것들이다. 수업을 준비한 두 명의 여학생은 발표문을 읽고, 칠판에 판서하고, 토론도 하고, 다른 학생들의 질문을 받고, 실험도 진행하면서 수업을 이끌고 있었고, 선생님은 이따금씩 적절한 설명을 하거나 실험을 돕고 있었다. 이때 선생님의 설명도 발표 내용이나 질의에 대해 옳고 그름을 지적하는 것이 아니라, 어떻게 하면 더욱 명확하게 설명을 할 수 있을지 조언하는 수준이다.

연계교과 수업의 효과는 이렇다. 가령 어떤 조에서 유기화학과 천문학이 뒤섞인 내용을 발표한다면 이 과정에서 필연적으로 빛과 소리의 관계에 대한 문제가 제기될 것이다. 또 실험을 하는 중에 수학적으로 해결해야 하는 문제가 발생할 수 있다. 결국 만족스러운 문제 해결을 위해 두 교과의 지식과 문제 해결 방식을 총동원해야 한다. 그런 식으로 문제를 해결해 가면서 두 교과목이 별개가 아니라 밀접하게 연관된 것을 실감하게 된다. 더불어 그 과정에서 그들이 실험 재료로 쓰는 물질을 발견한 일화 같은 정보를 접하면서 학생 스스로 인식체계와 폭을 확장시켜 나가는 것이다. 이는 통시적이고 공시적인 인식 혹은 사유가 아우러지는, 전일적(全一的, holistic) 문제 해결 방식이라고 할 수 있다.

이어서 컴퓨터를 이용해서 학교 홈페이지를 만드는 아이들을 만나고, 독일어와 불어 수업을 하는 교실도 들렀다. 수업이 끝나고 식당에서 점심을 먹고 나서 교장선생님이 학생들에게 온 우편물들을 하나하나 손수 전달해주며 덕담을 주고받는 모습도 볼 수 있었다. 마침 생일을 맞은 두 학생의 생일 축하 파티도 조촐하게 열렸다. 그러고 나서 학생들끼리 이런저런 말을 주고받는 장면이 이어졌다. 물어보니 전체 학생들 혹은 특정 학생에게 하고 싶은 말을 하는 시간인데, 단순한 불만 토로, 특정 일에 책임을 지고 있는 학생들의 시정요구 발언부터 시작해서 마음속에 쌓아 둔 오해와 그에 대한 해명에 이르기까지 각양각색이다. 이런 과정을 통해 마음에 쌓인 감정을 분출하고 학생들 사이의 관계도 원만하게 구축될 수 있겠다는 생각이 들었다.

4. 자유교원대학(Den Frie Lærerskole)

이 학교는 올러룹(Ollerup)에 있으며, 자유학교와 공립학교에서 일할 교사를 양성하는 사립 교원양성기관이다. 일반적인 대학교육만으로도 교사를 양성할 수 있으나, 이 학교는 그룬트비와 콜의 교육이념과 실천에 기반하여 교사를 양성하는 학교다. 국공립인 교원대학과 사립인 자유교원대학은 동일한 교수법을 가르칠 수 있지만 이 두 학교가 결정적으로 다른 점은, 교과목 선택에 자유가 있고, 졸업시험이 없다는 것이다. 국가사범학교의 경우 교수 과목에 대한 지침이 내려오고, 일정한 범위 안에서 시험 준비를 해야 한다. 그러나 이 학교는 학교와 교수, 학생이 어떤 교과목을 어떻게 배우고 가르칠 건지 토론을 통해 결정한다.

초창기는 농촌 출신 학생이 많았는데 1960~70년대를 거치면서 도시 출신으로 현장 경험도 많은 학생들이 들어왔다고 한다. 현재 입학하는 학생의 평균 연령이 22세 정도인 반면 당시에는 26세로 지금보다 높았다. 또한 초창기 학생들은 1960년대 학생운동의 여파로 매우 비판적이었고 전통적인 농본주의적 가치에 반발했으며 정치의식이 아주 강했던 반면에, 지금 학생들은 제도나 사회의 변혁보다는 좋은 교사가 되려고 하며 교과의 이론과 실제를 조합하는

바이킹 배를 건조하는 자유교원대학 작업장. 이 배는 두 학생이 건조했다.

법을 배우는 데 목표를 둔다고 한다. 초창기 학생들이 정치적으로 동기화되었다면 현재는 교육적으로 동기화되었다고 말할 수 있다.

교육학 이론 수업은 그룬트비의 교육 이론을 중심으로 하며, 역사 과목은 의무적으로 2년을 수강해야 한다. 그 밖에 종교(기독교)와 언어(덴마크어)를 가르친다. 또한 연극과 공연, 야외 체험 학습과 활동과 함께 영화나 비디오, 컴퓨터 같은 매체를 이해하고 사용하는 법도 가르친다. 한 학급당 학생 수가 이전에는 16~18명이었는데, 현재는 26명으로 늘어나서 대화나 조 짜기, 토론에 어려움을 겪고 있다고 한다.

수업의 시작은 교사가 학습계획을 먼저 제시한 후, 이에 대한 학생들의 토론을 거쳐 최종적으로 결정한다. 요즘은 학생들이 교사의 견해를 쉽게 받아들이고, 적극적으로 의견을 개진하지 않고 그대로 따라가려 하기 때문에 교사가 학생의 참여를 이끌어내기 위해 노력하는 것이 중요하다고 한다. 실제 수업은 2주의 준비 기간 동안 과제를 수행한 후, 하루는 해당 주제에 대한 담당 교사의 개관이 있고 그 후 이틀에 걸쳐 세 명의 학생이 발표를 하는 식으로 진행된다. 이 과정에서 학생들은 대체로 적극적이며 정규 수업시간에 배운 것으로는 모자라다고 생각하는 학생은 개별적으로 심화학습을 한다.

역사과목을 예로 들면 역시 여기서도 교과서가 출발점이 아니다. 나와 가족의 이야기로 시작해서 점차 범위를 넓혀가면서 자연스럽게 지역의 역사로, 나아가 국가의 역사로 발전해간다. 실제로 이런 수업 내용을 짐작케 하는 게시판이 현관에 세워져 있었다. 게시판에는 현재 재학 중인 학생의 가계를 추적하면서 이 학생의 가족이 지역사회와 어떤 관계를 맺고 살아왔는지를 사진 자료를 근거로 명료하게 정리하고 있었다. 이렇게 해서 역사는 추상적인 단어들의 나열이 아니라 실감할 수 있는 살아 있는 사실로 다가오는 것이다.

예술도 실용적인 소재와 용도를 가장 우선적으로 고려하고 협동하는 과정의 중요성을 강조한다. 음악은 철저하게 유희적인 측면을 강조한다. 강당에서 연극 연습을 하는 학생들, 도예실에서 도자기 그릇을 만들고 있는 학생들, 학교 건물 이곳저곳에 구비되어 있는 악기를 연주하는 학생들을 보며 이를 실감할 수 있었다.

5. 감회

학습자료지원센터에서 면담을 하던 중 에기디우스 선생님은 피아 선생님이 자유학교나 시민대학에서 일하고 있지는 않지만, 그가 하는 말은 자유학교와 시민대학에서 지향하는 교육과 모두 같은 맥락이라고 했다. 어쩌면 선생님은 그룬트비의 교육철학을 기반으로 구축된 자유학교와 시민대학의 교육 전통이 그만큼 덴마크 사회 깊숙이 파고들어, 덴마크 사람들의 내면에 그런 가치가 전반적으로 공유되고 있다는 점을 지적한 것인지 모른다.

19세기 중엽 이후 덴마크 전역에 걸쳐 세워진 자유학교나 시민대학의 꾸준한 성장과 지속, 그리고 다른 무엇보다도 이 사회의 안정성과 건강함이 증명하는 것처럼, 그룬트비의 교육철학과 영향력은 덴마크 사회의 다른 교육 전통들과 영향을 주고받으면서 이 사회 특유의 교육관과 가치관의 전통을 형성해 왔다. 덴마크 교육은 경쟁력을 확보하기보다 사회적 가치의 고취를 지향해 왔으며, 개인의 개별적 성공보다는 원만한 인간관계의 형성을 통해 사회 구성원 전체의 조화로운 삶을 영위하는 데 목표를 두고 있다. 이런 가치 지향성은 자유교원대학 선생님의 말을 들으면서도 확인할 수 있었다.

면담을 마무리하면서 선생님께 자유학교나 자유중등학교, 시민대학, 자유교원대학에서 공통으로 전제하고 있는 '자유frie'와 '평민적folkelig'이라는 말의 의미를 어떻게 규정하는지 물어보았다. 한 선생님은 자유에 대해서 이렇게 말했다. "그것은 과거가 아닌 현재에 우리가 배워야 할 것이 무엇인가를 선택하는 자유다. 그것은 학부모와 교사 그리고 학생들이 토론을 거쳐 결정하고 또 수행할 권리로, 우리가 하고 싶은 일은 우리 스스로 결정하는 것으로 구체화된다. 나아가 자유는 우리 사회를 발전시키는 데 참여하는 것이며 동시에 위로부터, 즉 국가로부터의 구속에서 자유로운 것까지를 포함한다." 바로 이 과정에서 자율과 책임성이 강조된다는 것이다.

또한 통상적인 의미로는 한국어로 번역이 불가능한 'folkelig'라는 말에 대해서는, 성인으로서의 권리와 책임에 대한 말이라고 정의를 내렸다. 개인으로서나 사회의 한 구성원으로서나 모든 사람은 하나의 인격체로 살아갈 권리를 갖는다는 것이다. 그는 이 말이 다른 사람들과의 동료애 가운데 그리고 공동체(사회) 속에 우리가 있으며, 우리는 어디까지나 사회의 한 성원으로 존재한다는 사실을 일깨워 준다고 말했다.

덴마크의 교육이념, 특히 자유학교와 자유중등학교, 시민대학 같은 사립학교들의 핵심적인 교육이념은 삶을 위한 학교(School for Life)로 축약할 수 있다. 이는 현대 기술문명에 대한 태도에서도 확인할 수 있었는데, 방문했던 학교와 기관이 공통적으로 컴퓨터를 비롯한 첨단매체를 배우고 익힐 수 있도록 교과과정을 마련해 두고 있었지만, 삶을 위한 것이지 우리처럼 국제경쟁력 강화를 위해 인터넷 강국이 되어야 한다는 구호성이 아니다. 그러는 한편 덴마크의 역사와 문화, 언어를 배우고 익히는 시간을 함께 마련하고, 이 과목은 필수적으로 듣게 하고 또 수공예, 연극, 체육 활동 등 몸을 움직이게 함으로써 학생들로 하여금 자신의 사회적·역사적 정체성을 망각하고 기술 문명에 지나치게 경도되지 않도록 한다. 이렇게 '삶을 위한 학교'는 지금의 삶과 공부, 전통과 현대가 맞물리는 교육으로 구체화되고 있었다.

모든 교육적 행위와 학습 과정에 학생이 인간으로서 누릴 수 있는 권리로 자유가 주어지지만, 학교생활을 원만하게 보냄으로써 학생 스스로 '나는 내가 속해 있는 공동체의 한 성원이다'는 사실을 자각하고 함부로 행동하지 않는다. 교육에 자율, 권리, 책임을 함께 고려한다는 말이다. 약 200년간의 덴마크 근현대사를 통해 확인할 수 있는 덴마크 사람들의 권위에 대한 뿌리 깊은 저항의 힘 또한 이런 교육 속에서 습득한 것이리라.

또 이들 자유학교에는 시험이 없다. 시험을 보지 않는 것은 학교생활 전반에 광범위한 영향을 미친다. 우선 시험을 보지 않음으로써 개별 교과목 공부 자체에 대한 즐거움을 추구할 수 있게 된다. 학생들은 자신의 관심사와 소질을 발견할 기회를 더 많이 갖게 되고, 친구들과의 관계를 원만하게 유지할 가능성이 훨씬 많아진다. 가령 내가 살펴본 학교에서는 정규 수업 이외에 학교 전체 구성원들이 함께하는 시간을 상시적으로 마련하는데, 수업 전후나 식사시간 전후에 짬을 내서 수업시간에 배웠던 것을 보여주고 모두가 공유한다. 마임이나 짤막한 연극 공연, 그리고 합창을 하면서 학교생활이 나 개인만의 것이 아니라는 점을 느낄 수 있다.

마지막으로 내게 가장 인상적이었던 것은 덴마크 학교제도에서 확인할 수 있는 다양성이었다. 공립학교는 논외로 하고 사립학교만 보더라도 자유학교, 자유중등학교, 시민대학, 직업기술학교 등 다양한 교육이념과 목적, 교수법을 지향하고 실천하는 학교나 교육기관들이 공존하고 있다. 게다가 한 학교에서 다른 학교로 이동이 자유롭고 학력 인증을 받는 것도 쉽다. 이런 교육제도 속에서 성장하면서 학생들은 선택의 자유를 누리는 동시에 다양한 가치관을 접하게 되고, 그 과정에서 스스로 가치 다양성을 습득하게 될 것이란 생각이 들었다. 실제로 자유중등학교에서 만난 학생들에게 왜 이 학교를 택했는지를 물었더니, 한 여학생은 이 학교가 자신의 지난 시간을 되돌아보고 앞으로의 진로 선택에 대해 차분하게 생각해볼 시간을 마련해준다고 생각했기 때문이라고 답했다.

덴마크 사회에서 교육은 그 형식에서 보았을 때도 전체적으로 삶의 과정을 중시하고 있으며, 내용 또한 추상적이며 모호하지 않고 몸으로 느끼고 일상 속에서 올바른 습관으로 정착되도록 하는 교육이란 느낌을 받았다. 여러 학교를 방문하면서 만난 학생들의 자신감 있는 태도와 표현 능력, 학교와 사회에 대한 자부심이 살아 있는 증거였다. 새로운 가치관과 언어는 입으로 중얼중얼 외우기만 하면 되는 것이 아니라 삶 속에서 실천하고 재해석하면서 만들어나가는 것이라는, 결코 새로울 것이 없지만 우리의 현실에서는 너무나 머나먼 이상으로 남아 있는 이치를 새삼스럽게 확인한 기회였다.

위대한 평민을 기르는
덴마크 교육 기행

교육원정대

설날 아침 인천공항에 덴마크 교육기행에 함께하는 교육원정대가 모였다. '교육원정대'란 이름은, 판타지 영화 〈반지의 제왕〉에서 따왔다. 어수룩하지만 참된 진리와 평화를 위해 길을 떠나는 호빗족 소년 프로도와 샘. 함께 길 떠나는 선생님들에게서 반지원정대의 순수한 열정을 느끼면서 교육원정대란 이름이 참 잘 어울린다 생각했다.

비행기 좌석에 앉자 열심히 덴마크 교육 자료를 읽는 선생님들의 모습이 사뭇 진지하다. 교육원정대 여정은 이미 시작되고 있었다. 나는 남한산초등학교 선생님과 이야기를 나누었는데, 건축 커뮤니티가 인상적이었다. 6개월간 교사, 학부모, 건축 전문가가 함께 학교 건축을 고민하고 실행했단다. 아이들에게 학교 그림을 그려 보게 하는 배려, 작은 학교에서 싹트고 있는 잠재력을

이호훈 밀알두레학교 교목. 이 글은 2004년 1월 22일부터 일주일 동안 덴마크 오덴세 지역의 공립학교와 자유학교를 방문한 기록이다. 이 기행은 감신대 송순재 교수와 덴마크 자유교원대학(DFL) 에기디우스 교수가 기획하고, 한국의 초·중·고 현직 교사와 교장, 교육위원, 교육학 교수, 기자 등 19명의 다양한 사람들이 참여했다. 영어 통역은 양은주 교수(광주교대)가 맡았다.
이 기행문은 탐방한 학교 순이 아니라, 독자들이 이해하기 쉽게 크게 공립학교와 자유학교로 나누고, 자유학교는 다시 자유학교, 자유중등학교, 자유교원대학, 시민대학, 시민단체 순으로 다시 정리한 것이다.

자유중등학교 학생들

느꼈다. 이야기를 나누다 보니 어느덧 덴마크에 도착했다.

덴마크는 작은 나라이지만 제약, 디자인, 쓰레기 처리, 원자력, 발효기술로 유명하다. 특히 건축 디자인은 세계적이라 할 수 있다. 서해대교, 인천공항 소음처리 등, 우리나라에도 기술을 일조한 것으로 알려져 있다. 우리에겐 칼스버그 맥주, 레고 장난감으로 더 유명한 나라기도 하다. 자동차 가격이 세계에서 최고로 비싸지만 어디든 자전거 전용도로가 있다. 심지어 자전거 주차장, 자전거 신호등까지 있다. 덴마크 국민들은 세금을 무려 45~80퍼센트까지 낸다. 복지, 교육제도가 잘 갖춰져 있어 자식 교육에 큰돈이 들고 노후가 불안한 우리네 사정과 달리 저축의 필요성을 느끼지 못할 정도인 곳이다. 거기다 백 년 전에 이미 여성 계몽운동이 일어나 여성들의 사회참여와 여권은 세계 어느 나라보나 높다. 덴마크 여성의 거의 백퍼센트가 일자리를 갖고 있고, 장관 중 60

퍼센트가 여성이다.

  덴마크에는 산이라 할 만한 데가 없다. 가장 높은 지대가 해발 152미터이니, 말 그대로 넓은 평지로만 이루어진 땅이다. 때문에 국토 면적은 우리나라보다 작지만 사람이 거주할 수 있는 공간은 훨씬 넓은 셈이다. 덴마크 인구는 약 530만 명쯤이다. 그중 의무교육(6~16세)을 받는 아이들이 60~70만 명 정도인데, 87퍼센트가 공립학교에 다니고, 약 13퍼센트 정도가 자유학교에 다니고 있다. 자유학교는 다양한 유형의 민간 교육기관을 가리킨다. 정부의 교육정책에 영향 받지 않고, 자체 교육철학과 목표에 따라 교육과정을 운영하는 대안학교이다. 2010년 현재 덴마크에는 6~14세 어린이를 위한 자유학교(자유학교협회 소속)가 260개, 14~18세 청소년을 위한 자유중등학교가 262개, 18세 이상의 성인을 대상으로 하는 시민대학이 약 74개 정도 있다.(www.friskoler.dk / www.efterskole.dk / www.folkehojskoler.dk)

1. 덴마크 공립학교의 현황

1) 칼 닐슨 스콜렌(Carl Nielsen Skolen)

  1960년대에 세워진 칼 닐슨 스콜렌 공립학교는 우리나라의 초등학교와 중등학교를 통합한 학교라고 보면 된다. 230명의 학생과 17명의 교사가 있다. 우리가 학교에 들어서자 교장선생님과 교감선생님이 반갑게 맞아주었다. 교감선생님은 먼저 덴마크 교육현황에 대한 설명과 함께 간단히 학교를 소개했다.

  덴마크 아이들은 보통 6~7살 정도가 되면 유치원(Kindergarten)에 간다. 유치원을 졸업한 아이들은 공립학교로 진학하는데 이 학교는 7~15세 아이들이 공부하고 있다. 이어서 학교 시설 이곳저곳을 둘러보다가 교실을 보았는데 파티션으로 구분이 되어 있어 학년 간 통합교육을 할 수 있게 만들어 놓아 흥미를 끌었다. 특별교과인 미술, 실과, 목공, 가정(바느질) 수업은 교실이 따로 마련되

교실이 접이식 칸막이로 나뉘어 있다

어 있었다.

한 학급은 22명인데 27명이 넘으면 반을 나눈다고 했다. 모든 아이들이 교실에서 한꺼번에 수업을 받는 것이 아니라 10명은 수업을 듣고, 5명은 도서관에서 책을 읽고, 3~4명은 인터넷으로 자료를 찾고, 2~3명은 교실 밖에서 인터뷰를 하는 등 개별 교육과정에 따라 움직이고 있었다.

엘리트 양성이 목표가 아닌 성숙한 민수시민 양성을 위한 공립교육

덴마크 학교법은 1814년에 제정되었으며 덴마크 공립학교 교육은 무려 200년의 전통을 갖고 있다. 모든 어린이들은 9년(6~15세) 동안 의무교육을 받는데 학교에서 아이들이 무엇을 배워야 하는지 모두 법으로 정해져 있다. 국어(덴마크어), 외국어, 수학은 모든 아이들이 공통으로 배우는 과목이다. 국어와 외국어를 통해 우리의 언어와 문화, 덴마크 주위를 둘러싼 유럽의 언어와 문화를 배운다. 제1외국어는 영어이며, 3학년 때부터 가르친다. 제2외국어는 독어와 불어로 7~9학년까지 가르친다. 오늘날 덴마크 아이들은 인터넷을 통해 영어와 더욱 친근해졌다.

덴마크 교육은 두 가지 목표를 가지고 있다. 하나는 지적 능력 향상이고 다른 하나는 성숙한 민주시민을 기르는 것이다. 특히 민주주의 사회에서 사는 방법을 중시한다. 예를 들어 학교에서 내리는 의사결정에 학생들의 참여를 높이고, 토론중심의 수업을 진행하며, 학생회나 소그룹 활동에서 민주주의가 무엇인지 경험하게 한다. 모든 학급에서는 두 명의 학생을 선출해서 학생회(Pupils' Council)에 보낸다.

학부모의 높은 참여와 수행자인 교장의 역할

모든 학급에는 담임교사가 있는데, 학급에서 이루어지는 전 과정을 총괄한다. 초등학교 법은 교사와 학부모가 함께 협동하도록 규정하고 있다. 이 법은 초등학생들이 꼭 배워야 할 것을 가르치는 것은 학교의 책임이자, 학부모의 책임이라 정하고 있다. 그래서 학교에서는 학부모와 캠프나 학부모 행사 같은 것으로 자주 회합을 갖는다. 학부모들은 그런 모임에서 학급에서 일어나는 모든 일에 대해 질문할 수 있다. 자기 자녀들과 수업에 대해, 또 학교에 대해서도 의견을 개진할 수 있다. 교사와 학부모의 협동구조는 반드시 학생들의 이익을 증진하기 위한 목적으로 조직되어 있다. 학부모들은 1년에 두 번 선생님과 인터뷰하는 시간을 갖는데, 그때 자녀들의 개인적 문제에 대해 상담한다. 이때 자녀들이 학급에서 문제를 일으키지는 않는지, 학습 태도는 어떤지, 친구들과의 관계는 어떤지 이야기를 나눈다. 전체 학부모 모임에서는 학교의 교과 및 활동에 대해 안내한다. 학급 단위의 학부모회는 일 년에 두 차례 열린다. 이런 식으로 학부모가 학교의 모든 일상에 영향을 미칠 수 있는 기회가 다양하게 주어진다.

모든 학교에는 학부모 대표들이 구성원으로 참여하는 '학교위원회(School

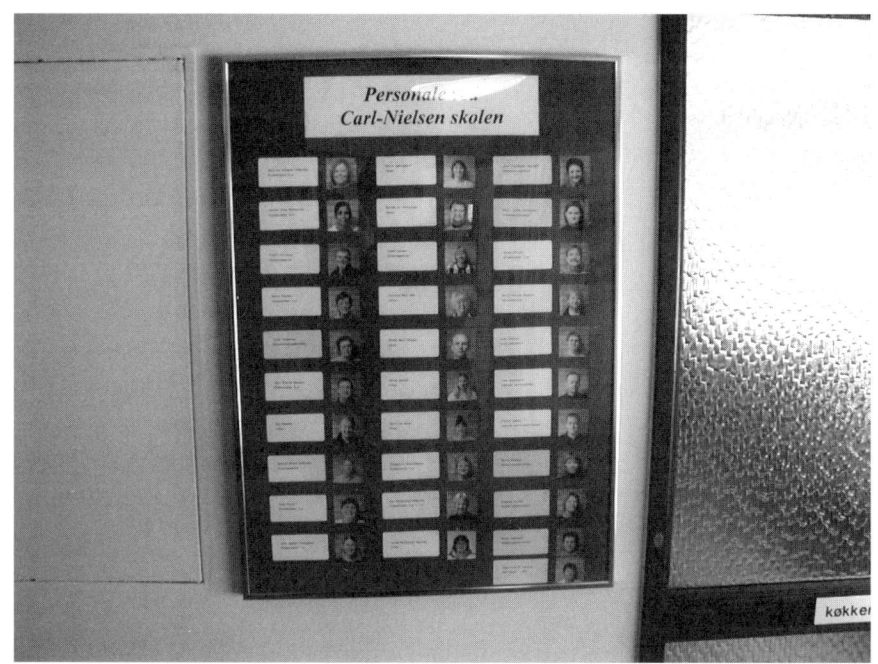

학교 현관에 전체 교사들의 사진과 이름이 붙어 있다

Board)'가 있다. 이 위원회는 학부모 7명, 교사 2명, 학생 2명, 교장으로 구성되며 의장은 학부모 후보 중에서 뽑는다. 학부모위원 선거는 4년마다 한 번씩 치르는데 모든 학부모가 여기에 참여할 수 있다. 교장은 투표권한이 없다. 교장의 역할은 학교위원회의 의사결정 과정이 잘 진행되고 완료될 수 있도록 비서역할을 할 뿐이다. 만약 교장이 봤을 때 위원회의 의사결정이 교육법적으로 옳지 않다고 판단되면 '지역교육위원회'에 탄원할 권리가 있다. 실상 교장은 모든 아이들의 교육을 총체적으로 책임지는 사람이기 때문이다.

각 학급은 학급의회를 통해 학교의 의사결정에 참여할 수 있다. 아이들은 학급의회에서 캠프를 어떻게 진행할지 지역사회 활동에 어떻게 참여할지 토론한다. 교사는 토론이 잘 진행되도록 돕는다. 이런 민주적인 의사결정을 학교의 모든 일상적 과정 속에서 실천하려면 상당히 많은 시간과 노력이 필요하다. 이런 과정이 갖는 의미는 (각기 다양한 필요와 관심을 갖는) 모든 사람이 이야기할 권리를 인정하는 것이다.

교장선생님은 항상 열린 입장을 취한다. 학부모는 정식으로 약속을 하고 교장선생님을 만나기도 하지만, 그냥 수다를 떨러 오기도 한다. 또 선생님들도 학부모들과 편하고 자유롭게 전화하거나 이야기를 하고, 자기 의견을 개진할 수 있다.

자유학교가 처음 시작된 이 지역에는 30퍼센트 정도의 아이들이 자유학교에 다닌다고 했다. 덴마크 전체에서 자유학교에 다니는 아이들이 13퍼센트에 불과함을 감안할 때 매우 높은 숫자다. 그만큼 륀델세 자유학교의 정신과 이념이 충만한 도시였다. 해마다 자유학교의 정원에 따라 칼 닐슨 스콜렌 공립학교 학생 수가 영향을 받고 있다고 했다.

우리를 안내해준 에기디우스 교수의 말처럼 덴마크에서는 교육이 의무이지, 학교에 가는 것이 의무가 아니다. 자녀교육의 의무는 학부모에게 있기 때문에 자유학교든 공립학교든 어디든 괜찮다고 했다. 매우 드물긴 하지만 아이를 집에서 부모가 가르치는 것도 아무 문제가 없다. 하지만 어느 학교에서 배우든 모든 아이들은 9학년(15세)이 되면 국가에서 실시하는 졸업시험을 치러야 한다. 졸업시험을 치르고 아이들은 우리나라로 치면 고등학교 과정에 해당하는 직업학교(Vocation School), 기술계 학교(Technical School), 상경계 학교(Commercial School), 인문계 고등학교(Gymnasium) 중 하나를 택해 진학한다.

Q : 학교위원회가 하는 구체적인 일은 무엇인가요?

A : 설명하기 어려운 부분이 있긴 하지만 대강 말씀드리자면, 학교위원회는 법령에서 정한 것을 학교가 제대로 하고 있는지, 학교가 경제적 측면에서 운영은 잘 하고 있는지 살피고, 세부적인 학교규정을 정하거나 지역정부에 대해 발언하기도 합니다.

Q : 학교위원회 안에서 학생들의 역할은 무엇인가요?

A : 학급마다 2명씩 대표를 뽑아 학생위원회를 구성하고, 학생위원회에서는 학교 위원회에 참여할 2명의 대표를 선출합니다. 학교위원회 활동이 아이들에게 어렵게 느껴질 수 있기 때문에 때로는 과정 중 일부분에만 참여하는 경우도 있습니다. 하지만 중요한 것은 학생들을 참여시킨다는 사실입니다. 그러나 저학년의 어린 학생들은 위원회에 참여하지 않습니다. 학교위원회에 참석하는 아이들은 대개 고학년인 5~9학년 아이들입니다.

Q : 1학년에서 9학년 사이의 연령차가 큰데 이 차이에도 불구하고 아이들은 어떻게 조화를 이루나요?

A : 담당교사 한 사람이 학생위원회의 모든 활동을 쫓아다니며 도움을 줍니다. 선생님은 학생들이 의견을 개진하고, 의장을 선출하는 방법과 과정을 가르쳐 줍니다. 이런 과정 자체가 산교육이 되는 셈입니다. 결국 이 과정을 통해 학생들은 사회에 나아가 시민으로서 해야 할 참여와 의사결정 과정을 배우게 됩니다. 다시 말해 사회 속에 존재하는 세대차를 극복하고 조화를 이루는 법을 학교에서 배우는 것입니다.

Q : 학부모와 학생 사이의 갈등 상황이 발생할 경우 어떻게 해결하나요?

A : 최종 결정은 투표로 하지만 대부분 대화를 통해 합의를 이룹니다. 저는 16년 동안 학교에 있었는데 합의에 이르지 못해 투표를 한 적은 딱 한 번 있었습니다. 토론과 대화는 덴마크의 문화적 전통이라 할 수 있습니다. 그때 우리가 투표를 하긴 했지만 그 과정은 대단히 훌륭했던 것으로 기억합니다. 최종적인 결정사항에 대해 모든 사람이 책임을 공유한다는 점이 중요합니다. 그리고 갈등상황일수록 교장은 의견을 말할 수 없게 되어 있습니다.

Q : 특수아동 교육은 어떻게 합니까?

A : 덴마크에도 소수이지만 장애아동들이 있고, 학습부진아가 있습니다. 장애가 심한 아이들의 경우 특수학교에 갑니다. 하지만 대부분은 보통학교를 다

닙니다. 법적으로 모든 교사들의 가르침은 개별 아동을 출발점으로 삼습니다. 예를 들어 한 반에 22명의 아이들이 있다면 교사는 22개의 교수-학습 과정을 진행합니다. 그렇기 때문에 학습이 부진한 아이들도 모두 보통학교에 다닙니다. 교실에서 보조교사가 도움을 주기도 합니다. 또는 특수교사가 아이들을 위해 특별 프로그램을 운영하거나 특별반을 둬서 어려움이 있는 아이들을 보충수업 등으로 돕는 경우도 있습니다.

Q : 교장 선출(자격)과 임용 방식은 어떤가요?

A : 교장(교감)은 누구든 채용 공고를 보고 지원하여 임용될 수 있습니다. 교장이 되고 싶은 교사들은 행정 코스를 미리 공부하면서 보통 4~5년 정도 준비기간을 갖습니다. 하지만 교장은 교사 자격증이나 교원 재직 연수와는 상관없이 교육행정과정을 이수한 사람이라면 누구나 될 수 있습니다. 대개 지원할 때의 자기진술서(statement)를 보고 면접을 봅니다. 학교위원회가 최종 결정을 하면 지역교육 담당자가 최종 승인을 합니다.

Q : 교장이나 교감도 수업을 하나요?

A : 지역구에는 4개 학교가 있습니다. 지금까지 각 학교마다 교장과 교감이 있었는데 올해부터는 두 학교만 교장을 두었습니다. 교장과 교감은 물론 수업도 해야 합니다.

Q : 공립학교에서 자유학교로 자유롭게 전학이 가능한지, 자유학교와 공립학교 간의 교류가 있는지요?

A : 물론 전학이 가능합니다. 한 지역 안에 있는 자유학교와 공립학교 교사들은 서로 잘 알고, 함께 작업을 하기도 하고, 공립학교에서 자유학교 아이들을 초대해 함께 공부도 하면서 교류가 자연스럽게 이루어집니다. 어떤 면에서 자유학교나 공립학교나 아이들을 바라보는 관점은 비슷합니다. 자신이 원하는 것을 선택해서 살아가는 것, 이것은 수백 년 동안 다져온 덴마크 교육의

전통이라고 할 수 있습니다.

2) 베스퓐스 김나지움(VestFyns Gymnasium)

김나지움은 3년제 인문계 고등학교를 말한다. 덴마크에는 인문계 고등학교(상경계를 제외한 순수 아카데믹한 스쿨, Upper Secondary School)가 약 150개가 있다. 우리가 방문한 베스퓐스 김나지움(VestFyns Gymnasium) 교장선생님을 만났다. 10년 동안 이 학교에서 일한 교장선생님은 덴마크어와 영어로 된 안내 책자를 나눠주며 학교를 소개하고 파워포인트로 학교 일과를 설명해주었다.

"이 학교는 1959년 설립되었습니다. 여러분이 계신 이 새 건물은 1978년에 지었지요. 처음에는 사립학교로 시작했고, 그다음에는 지역사회 소속이었다가 지금은 지역구에 소속되어 있습니다. 이 지역구에는 김나지움이 12개 있습니다. 올해 우리 학교 재학생은 350명입니다. 최대 400명까지 다닐 수 있습니다. 교사는 45명이고 행정 직원이 10여 명 있습니다.

대부분의 학생들은 지역에 거주하고 있고, 버스로 통학합니다. 일과는 8시 30분에 시작하고, 여러 활동을 하더라도 4시면 학교 일과가 모두 끝납니다. 일주일에 다 해서 30~32시간 정도 수업을 받습니다. 국어나 영어 시간처럼 한 학급 학생들이 전체 수업을 받는 경우도 있지만, 다른 수업 시간에는 대부분 소그룹으로 공부합니다. 한 학급은 최대 28명입니다. 너무 많지요. 우리 학교는 25명입니다. 이곳에서 아이들은 대학 입학 전 받아야 할 최상의 인문교양 교육을 받습니다.

고등학교에 입학할 때 학생들은 어문계열과 이공계열 중 하나를 선택합니다. 처음 1년 동안은 공통과정을 배운 뒤 이과와 문과 계열 안에서 세부적인 전공영역을 선택해서 2년 동안 공부합니다. 일부 학생들은 영역을 가로질러 공통의 전공영역을 선택하기도 합니다. 각 교과는 난이도에 따라 세 수준(ABC)으로 나누어 가르치는데 자기 능력에 따라 교과별로 난이도를 택해서 공부할 수 있습니다. 하지만 모두 C수준만 선택할 수는 없습니다.

덴마크 고등학교에서는 교과 내용에 대한 지식과 함께 공부하는 방법을 중시합니다. '개별적으로 또한 협동적으로' 공부하는 법을 가르치는 것이지요. 개별적인 것은 다르지만 성숙한 민주 시민을 키우고자 하는 김나지움의 목적은 동일한 셈입니다. 3년 간 공부한 뒤 여기서 바로 종합대학에 갈 수 있고, 교사교육기관에 진학하는 경우도 있습니다. 어느 대학에 가서 어떤 학문을 전공하느냐는 학생들이 김나지움에서 선택한 교과 수준과 이수한 교과의 성적이 좌우합니다. 아이들이 졸업할 때 받는 졸업장은 학생들이 대학에 갈 때 중요한 증서입니다. 이 증서는 3년 동안 학생이 성취한 기록을 그대로 담고 있습니다. 대학입학시험에 필기시험과 구두시험은 필수적입니다.

지금 우리 학교의 교육수준이 국가의 기준에 맞는지를 확인하게 위해, 교사들을 다른 학교에 파견해 그 상태를 지속적으로 서로 확인합니다.

Q : 인문계 고등학교인 김나지움은 원하는 모든 아이들이 갈 수 있나요?
A : 아이들이 공립 초등학교와 중학교를 졸업할 때, 교사들은 학생들이 대학 진학이 목적인 김나지움에 갈 수 있는지 없는지 직접 결정합니다. 갈 수 없다고 교사가 판단해도 학부모가 아이를 김나지움에 보낼 것을 고집할 경우 아이는 반드시 시험을 봐야 합니다.

2. 자유학교의 이모저모

1) 륀델세 자유학교(Lyndelse Friskole)

우리가 륀델세 자유학교를 방문한 날 눈이 많이 내렸다. 그곳은 1873년 설립된 무척 오래된 학교로 150명의 학생들이 공부하고 있었다. 학교에 들어서자 토베 선생님이 눈을 치우고 계셨다. 그녀는 우리를 안내해주신 에기디우스 교수의 부인으로 이 학교에서 29년 동안 학생들을 가르치다 6년 전에 정년퇴

자유학교 전경

임했다. 그런데 두 달 전에 다시 그곳에 자유롭게 드나들 수 있게 열쇠를 받았다고 했다. 덴마크에서는 정년 이후라도 건강이 허락하는 한 계속 일을 할 수 있다. 토베 선생 또한 자기가 재직했던 학교에 와서 청소나 교사들의 수업을 도와주기도 한다. 그녀는 "저는 꿈의 직장을 가지고 있어요. 정년이 지난 지금도 수시로 학교에 나와서 건물에 페인트를 칠하고 여러 모임을 위해 커피를 준비하기도 하죠." 하면서 만족스런 웃음을 지어보였다.

에기디우스 교수는 공립학교를 방문한 소감을 묻고 공립학교와 자유학교 간에 경쟁적인 관계는 없냐는 질문에 갈등이냐, 협동이냐, 경쟁적 관계냐는 상황을 어떻게 해석하느냐에 달려 있다고 말했다. 그리고 이 학교와 공립학교 간의 역사에 대해 이야기를 들려주었다.

"1961년 어느 날 륀델세 자유학교에서 1킬로미터 떨어진 곳에 공립학교가 들어섰어요. 학부모들은 새 학교에 아이들을 보내고 싶어 했고 실제로 많은 학생들이 그곳에 입학했지요. 낡은 건물에서 운영되던 자유학교 학생들은 자꾸만 줄어들었어요. 그러다 학생이 35명밖에 안 남게 되었죠. 그러자 자유학교 학부모들이 모여 과연 이 학교를 어떻게 할지 함께 고민하기 시작했습니다. 1950~60년대 접어들어 덴마크에 현대화된 학교가 생겨나면서 자유학교가 존폐의 위기에 처한 것입니다. 당시는 학교의 미래를 결정하는 아주 중요한 시기였고요. 그 당시 다른 학교들처럼 현대화에 따를 것인가 아니면 우리만의 새로운 학교를 만들어낼 것인가를 두고 진지한 토의가 벌어졌습니다. 그 당시는 덴마크에 산업화가 급속하게 진전되고 있었고, 학교가 자리한 오덴세는 국가 산업의 중심지였기 때문에 엔지니어 같은 산업 일꾼들이 빠르게 유입되던 시기였어요. 과거에는 농업 인구가 대다수였는데 산업화가 진행되면서 인구 구성이 많이 달라졌지요. 이런 변화 속에서 자유학교는 어떻게 하면 새로 지역에 들어온 사람들에게 매력적인 곳으로 보일 수 있을까 고민하기 시작했습니다. 그러다 1870년대에 지은 낡은 건물을 리모델링하자는 의견이 나왔습니다. 처음 결정을 내리기가 무척 어려웠지만 지금 돌이켜보면 참 잘한 일이었습니다. 학생 수도 증가했고 학년도 9학년까지 확장되었습니다."

실제로 공립학교와 자유학교 사이엔 다소 경쟁적인 면이 있어 보였다. 결국 같은 지역 아이들을 서로 자기네 쪽으로 끌어들여야 하는 셈이니까. 또 지금부터 50~70년 전에는 공립학교와 자유학교 학생들 간에 알력도 있었고 마을에서 부딪치면 다투기도 했다고 한다. 그런데 재미있게도 공립학교 교사 중에 자녀를 자유학교에 보내는 사람도 있단다.

같은 지역에 있는 공립학교와 자유학교는 스포츠센터 사용 등 협의할 일도 많다고 한다. 이런 문제가 발생하면 학교장이나 대표자들 간 대화로 조율하고 있다. 이전엔 7학년 이상은 대부분 공립학교로 진학했지만 지금은 그렇지 않다고 했다.

Q : 공립학교와 비교해서 자유학교 아이들의 학업성취는 어떤가요?

A : 자유학교 아이들에게 공립학교 학생 수준의 학업성취도를 보이도록 국어, 영어, 수학을 가르치라는 것은 지나친 압력일 수 있어요. 하지만 자유학교 아이들은 고학년이 되어도 학업수준에 문제가 되지는 않습니다. 졸업생을 놓고 비교해 보자면 교과 지식이 절대 부족하지 않다는 말이지요. 하지만 자유학교를 다니던 아이가 8학년이나 9학년 때 일반 공립학교로 전학을 갔을 때 관계를 맺는 부분에서 어려움을 겪기도 합니다. 자유학교의 경우 분위기는 훨씬 가족적이지만 새로운 환경에서는 그렇지 않으니까요. 특히 사내아이들 사이에선 거친 상황들이 발생하는데, 이 점을 가장 어려워했습니다. 자유학교 선생님들은 항상 열려 있어요. 선생님은 언제든지 아이들이 질문을 하러 올 수 있도록 배려하고 있습니다.

Q : 자유학교가 더 나은 부분이 무엇이라 생각하시는지요?

A : 간단치는 않은데 그건 이를테면 일상의 수업과정에서 찾을 수 있겠습니다. 어떤 과제를 주고 그 결과물로 평가하는 방식이 아니라, 아이들을 도와주려 하고 이야기를 들려주는 점이 다릅니다. 그렇다고 아예 숙제가 없는 것은 아니에요. 수업에 집중하지 않아서 마무리하지 못한 것을 집에서 해오도록 지도합니다. 물론 모든 경우가 그렇지는 않습니다만….

Q : 현재 정부가 공립학교와 자유학교에 끼치는 영향은 어떠한가요?

A : 최근 정부의 교육정책에서 특이한 점은 피사(PISA, OECD 국제 학생학업성취도평가) 결과에 따라 교육정책의 방향을 수정하려는 경향입니다. 정치가들은 덴마크 학생들이 수학과목에서 뒤지고 있다는 보고를 토대로 어떤 정책이 필요하다는 식의 여론을 조성합니다. 최근 이런 논쟁 속에서도 다행스럽게도 공립학교 교사를 포함한 다수의 여론이 정부의 의견에 반대 의사를 표명하고 있습니다. "우리가 그룬트비의 땅에 있는데 이것이 무슨 소리인가?" 하면서 말이에요.

Q : 9학년을 마치면 하게 되는 평가의 주체는 누구이고 방식은 어떤지요?

A : 자유학교도 어쩔 수 없이 시험을 보기는 합니다. 학부모들에게 학업성취도에 대한 신뢰를 보여주기 위해서 입니다. 그렇다고 이 방식에 전적으로 동의하지는 않습니다. 평가 문항의 출제는 교육부에서 하는데, 문제은행 방식으로 지방교육청에서 교사들이 선택하도록 합니다. 평가는 일 년에 한 번 합니다. 자유학교는 시험을 보는 것을 의무로 규정하지는 않지만, 우리 학교는 공립학교와 같이 시험 보는 것을 선택했어요. 학생들은 시험에 익숙지 않아 예비시험을 한두 차례 봅니다. 교육은 순간순간 변화할 수 있고, 학생 개개인은 다르게 이루어진 존재입니다. 교육은 눈에 보이지 않는 미래라 할 수 있어요. 그런데 시험을 보면 모든 과정이 시험 볼 내용을 중심으로 처음부터 결정될 수밖에 없지요. 교육이 눈에 보이지 않는 삶의 전개라는 점을 생각해보면 시험은 불필요한 것이 아니냐는 생각을 하게 되지요.

Q : 공립학교와 비교해서 학부모들의 경제적 부담은 어떠한지요? 그리고 예산 사용의 자율성은 어떤지요?

A : 거의 비슷한데, 자유학교는 국가 지원을 조금 덜 받는 편입니다. 운영의 자유를 위해 서이지요. 예산은 자율적으로 사용할 수 있습니다. 교사 인건비는 두 학교가 비슷하고, 아주 미세한 측면에서는 차이가 있을 겁니다.

2) 글람스비어 프리 오 에프터스콜레(Glamsbjerg Fri-Efterskole)

자유학교 학교 방문을 마친 후 우리는 다음 방문지인 글람스비어 프리 오 에프터스콜레(Glamsbjerg Fri-Efterskole, 자유학교와 자유중등학교가 연계되어 있는 자유학교- 이하 '글람스비어 학교')로 걸음을 재촉했다. 105년의 역사를 가졌다는 학교 교정에 들어서니 교장선생님이 기다리고 있었다. 이어서 학교 시설을 견학했는데, 의상 제작실, 저학년 아이들의 방과후교실, 목공실, 농구장과 탈의실, 교사 휴게실, 식사 후 담소를 나누는 휴식 공간, 유치원 아이들의 교실이

글람스비어 프리 오 에프터스콜레 아이들

인상적이었다. 다음은 교장선생님이 들려준 이야기를 간추린 것이다.

자유학교의 학비

그람스비어 학교는 자유중등학교와 자유학교 두 학교로 구분되어 있습니다. 자유중등학교란 청소년을 위한 자유기숙학교죠. 10학년 과정을 두고 있는데, 학생들은 여기서 일 년간 살면서 배웁니다. 현재 재학생은 90명 정도이고, 자유중등학교에 오는 아이들의 연령대는 16~17세입니다.

다른 하나는 자유학교입니다. 자유학교에는 6~17살의 아이들 220명이 다니고 있습니다. 자유학교에 다니는 아이들은 여기 살지 않고 인근 지역에서 옵니다. 기숙학교가 아니기 때문에 아침에 등교하고 수업을 마친 후 귀가하죠. 교직원은 50여 명 되는데, 35명의 교사를 비롯하여 식당에 3명, 사무처에 2명,

관리부서에 2명이 배치되어 있습니다. 일종의 사립 교육기관입니다. 1년 예산은 2,200만 크로네(약 44억 원)입니다. 사립학교이기 때문에 자유학교나 자유중등학교 모두 학부모들이 등록금을 냅니다. 자유학교의 경우, 정부가 45,000크로네(약 900만 원)를 부담하고, 학부모가 5,000크로네(약 100만 원) 정도를 부담합니다.

자유중등학교의 경우, 정부가 50,000크로네(1,000만 원)를 부담하고 학부모가 50,000크로네(1,000만 원) 정도를 부담합니다. 학생 일인당 10만 크로네로 이 금액은 학교 전체 운영비, 교사월급, 페인트칠 등 시설보수 등에 쓰입니다. 학부모는 5만 크로네를 부담하지만, 지방정부의 지원을 받을 수도 있기 때문에 실제 부모의 부담액은 22,000에서 30,000크로네 정도가 됩니다. 자유중등학교의 학교운영과 교육과정은 학교가 정합니다. 우리는 자유학교 교사로 교사 교육을 받지 않은 사람도 채용할 수 있습니다. 만일 4년 동안의 정식 교육과정을 마친 사람을 채용하는 경우, 공립학교 수준의 임금을 지급해야 합니다. 이것은 권고사항이 아니라 그런 자격을 갖춘 사람을 뽑으면 그 정도의 봉급을 줘야 하는 정부의 규정입니다.

자유중등학교에는 주로 10학년 학생들이 옵니다. 수업은 오전 8시 30분부터 오후 2시 30분 사이에 이루어지지요. 전에는 도심 한가운데 학교가 있었는데, 이 지역으로 옮겨온 지는 삼십 년이 되었어요. 학생들은 자유중등학교를 선택할 때 기숙사나 화장실이 깨끗한지 먼저 살펴봅니다. 대부분의 학생들은 자유중등학교를 선택할 때 자기 부모나 친지들이 다니거나 다녔던 학교를 선택하는 경우가 많습니다. 20~30년 전 부모들이 다녔던 학교를 다니는 경우도 많습니다. 이렇게 아는 사람이 있어서 입학하는 아이들을 제외하면, 소개 책자나 인터넷을 보고 오는 경우도 있습니다. 퓐섬에는 35개 정도의 자유중등학교가 있습니다.

금년에는 그린랜드에서 12퍼센트의 학생이 입학했습니다. 덴마크 아이들은 대략 80퍼센트 정도 됩니다. 그 중 60퍼센트가 김나지움에 갑니다. 김나지움에 가서도 힘들어하지 않고 곧잘 수업에 따라갑니다. 9학년 때 전국적으로 보는 시험은 반드시 봐야 합니다. 하지만 이것이 김나지움 입학을 위한 절대적인 기준이 되지는 않습니다.

예속과 자유 – 공립학교와 자유학교의 차이

공립학교의 경우, 정부가 어떤 정책을 입안해서 법이 정해지면 반드시 지켜야 합니다. 교육청에서 감독관이 나와 관리감독을 하기 때문에 정부안을 따르지 않을 수 없지요. 교육과정 또한 정부가 정해준 내용을 배워야 합니다. 덴마크의 모든 공립학교는 배우는 교과목과 수업 시간이 똑같습니다. 일주일에 어떤 과목을 몇 시간 공부하고, 무엇을 배워야 하는지 세부적인 교육과정을 정부가 정해놓았기 때문입니다. 공립학교의 재학 기간은 0학년(유치원)에서 10학년까지이고, 9학년을 마칠 즈음에 졸업시험을 봅니다.

반면 자유학교는 정부의 정책을 따를 필요가 없고 교육정책에 전혀 영향을 받지 않지요. 독자적으로 학교를 운영할 수 있는 자유가 있기 때문에 자유학교가 추구하는 교육의 이념과 원칙을 일관되게 지속적으로 지켜갈 수 있다는 장점이 있습니다. 교과목 또한 수학이든, 영어든 어느 한 부분에 중점을 둘 수 있습니다. 그러나 9학년을 마치면 다른 일반 공립학교 학생들과 마찬가지로 국가가 정한 시험을 봅니다. 국어, 영어, 수학은 무조건 치르는 시험이고, 독어와 물리는 선택사항이지요. 거의 모든 교과가 필기시험과 구두시험을 함께 봅니다. 시험 출제는 교육부에서 하고 채점은 해당 학교 교사와 다른 학교 교사가 0~13점까지 아이들을 평가합니다. 대개 평균 8점이 나옵니다. 학교들은 동일한 수준을 유지하기 위해 교사들끼리 서로 교류하면서 전체적으로 적정선을 유지하도록 노력합니다. 9학년 때 기본 학력평가를 한 것은 70년 가까이 되었습니다. 13점 스케일의 시험 양식은 20년간 운영되어 왔는데 덴마크 정부는 최근에 이것을 새롭게 바꿀 준비를 하고 있습니다.

김나지움에 갈 만한 수준인가를 교사가 결정하는 학생 개인별 평가는 3월에 합니다. 본 시험은 두세 달 뒤에 보지요. 저 개인적으로는 이 방식이 의미가 있다고 생각하지 않습니다.

자유학교 교사들은 시험에 대해 갈등을 겪는 분들이 많습니다. 자유학교의 기본 정신과 전통에서는 학생들을 시험으로 평가하는 것에 부정적이죠. 시험을 자꾸 보는 것은 학부모들의 요구 때문입니다. 이 현상은 점차 강화되는 추세에 있습니다. 시민대학에서도 시험(평가)에 대한 논의가 있습니다.

자유학교의 경우 공식적인 성적은 9학년 이전에는 매기지 않습니다. 5학년 쯤 부모들이 아이들에 대해 묻는 경우가 있긴 하지만 그건 성적에 대한 게 아닙니다. 하지만 공립학교에서는 매년 성적을 매기지요.

Q : 자유학교 교사들과 교장선생님은 시험과 평가에 대해 어떻게 생각하시는지요?
A : 학생들이 시험을 잘 치르도록 준비시키는 것은 좋지 않다고 생각합니다. 이런 과정이 많을수록 학교교육은 시험 준비 과정으로 고착되어 버리는데, 이것은 진정한 교육이 아니지요. 학생들은 다양하고 이들이 해야 할 것 역시 다양하다고 생각합니다. 지금까지 우리가 해온 방식이 보여주듯이 학생들이 누구에게나 열려 있고 밝게 이야기할 수 있도록 하는 것은 시험 준비 교육과는 다르다고 생각합니다. 우리는 7학년까지 숙제를 내주지 않습니다. 아이들은 과제를 해내야 할 '빚진 자'가 아닙니다. 아이들은 학교가 끝나면 당연히 집에서 쉴 권리가 있습니다. 남은 2년 동안만 숙제를 내주어도 아이들은 9학년 시험을 통과할 수준을 갖출 수 있습니다.

이 지역 아이들은 김나지움으로 진학합니다. 자유학교를 마친 아이와 공립학교를 마친 아이들이 김나지움에서 만나게 되는 셈이지요. 실상 어느 학교를 나왔든 학력 차이는 눈에 띄게 나지 않습니다. 통제가 필요하고, 숙제가 필요하고, 시험이 필요하다는 것은 어른들의 발상이지 아이들에겐 그렇지 않습니다. 어려서는 실컷 노는 것이 중요합니다. 자유학교의 아이들은 졸업하기 전 마지막 몇 년을 앞두고 이제 조금만 더 있으면 숙제를 해볼 수 있겠구나 하면서 오히려 숙제를 기다리게 됩니다. 이 때문에 아이들은 8학년이 되어서 숙제를 할 때 즐거움을 느끼곤 합니다.

3) 올러룹 음악자유중등학교(Song and Music Efterskole Ollerup)

다음 일정은 올러룹에 있는 자유중등학교인 음악학교로 이어졌다. 일찍 해가 지는 북유럽의 겨울이라 우리가 학교에 들어섰을 때 벌써 해가 지고 어두운 밤 그림자가 드리워져 있었다. 다른 학교와 마찬가지로 교장선생님이 학교를 소개했는데 일정 때문에 서둘러 학교를 나와야 했던 것이 아쉽기만 했다. 다음은 교장선생님이 말한 학교 이야기와 교육관을 간추려 옮긴 것이다.

자유학교의 특징은 뭐니뭐니해도 이야기 수업

자유중등학교는 기숙학교로 학생들은 보통 일 년 간 머물게 됩니다. 보통 9~10학년 아이들이 옵니다. 현재 260개 정도의 자유중등학교가 있습니다. 우리 학교는 그 가운데 최근에 지어진 학교입니다. 7년 전 설립되었죠. 이 지역에 이런 학교가 적다는 주민들의 건의로 이 학교가 생겨났습니다. 해마다 100명 남짓 되는 학생들이 들어오는데 여학생이 조금 더 많은 편이고, 음악수업이 교육 내용의 주를 이룹니다. 남학생들보다 여학생들이 음악을 더 좋아하는 편이어서 그런 것 같습니다. 46명 정도의 남학생과 56명 정도의 여학생이 다니고 있습니다. 그래서 약간의 문제가 있습니다. 특히 이번 주간에는 댄스파티가 있는데, 여학생 5명이 남학생 역할을 해야 할 판입니다.(웃음)

여기서는 일반 학교의 교과를 가르치기도 합니다. 수, 목, 금요일 오전에는 일반학교에서 배우는 국어, 수학, 영어, 제2외국어(독어와 불어 중 선택)의 4개 일반교과를 배우지요. 오후에는 음악이론과 미술을 배웁니다. 가장 큰 고민은 하루가 낮밤을 합쳐 24시간 밖에 안 된다는 것입니다. 시간만 더 있으면 역사나 생물 같은 다른 과목도 배울 텐데 말이죠.(웃음)

이 학교에는 일주일에 두 번 이야기를 해주는 특별한 수업이 있습니다. 이 시간에는 역사든 소설이든 선생님의 이야기를 듣습니다. 이런 이야기 수업은 자유학교 전통에서 깊게 뿌리내린 독특한 학습 양식입니다. 전통을 수호하는 것도 의미가 있지만 중요한 점은 학생들이 이런 이야기 수업을 아주 좋아한다는 것이지요. 이번 학기에는 저도 이야기 수업을 담당하고 있습니다. 이번 수업은 칼 닐슨(Carl Neilsen, 덴마크의 대표적 민족 음악가)을 중심 주제로 정했지요. 이야기 시간에 칼 닐슨의 생애를 소개하고, 그가 작곡한 노래를 부르는 식으로 수업을 진행할 예정입니다.

내일 수업은 국어로 시작합니다. 개인이나 조별로 학교에서 느끼는 문제에 대해 이야기할 예정입니다. 저녁식사 전에는 모든 학생들이 모여, 이야기 나누었던 문제들 중 공동 관심사를 이야기하려 합니다. 이런 시간을 가짐으로써 학생들과 교사들 사이에 생길 수 있는 문제를 예방할 수 있습니다. 무엇보다도 민주적인 의사결정 과정을 배울 수 있습니다.

금요일에는 다함께 모여 노래 부르는 시간이 있는데, 『함께 부르는 노래책』을 가지고 합니다. 시민대학에서 쓰는 것과 같은 책입니다. 함께 노래 부르는 것은 덴마크의 좋은 전통이고, 이 전통을 잘 계승하는 곳이 바로 자유학교입니다. 입학생들 중에는 노래를 중시한 학교를 나온 학생들과 그렇지 않은 학생들도 있는데, 이들에게 노래를 가르치는 것이 우리의 목표입니다.

우리는 모든 교과를 중요하게 여기지만 그 중에서 가장 중요한 시간은 합창시간입니다. 특히 남학생 중에는 이 학교에 오기 전 노래하는 것을 그다지 즐기지 않던 아이들이 많습니다. 100명 남짓 되는 학생들이 하나의 합창단이 되어 파트를 나누어 노래하는 경험은 매우 중요하다고 봅니다. 합창단의 구성원으로서 다른 친구들과 같은 체험을 해보는 것은 사회의 일원이라는 의미를 함축한다고 생각합니다. 매년 2학기에 콘서트가 있는데, 콘서트 프로그램에는 합창단이 빠지지 않고 출연합니다.

방청소도 중요한 학교생활

매일 저녁식사 후에는 자기 방을 청소하는 시간이 있습니다. 자유중등학교의 특징 중 하나는 자기 방을 스스로 깨끗하게 청소하는 것입니다. 이때 어떠한 변명도 허락되지 않습니다. 특히 남학생들 중에는 아예 청소를 해본 적이 없는 학생들이 많습니다. 학생들이 청소하는 동안 교사들은 학교 제반 문제를

올러룹 음악자유중등학교 연습실

토론하는 시간을 갖습니다. 교사회의를 마치고는 돌아가면서 담당 학생들의 방을 검사하지요. 선생님의 허락이 떨어지지 않으면 청소를 다시 해야 합니다. 청소를 마친 후에는 커피를 마시고 합창 시간을 갖습니다.

학생들은 자기 방을 청소하는 것 외에도 학교를 관리하는 일을 돕습니다. 일주일에 6명의 학생이 돌아가면서 수업시간에 구애받지 않고 돕습니다. 식당 직원들이 퇴근한 저녁에는 3명의 학생들이 식사를 준비하고 뒷정리를 합니다. 주방 스태프들은 내일 아침 깨끗한 주방을 볼 수 있지요. 다른 3명의 학생들은 개인 방을 제외한 다른 학교 건물을 치웁니다. 한 사람에게 일 년에 2주 정도 순번이 돌아옵니다.

하루 일과는 오전 7시 30분에 시작됩니다. 부엌일은 오전 6시부터 하고 7시 30분부터 아침식사를 합니다. 식사가 끝나면, 큰 방에서 8시부터 20분 정도 함께 노래하거나 음악을 듣거나 친구들이 노래하거나 연주하는 것을 감상하기도 합니다. 오늘부터는 칼 닐슨의 교향곡을 듣습니다. 교사들은 오전 8시 30분부터 수업을 시작해서 오후 5시까지 아이들과 함께 생활합니다. 오후 5시 30분부터 7시 15분까지 침묵의 시간을 갖기도 합니다. 학생들은 1시간 동안 방에서 누구와도 이야기하지 않고 조용히 각자만의 시간을 갖습니다. 그 시간에 조별로 부득이 활동을 할 경우에는 식당에서 합니다. 그 시간만은 속닥속닥 이야기해야 합니다. 이후 10시 30분까지는 자유 시간입니다. 10시 30분 이후에는 자기 방으로 들어가야 하고, 11시에는 잠자리에 들어야 합니다. 11시에서 11시 30분 사이에는 선생님이 방을 둘러보며 학생들의 안부를 묻고, 이야기하는 시간을 갖습니다.

자유중등학교의 학생들을 보면 다 큰 어른들 같지만, 학생들에 대해 배우면 배울수록 아직 보살핌이 필요한 아이들이라는 점을 느끼게 됩니다. 선생님들의 친밀한 보살핌이 학생들에게는 중요한 시간이라 생각합니다. 이런 학교에서 교사는 아이들의 생활과 매우 밀착되어 있으므로 아이들이 좋아서 일을 하는 것이 중요합니다. 여러분도 15~16살 나이 때 가졌던 문제들을 생각하실 수 있을 것입니다.

자유중등학교 그 짧고 진한 만남

다양한 학생 활동들이 있지요. 11월에는 실제 뮤지컬을 직접 만듭니다. 간단한 개념이나 문제를 가지고 만드는데 작년에는 '발자국과 신발'이란 제목을 가지고 만들었지요. 이걸로 학생들은 어떤 스토리를 만들고, 멜로디로 구성하고, 악기의 소리와 의상을 정하는 것까지 스스로 합니다. 뮤지컬 만드는 주간에는 다른 활동은 안 하고 학생들과 교사 모두 온종일 그 일에만 몰두합니다. 잠잘 때에도 뮤지컬을 생각할 정도로 열심히 해서 매년 괜찮은 뮤지컬을 관람할 수 있는데, 이를 통해 서로를 알아가는 것이 중요하다고 생각합니다.

학생 전체가 하나의 합창단으로 활동하는 것 말고도 9~10개의 작은 오케스트라가 있습니다. 클래식 오케스트라가 2개, 나머지는 8개의 팝 뮤직 밴드입니다. 4월에는 오케스트라와 합창단이 함께 공연을 갖습니다. 다른 나라에 가서 콘서트를 갖기도 하지요. 금년에는 헝가리에 갈 예정입니다. 모두 여행하는 것을 좋아합니다. 여행을 하며 보는 경험과 콘서트를 해보는 경험을 결합한다는 것이 좋지요.

학기가 끝나고 6월 중순이 되면, 모두에게 슬픈 날이 찾아옵니다. 그 날에 여러분이 오신다면 학교에 있는 모두가 눈물을 흘리는 것을 보게 될 것입니다. 여기서 가까운 관계로 지냈기에 작별이란 무척 어렵지요. 그나마 다행스러운 것은 학생들이 학교를 떠나서도 모든 것을 잘 해내고 편지를 보내온다는 사실입니다. 이런 식의 관계를 맺으며 학생들을 떠나보내고 6주가 지나면 새로운 학생들을 만나야 하는 것이 교사들에게는 결코 쉬운 일이 아닐 것입니다. 하지만 이것이 교사로서 가져야 하는 프로정신이 아닌가 생각됩니다. 그리하여 또 새로운 학생들과의 만남이 시작됩니다.

4) 뤼스링에 시민대학(Ryslinge Folkehøjskole)

우리는 다음으로 자유학교, 즉 자유학교운동의 창시자 중 한 사람인 크리스튼 콜(Christen Kold)이 설립한 시민대학을 방문했다. 학교 입구에 7개의 양초가 그려진 조그마한 간판이 하나 있었는데 '크리스튼 콜, 자유로운 민중들을 위한 선구자'라고 적혀 있었다. 시민대학운동은 19세기 중엽인 1851년에 시작되었는데 크리스튼 콜이 1858년 뤼스링에 지역의 교회건물에서 12명의 학생들을 가르치면서 첫 시민대학을 세웠다.

오늘 우리를 안내해주신 분은 키가 크고 선한 눈망울을 지닌 토마스 선생님이었다. 낯선 동양인을 대하는 태도에서 예의와 진지함이 엿보였다. 그는 학교에서 사진을 가르치고 있다고 했다. 토마스 선생님은 우리를 강당으로 인도하고는 첫 말문을 열었다.

"2007년 들어 덴마크에서는 시민대학에 대해 많은 논쟁이 있었습니다. 어떤 사람들은 창시자 콜과 시민대학의 이념이 진부하다고 말하며 지금은 전문적인 교육이 필요하다고 하지요. 그런가 하면 콜의 창립정신에 의미를 부여하고 지금도 유효하다고 말하는 사람들도 있습니다. 이 학교에서 우리가 추구하는 것은 더불어 살아가는 공동체적 정신이 여전히 가치 있고 그것이 변화를 가져올 수 있다는 믿음입니다."

교육원정대를 이끌고 공립학교에서 자유학교까지 길잡이 역할을 해주신 에기디우스 교수가 토마스 선생의 말을 받아 다시 자세한 이야기를 들려주었다.

나는 누구이며 우리가 추구해야 할 사회는 무엇인가를 가르치는 대학

시민대학이 시작된 지 150년이 흘렀습니다. 오랜 세월에 걸쳐 우리는 스스로 변화하고 발전하려 노력했습니다. 그룬트비와 콜이 자유학교를 시작했을 때의 정신을 간직하면서 오늘날 우리에게 그 정신을 어떻게 적용하고 맞추어 갈까 끊임없이 고민하고 있지만 이 일은 어려운 일이 틀림없어요. 콜과 그룬트비가 시민대학을 세우던 당시와 비교할 때 지금은 많이 달라졌습니다. 그래서 사람들 중에는 이제 지나간 이야기인 그룬트비와 콜의 사상에 얽매이지 말고, 새로운 시대의 흐름에 맞는 학교를 만들어야 한다고 주장하기도 하지요. 심지어 시민대학의 아이디어는 이미 사장된 옛것이라 말하는 이도 있어요. 이런 주장을 하는 사람들은 보다 전문적이고 세분화된 교육이 필요하다고 합니다. 이것은 공동체교육이나 전인교육이 급변하는 현대 사회에 진부하다고 보는 입장에서 나온 지적입니다.

그럼에도 우리는 여전히 교육은 인지적 교육만이 아니라, 사회교육(Social Education), 공동체(Community)를 위한 교육이 필요하다고 생각합니다. 덴마크의 현 정부가 지지하는 교육은 초등학교-중학교-고등학교-대학교까지 순차적인 교육과정을 밟기를 바라는 방향에 서 있습니다. 때문에 지금 시민대학의 구조는 현 정부와 대치되는 교육구조라 할 수 있지요. 이렇게 획일화된 교육구조에서 벗어나 있다는 점에서 시민대학은 자아의 진정한 관심을 찾고자 하는 학생들에게 큰 의미를 갖습니다.

우리 학교에는 졸업생 주간(Old Student Week)이 있습니다. 이때 학생들은 학

뤼스링에 시민대학 전경

교를 평가하고, 지나간 학창시절의 이야기를 합니다. 졸업생들 대부분이 학교에 대해 좋은 기억을 가지고 있습니다. 자유로운 교육의 의미를 잘 이해하고 자기 나름대로 길을 찾기 위해 이곳에 와서 잘 적응하는 학생들이 많습니다. 한편 공립학교의 빡빡한 교육과정에 지쳐서 이곳에 오는 학생들도 있습니다. 다양한 학생들이 습득하는 배움의 질(質)은 무척 다양합니다.

시민대학에 관한 그룬트비 교육의 의도는 크게 두 가지였습니다. 첫째는 참된 자아를 찾는 일로 학교에서는 인간이란 무엇인지, 나는 무엇인지에 대해 묻고 가르쳐야 한다는 의도입니다. 둘째는 학교는 공동의 선에 답할 수 있어야 하며, 사회에서 우리가 추구해야 할 것이 무엇인가를 생각하고 찾아가는 곳이라는 것입니다.

효율성과 경쟁을 강조하는 현대교육의 지지자들은 그룬트비의 질문 자체의 의미를 이해하지 못하거나 그 현재적 의미를 제대로 고려하지 못합니다. 그룬트비의 교육정신이 150년 전의 오래된 교육 정신인 것은 사실이지만, 그 안에는 현재도 되새겨 볼 만 한 교육의 본질적 의미가 숨겨져 있습니다. 그들은 이걸 캐낼 생각은 전혀 하지 않는다는 겁니다. 덴마크에서도 교육의 본질을 강조하는 전통주의와 효율을 강조하는 현대주의 교육자 사이에 갈등이 존재하는 것이지요.

Q : 그렇다면 공립학교에서 지친 아이들이 자유학교로 온다고 했을 때 지친 아이란 어떤 의미인가요?

A : 공립학교의 교육도 분명 의미와 가치는 있습니다. 하지만 학생 신분으로 주어지는 교육과정을 따라가는 동안 자기 자신에게 관심을 잃어버리면서 계속되는 외부 학습에 지쳐버리게 됩니다. 차근차근 단계를 밟아 가는 획일화된 교육에 지쳐버린 아이들이 온다는 의미입니다. 그럴 때는 그런 교육을 잠시 제쳐두고 "내가 누구인가?"를 물을 여유를 갖도록 돕는다는 뜻입니다.

Q : 이곳 교사가 되려면 어떤 자격을 갖추어야 하나요?

A : 특별히 교육부에서 인정하는 교사 자격증을 요구하지 않습니다. 토마스 선생님의 경우 사진 전문가로 공식 교사자격증은 없지만 여기서 교수로 일하고 있습니다. 현장 경험이 교육에 적용될 때 훨씬 더 나은 교육이 가능할 수 있다는 기대 때문입니다.

학교 건물 구석구석 둘러보기

대화에 이어 학교 시설물을 돌아보았다. 강의실은 학교에서 가장 중요한 방 가운데 하나인데 아침식사 후 전체 교사와 학생들이 이곳에서 노래를 부른다.

"아침에 함께 모여 일과를 시작하는 풍경은 가족들이 하루일과를 시작하기 전에 함께 모이는 것과 비슷합니다. 창시자 콜의 함께 있음의 정신이 잘 실천되고 있는 것이지요. 이렇듯 자유학교에서는 공동의 경험을 갖는다는 것이 아주 중요합니다. 아침시간은 유일하게 학생들과 교사들이 함께 하는 시간입니다. 왜냐하면 학생들이 각자 선택한 수업에 들어가면 본격적인 일과가 시작되기 때문입니다. 아침에 부르는 노래는 시민대학에서 제작한 노래 책자에서 뽑아 부릅니다. 노래책 대부분은 찬송가요, 전통 음악도 다수 포함되어 있습니다. 때론 아이들이 좋아하는 대중가요, 학생들이 작곡한 노래를 부르기도 합니다. 그리고 때론 정치적인 노래도 부릅니다."

그리고 나서는 교사 또는 학생 가운데 한 명이 나와 자신이 이야기하고 싶은 이야기를 한다. 이야기의 주제는 무엇이든 무방하고, 자신의 경험이나 읽은 책에 대해서 자유롭게 이야기한다. 이 모임은 지역 공동체에도 열려 있어 지역주민이 참여하기도 한다. 아침 회의는 자유학교에서 중요하게 여기는 교육으로 수업의 연장이라 할 수 있다.

'시민을 위한 저녁 만남(Public Evening)' 시간에는 교사가 자신의 관심사나 교육에 대한 주제로 이야기하기도 하고, 지역주민이 특정 주제를 갖고 말하기도 한다. 예를 들면 지난 가을 지역 목사님이 오셔서 자신이 직접 작사 작곡한 노래에 대해 이야기하고 함께 불러보는 시간을 가졌다.

주방용 거실이 딸린 2인 1실 기숙사에는 20명이 산다고 했다. 학생들은 주당 1천 크로네(원화로 20만 원 정도)를 내는데 학생들이 식사하는 식당은 따로 있다. 학생들은 주로 직장 생활을 하고 들어오기 때문에 그 비용이 그렇게 부담스럽지는 않다고 한다.

하루 종일 워크숍이 열리는 도예실은 학생들이 언제든지 이용할 수 있다. 또 외양간을 개조한 재봉실에서는 디자인 수업이나 목걸이, 금속 반지, 브로치를 만들기도 한다. 교과 과정이 아주 다양했다. 1930년대 대표적인 농업 국가였던 덴마크의 시대상을 담은 그림(농민들의 모습)이 걸린 강당에서는 연극과 체육 수업을 한다. 연극 수업은 제비를 뽑아 그 내용을 즉석에서 연극으로 풀어내는 수업이 이루어진다는데 흥미로웠다. 그리고 신문과 잡지를 볼 수 있는 휴게실과 교장선생님이 살던 집을 개조했다는 회화실과 판화실도 둘러보았다.

음악실, 녹음실(스튜디오)에는 학생들이 아주 많았다. 다음 주에 열리는 음악 페스티발에 직접 작사, 작곡한 곡을 CD로 제작해서 친지들에게 기념으로 주기 위해서란다. 이 공간은 주로 학기 끝날 무렵 많이 이용된다. 졸업생들이 추억을 남기기 위해서이다. 학기가 끝날 즈음 가족들을 초청해 전시회와 발표회가 열린다고 한다.

우리를 안내해준 토마스 선생이 가르치는 사진실에는 주로 흑백 사진 인화를 할 수 있는 시설이 마련되어 있었다. 학생들이 상당한 흥미를 갖고 수업에 참여한다고 했다. 사진 수업을 받은 졸업생들 중 일부는 코펜하겐에 있는 사진대학에 들어가거나 저널리즘 관련 일을 선택하기도 한단다. 이 건물은 교사와 학생들이 직접 지었는데, 건물을 짓는다는 것 자체가 수업의 한 과정이라고 했다. 설계 및 공간 배치가 교육의 일환이다.

Q : 그렇다면 수업에서는 인성교육에 비중을 두는지, 아니면 특정 직업을 위한 기술훈련이나 직업교육에 비중을 두는지 궁금합니다.

A : 교사는 학생들이 수업에 흥미와 관심을 갖게 해야 합니다. 학생들이 수업 자체를 즐기고 느끼게 하는 것이 중요하지요. 제가 가르치는 사진 수업도 기술을 가르치기에 앞서 학생들이 수업 자체를 즐기고 그 과정에서 기쁨을 느끼게 합니다. 그렇게 하면 학생들이 사진에 더 깊은 관심을 갖게 되지요. 제 수업은 의도하지 않았지만 학생들의 진로와 직업 선택의 결정적인 계기가 되고 있습니다. 아이들이 기뻐하고, 앞으로 무엇을 해야 할지 배우도록 하는 것은 모든 교과 영역의 교사에게 동일합니다. 우리 교육의 목적은 엘리트 육성이 아니라, 위대한 시민을 기르는 것이기 때문입니다.

5) 자유교원대학(DFL)

우리가 자유교원대학을 방문했을 때는 이제 막 수업이 끝났을 때였다. 서둘러 걸어오는 안내자 모리스 선생의 얼굴에는 교육에 대한 열정으로 가득했으며 우리를 만나자마자 바로 말문을 열었다.

자유교원대학 전경

"저는 영국에서 태어나 영국에서 교육을 받았습니다. 여러분을 안내하는 에기디우스 선생님과 함께 일한 적이 있고 지금은 이곳에서 영어를 가르치고 있지요. 우리 대학은 5년제로 운영됩니다. 처음 2년 동안은 여러 과목을 배웁니다. 3학년이 되면 일 년 동안 현장실습을 나가는데, 실습 장수를 정할 때는 학교에서 돕긴 하지만, 학생들 스스로 학교를 선택하지요. 교육실습을 하는 일 년 동안 학생들은 교사들과 같은 액수의 봉급을 받으며 진짜 선생님처럼 일합니다. 이런 식의 시스템은 실습생을 받는 학교에서도 우리와 비슷한 이해를 가지고 있을 때 가능합니다. 우리 대학은 자유교육협회에 소속되어 있는데, 이 협회는 자유학교(friskole), 자유중등학교(efterskole), 시민대학(folkhøjskole)과 연계되어 있어, 우리 대학의 교사교육과정이 잘 운영될 수 있도록 협조해줍니다. 실습을 하고 돌아와서 2년 동안은 전공 영역에 매진하게 합니다. 마지막 5학년 2학기 때 논문을 쓰는데, 이때 특정영역을 집중적으로 공부하게 됩니다.

위대한 평민을 기르는 덴마크 교육 기행 | 229

입학 조건은 간단합니다. 높은 성적은 필요치 않습니다. 자유교원대학은 지식을 습득하는 능력뿐만 아니라 현장에서 필요한 능력을 중시하거든요. 그래서 1학년 학생들의 성적 편차는 크다고 할 수 있습니다. 참, 학생들의 평균 연령은 27살입니다. 또 하나 중요한 것은 고정된 교육과정이 없다는 것입니다. 매 학기마다 시험을 보는 것이 아니라, 5년에 걸쳐 지속적인 자율 평가가 이어지도록 합니다. 교수들은 담당학생에게 매년 평가서를 써 줍니다. 그리고 5년 과정을 마치기 전에 교수들이 모여 평가서를 읽고 개인에 대한 최종 평가서를 작성합니다. 학생들은 취업할 때 해당 기관에 이 최종 평가서를 제시합니다.

고정된 교육과정을 운영하지 않기 때문에 교사와 학생들은 무엇을 배울 것인지 미리 협의를 해야 합니다. 교과 선택도 교수와 학생이 서로 협의하여 결정하도록 하고 있습니다. 하지만 교수는 학생들의 교육에 대해 책임이 있습니다. 예를 들면 어떤 학생이 한 학기 동안 해리포터만을 읽는다고 했을 때 이것을 교수가 그대로 받아들이지는 않습니다. 그래서 교사들은 상당히 많은 시간 학생들과 무엇을 배울 것인가 협의하는데 시간을 많이 소요하게 됩니다. 또 학생들은 자신들의 결정에 더 큰 책임을 느끼게 됩니다.

Q : 교육과정에 대해 간단히 설명해주세요.
A : 필수교과는 국어, 역사, 종교, 교육학입니다. 선택교과는 영어, 독어, 지리, 창조적 예술, 수학, 체육, 연극, 목공, 금속, 생물입니다. 최소 4개, 최대 5개 교과를 전공으로 삼고, 필수교과 외에 4~5개 교과를 선택할 수 있습니다. 5과목의 교과 영역 중 최소한 3개는 필수교과여야 합니다. 출석은 필수사항으로 학생들의 수업 참여도는 100퍼센트에 가깝습니다. 점심시간은 교수와 학생 모두가 함께합니다. 이 시간은 하루 일과 중 학내 구성원 모두가 자리를 같이 하기 때문에 전체 공지사항도 이때 알립니다.

월요일에서 금요일까지 수업이 있고 수요일에는 전체 회의가 있습니다. 수업을 하는 날은 오전 8시부터 오후 3시 30분까지 수업이 있습니다. 수요일 회의는 교수들끼리, 학생들은 학년별로 모임을 갖습니다. 오전 10시 30분부터 오전 12시 30까지는 교수와 학생, 학교 행정과 식당 일을 맡은 사람들까지 학교 구성원 모두가 참여하는 전체 회의가 열립니다. 이런 회합을 설정한 이유는 민주주의 정신과 민주적 절차를 배우기 위해서입니다. 여기서는 가령 100만 크로네의 예산을 어떻게 쓸 것인지, 학교 행사를 언제 어떻게 할 건지 같은 중요한 의사결정이 이루어집니다. 이런 전체 회의는 겉으로 꾸미는 회의가 아니라, 실제 효력이 발휘되는 공동체 모임이라는 점에서 중요합니다.

여러분이 여기 올라오실 때 벽면에 노란색, 주황색 종이가 붙어 있는 것을 보셨지요? 그것은 학생 개개인의 관심사에 따라 모임(동아리)을 만드는 쪽지입니다. 학생들은 다양한 주제의 위원회(Committee)를 구성할 수 있습니다. 얼핏 생각하면 아마추어 같아서 잘될지 의심하실지 모르겠지만, 학생들은 이 제도를 체계적으로 잘 운영하고 있습니다. 위원회에서 나온 의제들은 수요일 전체 회의 때 협의하기도 합니다.

Q : 재정 운영은 어떻게 하지요?

A : 일 년 예산으로 2천만 크로네(40억 원)가 책정되어 있습니다. 학생들은 수업료로 매월 1천 크로네(20만 원)를 냅니다. 거기에 점심식사와 부대비용이 추가됩니다. 학교 운영에 필요한 비용의 90퍼센트는 정부에서 지원합니다.

Q : 자유교원대학 교수의 봉급은 공립대학 교수 봉급과 비슷한지요?

A : 자유교원대학의 임금은 교육부에서 단독으로 결정하지 않고 교수노조와의 협상과 민주적인 논의 과정을 거쳐 매년 다르게 결정됩니다.

Q : 자유교원대학 졸업생 중 자유학교 교사가 되는 비율은 어떻게 되나요?

A : 최근 조사 결과 졸업생의 80퍼센트 정도가 자유학교 교사로 근무하고 있습니다. 나머지 20퍼센트는 공립학교 교사로 일하거나 다른 직종에 종사하는 경우도 있습니다. 외국 난민들을 위한 기관에서 일하는 경우도 있습니다.

6) 체육시민대학(Sports Folkehojskole)

이 대학은 1920년에 설립되었으며 설립 목적은 시민들의 체력 향상이었다. 우리를 안내해준 선생님은 체육시민대학에서 25년 정도 일했다고 했다. 아쉽게도 우리가 학교를 방문했을 때는 교수와 학생들 모두 스웨덴으로 스키를 타러 가서 학교는 텅 비어 있었다.

이 학교는 일종의 시민대학으로서, 여기 오는 학생들은 25살 전후의 학생들이다. 짧게는 4개월에서 길게는 9개월까지 머문다. 학생들은 자비로 입학하는데 일주일에 1천 크로네 정도를 낸다. 졸업하면 바로 피트니스 센터의 트레이너가 될 수 있을 정도로 교육 내용이 알차다고 한다. 뤼스링에 시민대학처럼 입학 시 요구되는 자격 기준은 없고 모든 사람들이 와서 배울 수 있다. 덴마크의 시민대학은 80여 개 정도 되는데 그 중 10개 정도는 이 학교처럼 스포츠에 중점을 둔 시민대학이라고 한다.

체육관을 둘러보았는데, 1932년에 건축된 이곳은 당시 유럽에서는 가장 큰 실내 체육관이었다고 한다. 설립자 칼 닐스 북크는 모든 운동을 할 수 있는 공간을 원했고 그래서 그렇게 큰 공간이 필요했다고 한다. 또 이 대학에는 덴마크에서 가장 오래된 실내 수영장과 유일한 최신식 실내 체조 공간이 있다.

여느 자유학교와 마찬가지로 매일 아침 145명의 학생들이 강당에 모여 노래를 부르고 10분 남짓 이야기를 하면서 아침을 시작한다. 또 다른 대부분 시민대학처럼 옛날의 좋은 시절을 기억하는 그림이 이곳에도 걸려 있었다.

올드 룸(Old Room)은 방문객을 맞이하는 곳인데 기념패나 상패들이 전시되어 있었다. 이 대학에는 세계 각지에서 온 학생들이 많은데, 졸업한 후 자국의 특별한 의미가 담긴 기념품들을 보내오기도 한다. 특히 일본 졸업생들이 보낸 기념품과 그림들이 눈에 많이 띄었다. 졸업생 중에는 학교로 다시 돌아와서 몇 주 동안 머물면서 청소나 페인트칠 같은 봉사를 하고 가기도 한다.

학생들은 방학 중 단기 강좌를 개설하기도 하는데 이 지역에서 아주 유명하다고 한다. 수영이나, 체조 등 일반 시민을 위한 특별강좌나 노인을 위한 특

체육시민대학의 실내 체조관

별강좌가 방학 중에 개설된다. 이곳에서 하는 교육은 전문 운동선수를 기르는 게 목적이 아니므로 직업교육으로 보기는 어렵다. 덴마크는 각 마을마다 운동시설이 잘 마련되어 있기 때문에 어떤 운동이든 하고 싶으면 쉽게 배울 수 있다. 체육시민대학은 스포츠를 평생 직업으로 삼는 데에 목표가 있는 게 아니라, 단기간에 운동을 하는 즐거움을 누리는 데 목표를 둔 대학이었다.

Q : 체육시민대학에는 운동기구가 많아야 하고 그 밖에도 돈 드는 시설이 많은데, 다른 시민대학에 비해 정부로부터 더 많은 재정지원을 받지는 않은가요?

A : 다른 시민대학과 마찬가지로 학생 수에 비례해 재정지원을 받고 있습니다. 얼마 전, 최신 체조시설을 마련하는데 2천만 크로네가 들었습니다. 시설투자를 위해 다양한 재원 확보를 위해 노력합니다. 지역의 기업이나 졸업생들

에게도 후원을 받습니다. 2천만 크로네의 절반은 외부 단체의 지원, 절반은 은행 대출로 마련할 수 있었습니다.

"뜨거운 영혼을 가진 개개인의 수고로운 참여와 상상력이 변화의 비결"

학교 탐방을 모두 마치고, 마지막으로 에기디우스 교수가 우리에게 덴마크 교육의 의미에 대해 아주 인상 깊고 중요한 이야기를 들려주었다.
"여러분과 함께 륀델세의 스포츠홀에 가보려 했지만 사정이 여의치 않아 갈 수가 없었습니다. 여러분에게 스포츠홀을 보여주고 싶었던 이유는 제가 사는 마을에 잘 꾸며진 스포츠홀이 있다는 것을 자랑하고 싶어서가 아닙니다. 저는 스포츠홀을 통해 덴마크란 나라가 어떤 사람들이 사는 나라인지 여러분들에게 느끼게 해주고 싶었습니다.
덴마크라는 나라의 가장 큰 특징을 들어보라 하면, 스스로 시민이라고 생각하는 보통 사람들이 공동선에 책임을 느끼고 기꺼이 참여한다는 것입니다. 이것은 NGO 정신이기도 합니다. 륀델세 스포츠홀은 스포츠클럽이란 사적인 영역과 국가의 공적인 영역이 협력해서 만든 공동선의 좋은 사례이기 때문입니다. 륀델세 마을 사람들이 모여 스포츠홀이 필요하다는 문제의식을 갖고 우리가 이만큼의 재정확보가 가능한데 정부에서 얼마나 도와줄 수 있는지 묻는 과정을 거쳤습니다. 이런 식으로 덴마크 곳곳은 개개인들의 사적인 영역과 지방정부라는 공적인 영역이 만나 협력하면서 건강한 시민사회로 발전합니다. 민주사회의 살과 피가 되는 에너지는, 사적인 개인의 능동적인 참여를 공적인 영역에서 지원해줄 때 실현되며 민주주의 이념의 토대가 됩니다. 이런 성과는 뜨거운 영혼을 가진 개개인들이 수고로운 참여와 상상력을 발휘해서 가능한 대안을 찾아내고 현실적인 노력을 함으로써 실현될 수 있습니다.
지금 여러분들이 보기에는 돈 많고 시설 좋은 기관으로 보일지 모르지만,

지금의 이 모습은 평범하지만 성숙한 시민들의 참여를 담보로 한 것이며, 그 미래는 현재 이곳을 이끌어나가는 뜨거운 영혼과 이분들의 용기 있는 노력에 달려 있다고 말씀드리고 싶습니다."

노령에도 불구하고 온 힘을 다해 안내를 해주신 에기디우스 선생님과의 대화는 우리 모두에게 새로운 도전이 되었으며 며칠에 걸친 밀도 있는 학교 방문도 끝이 났다. 한국과 다른 전혀 새로운 세계를 둘러본 뒤 벅찬 감흥이 밀려왔다. 처음에는 덴마크 교육에 흥미진진한 마음이 컸지만 교육의 진정성을 두고 이 나라에서 이루어졌던 투쟁과 갈등, 조화는 결국 우리나라의 교육을 돌아보게 했다. 이번 방문이 우리 모두에게 자신의 삶에 대한 성찰과 교육에 대한 깊은 사유로 이어지길 소망한다. 그래서 우리 땅에서도 1퍼센트를 위한 교육이 아닌 99퍼센트의 '위대한 평민'을 위한 교육의 씨앗이 뿌리내리기를.

시민대학과 교사공동체

우리나라와 일본의 대안학교들을 탐방하면서 대안학교 교사가 되기 위해서는 나부터 다양한 경험과 풍부한 상상력이 있어야겠다는 생각이 들었다. 우리나라는 좋은 취지와 신념에서 많은 대안학교들이 생겨났지만 대안적인 교육방법론이 부실하다는 느낌이 들었다. 나 또한 대안교육이라는 것을 받아본 적이 없기에 우선 나부터 학생이 되어 직접 경험을 해봐야겠다고 마음먹었다.

1. 영국의 대안대학

대학교를 졸업할 때쯤 진로를 고민하며 탐색하던 중 영국에서 국제협력개발대학(College for International Cooperation & Development)이라는 대안대학을 발견했다. 세계화와 관련된 이슈와 기아, 질병, 문맹 문제에 대해 공부하는 학교로 내 관심 분야와 맞았다. 학교의 교육이념은 성, 나이, 종교, 경제력, 국적에

한김지영 동국대 사범대 재학 중 어떻게 살아야 할까 질문을 품고 일 년 동안 비단길 따라 여행을 하다가 아프가니스탄, 인도, 이란에서 국제구호활동을 했다. 졸업 후 덴마크 교사공동체의 여행시민대학에서 국제구호활동가 양성 활동을 하다 지금은 한국에 돌아와 〈학교너머〉에서 길잡이교사로 학교 밖 청소년들을 만나면서 자기 길찾기 과정인 '공감유랑' 프로젝트를 진행하고 있다.

상관없이 국제구호의 꿈을 가진 사람이라면 누구나 입학할 수 있었다. 자본주의 사회에서 개인의 능력과 경제력에 상관없이 입학할 수 있다는 점이 독특해 학교가 어떻게 운영되는지 궁금했다. 6개월 동안 아프리카나 인도에서 맡게 될 프로젝트에 관해서 공부하고 기부금을 마련해야 하고, 6개월은 아프리카나 인도에 직접 가서 프로젝트를 진행하고, 2개월은 Camp Future라는 코스로 자신이 했던 활동을 사람들에게 알리면서 졸업 후 진로와 관련된 분야에서 활동할 수 있는 체험 위주 프로그램으로 짜여 있었다.

등록금을 낼 형편이 되지 않는 학생들을 위해서 학교에서는 장학금 프로그램을 만들었다. 영국과 개발도상국의 환율 차이가 크기 때문에 영국에서 네 달 일하면 벌 수 있는 돈을 개발도상국에서는 4년을 일해도 벌기 힘들다. 국적과 경제력에 무관하게 학생들을 유치하기 위해 만든 가이아 프로그램에 참여해 2개월 동안 헌옷 수거 일을 하면서 장학금 반액을 지원받았다.[34] 학교는 스톡턴, 뉴캐슬, 버밍햄, 헐 지역에서 학생들이 하루 천 장이나 되는 옷 수거 전단지를 집집마다 돌면서 우편함에 넣고 정해진 날짜에 집 앞에 내놓은 옷이나 재활용품들을 수거했다. 수거된 물품들은 동유럽이나 아프리카에서 판매되었다. 국제협력개발대학은 정부의 경제적 지원 없이 운영되기에 경제적으로 독립해야 하고 학생들도 장학금이 필요하기에 옷 수거 비즈니스로 경비를 마련했다. 4개 지역에 분포된 학생들은 2주일에 한 번씩 모여서 생태와 개발과 관련된 주제를 갖고 함께 학습하는 시간을 가졌다.

국제협력개발대학의 학습 구조는 자기주도적 학습(Modern Determination of Methods), 코스(Course), 경험(Experience), 기부금 조성(Partnership)이라는 네 과정으로 이루어진다. 책으로 지식을 가르쳐주는 교사가 없고 학습 도우미인 교사 두 명만 있었다. 각 학생에게 개인 컴퓨터가 지급되었고 데이터베이스로 모든

---

34) 영국은 Save the children, Oxfam 같은 NGO(비정부단체)나 NPO(비영리단체)에서 헌옷이나 재활용품을 수거해 판매한다. 이러한 비즈니스를 통해 얻은 수익금으로 단체가 운영된다.

지식이 공유되었다. 데이터베이스는 개발학과 관련된 주제로 학생들의 관심사에 따라 학습할 수 있는 구조였다. 각 장에는 주제에 대한 소개와 학습 방법이 쓰여 있고 학생들은 질문에 답을 찾아야 했다. 혼자서 학습하거나 집단으로 학습할 수 있도록 구조화되어 있다. 교사는 학생들이 답변한 내용에 대해 논평을 달아주는 형식으로 학습을 도왔다. 학생과 교사는 시간에 구애됨 없이 학습하고 그에 대해 평가를 할 수 있기 때문에 과목별로 교사가 필요하지 않았다. 네 팀으로 구성되는데 우리 팀은 22명으로, 아시아에서는 한국, 일본, 중국, 아메리카에서는 브라질과 파라과이, 아프리카에서는 가나, 유럽에서는 헝가리, 이탈리아, 리투아니아, 라트비아, 스웨덴, 에스토니아, 루마니아에서 왔고 연령은 19세에서 45세로 다양한 경험들을 가진 사람들로 구성되었다.

앎은 자신이 공부한 것을 남에게 가르칠 수 있을 때 형성되는 것이기에 프레젠테이션을 중요시했다. 각 개인이 갖고 있는 관심사와 경험이 다양하고 모든 사람들에게는 한 가지 이상의 재능이 있기 때문에 저마다 한 개 이상의 코스를 준비하여 모든 사람들 앞에서 발표한다. 나는 세계화에 관심이 많아 게임이론으로 세계화를 설명하고, 일본인 친구는 자신이 다녔던 초등학교를 동영상으로 찍어 와 일본의 초등학교 시스템에 대해 설명했다. 가나에서 온 친구는 아프리카 역사에 대해서 설명하는 등 다양한 주제로 공부할 수 있었다.

자신의 관심사를 자기 언어로 설명하기 때문에 대부분의 친구들이 흥미를 갖고 참여했다. 한 주제를 두고 토론할 경우에는 각 나라의 문화적 특징을 느낄 수 있었다. 남의 이야기를 경청하고 자기 의견을 소신껏 말하지 못하는 문화에서 자란 우리나라와 일본인의 경우 토론을 할 때 침묵으로 일관하기에 토론 후 뒷말이 나온다. 반면 유럽과 아메리카인의 경우 타인에게 상처 줄 것 같은 이야기도 서슴지 않고 말하고 자기 의견을 당당하게 이야기하기 때문에 뒤끝이 없다는 문화적 차이를 느낄 수 있었다.

경험(Experience) 과정은 자신이 어떤 경험을 했고 그것이 자신에게 어떤 의미가 있는지 리포트를 써야 한다. 우리는 공동체 생활을 하면서 학생들 스스로 학교를 운영해야 했다. 50여 명분의 음식을 학생들이 순번을 정해 요리하

기금 마련을 위해 런던 거리에서 해금을 켜고 있는 글쓴이

고 학교 건물을 보수하는 일도 했다. 삶에서 필요한 기본적인 기술과 공동체 생활에 필요한 자질을 함양해야 하기 때문에 끊임없이 새로운 경험을 하게 된다. 공동체를 유지하기 위해 학생들마다 필요한 책임 구역을 나누어 책임지고 팀원들과 협력해야 한다. 다른 사람에게 도움을 요청하지 못할 경우 혼자서 감당해야 하기 때문에 힘들어진다.

학생들은 인도나 아프리카에서 프로젝트를 맡겠다는 목표 의식이 있다. 우리는 인도나 아프리카로 가기 위한 경비를 마련해야 했다. NGO단체나 국제 구호단체에서 활동하게 되면 기부금을 조성하는 것이 첫째 할 일이다. 교육 프로그램 중 여행 경비를 모금하는 활동을 통해 다양한 방법으로 기부금 조성하는 방법을 터득하고, 어려움에 부딪쳤을 때 팀원들과 함께 극복하고 해결해 가는 힘을 기른다. 우리 팀은 우리가 만든 잡지를 거리에서 팔거나 악기를 연주하여 기부금을 받고 링컨대학교와 협력하여 국제문화축제를 개최하면서 기금을 마련했다. 또한 덴마크의 자유중등학교인 에프터스콜레를 초대하여 교육 프로그램을 만들어서 기부금을 받기도 했다. 교육방법에서 구체적인 목표가 있고 각 개인의 노력과 팀원 간의 협력을 통해 목표를 이룰 수 있도록 구성되었다.

나는 모잠비크의 거리 아동 관련 프로젝트를 맡아서 포르투갈어를 배워야 했기에 학교에 포르투갈에서 자원봉사활동을 하는 제안서를 냈다. 우리 학교와 자매단체인 포르투갈에 있는 'Humana People to People'이란 비영리 구호단체에서 2주 동안 지내면서 포르투갈에서 모잠비크와 앙골라에 보낼 책을 수거하는 프로젝트를 맡았다. 학생들이 하고 싶은 활동이 있을 경우 프로젝트를 기획해 학교에 제안서를 제출하면 프로젝트의 목적과 경비가 합당할 경우 학교에서 지원해주었다. 학교의 교육방법이 공교육과는 다른 방식이기 때문에 개인의 자율과 창의성을 중요시하는 교육방법을 이해하지 못한 친구들의 경우에는 불평이 많았고 교육 프로그램과 공동체 생활에 적응하지 못하는 친구들은 학교를 떠나기도 했다.

난 내가 다녔던 학교의 역사가 궁금해졌다. 어떤 사회문화적 배경에서 학교가 만들어졌고 어떤 철학적 기반으로 학교가 설립되었는지 알고 싶었다. 학교의 이념이 자유에 기초한 만큼 학교의 교육방법이나 이념에 대해 특별한 이름이 부여되지 않았다. 그래서 우리 단체가 시작되었던 덴마크로 떠났다.

2. 덴마크의 시민대학

1800년대 중반 덴마크에서 그룬트비와 크리스튼 콜이라는 선각자가 민주주의가 싹트기 위해서는 농민들에게 교육이 필요하다고 하여 자유학교와 시민대학(folkehojskole)을 만들었다. 시민대학의 기본 원리는 함께 공동체 생활을 하면서 개인의 자기 계발과 민주주의 구성원으로서 참여를 중요시했다. 또

시험제도가 없고 교육방법도 자유로웠다. 현재 백여 개의 다양한 시민대학이 덴마크에 있다. 내가 활동했던 단체는 1970년대에 트빈 폴케회어스콜레(Tvind folkehojskole, Traveling Folk High School)라는 이름의 자유학교로 문을 열었다. 덴마크에서 인도까지 버스를 빌려 여행하면서 세계의 현실을 직접 목격하고는 빈부 격차를 줄이기 위해서 노력했다. 이들은 'Humana People to People'이란 NGO단체를 만들어 모잠비크, 잠비아, 남아공 같은 아프리카 국가와 인도의 빈민촌에 아동 원조, 사범대학 설립, 전염병 방지 같은 여러 프로젝트를 추진했다. 또한 개발도상국에 국제구호활동가가 필요하기 때문에 미국, 유럽, 중국, 남아공 등에 같은 이념을 가진 시민대학을 많이 세웠다. 대안사범대학의 경우 교육학과 관련된 이론을 공부하고 국가시험에 통과해야 한다. 1학년 때는 아시아를 여행하면서 각 주제별로 공부하고, 2학년 때는 보습학교에서, 3학년 때는 아프리카의 사범대학에서 실습을 하고, 4학년 때는 전 세계에서 자신의 프로젝트를 하게 된다. 교사가 되기 위한 새로운 도전들을 통해 개인의 계발을 중요시하고 다양한 경험을 통해 이론과 실제가 통용되는 앎을 중요시했다.

　덴마크에 있는 11개의 시민대학과 자유학교들을 탐방하면서 우리 단체의 철학적 배경과 교육방법을 이해할 수 있었다. 학교의 철학적 밑바탕은 자유와 인간애다. 우리에게 자유가 주어질 때 그에 따른 책임을 져야 한다. 사람들과 함께 살아갈 때 각자에게 역할과 책임이 부여되고, 학생들은 개인 및 공동의 목표를 성취해 가면서 사회적으로 필요한 기술을 습득하게 된다. 모든 사람들은 다른 배경, 능력, 성격, 경험, 의견들을 갖고 있고 우린 이와 같은 '다름'을 통해 성장한다. 이 세상에는 완벽한 사람이 없고 모든 사람에게 잘하는 것과 부족한 것이 있다. 함께 협력하여 부족한 부분을 상호 보완하고 잘하는 것들을 키우면서 성장한다.

　사람들은 다른 사람이 가난과 질병으로 고통받는 것을 보면 도와주고 싶은 마음이 생긴다. 사회에서 문제를 일으키는 아이들을 보면 그들이 더 나은 삶을 살게 도와주고 싶은 마음이 든다. 우리 교육은 이런 인간애로부터 시작된다. 교육이란 결국 삶을 위한 것이고 행함으로써 우리는 배우게 된다. 이는 책이 아닌 경험을 통해서 이루어진다. 여행시민대학의 프로그램은 교사나 학교가 만든 것이 아니라 학생과 교사의 아이디어로 생겼고 그것이 역사가 되어 정착되어 가는 동시에 시대에 맞추어 다양화되고 있다. 학생들에게 무엇을 하고 싶어 하는지 물어보자! 항해를 하고 싶다고 하면 배를 만들고 세계를 여행하고 싶다면 여행 계획을 짜 보자! 그리고 그에 필요한 경비를 어떻게 충당할 수 있을지 아이디어를 내어 행동으로 옮겨 보자! 교육에서 꿈을 갖고 그 꿈을 이룰 의지가 있을 때 성취할 수 있다는 것을 깨닫게 하는 것만큼 중요한 것이 어디 있겠는가!

3. 대안을 꿈꾸는 세계 교사들의 연대, 교사공동체(Teacher's Group)

우리나라의 전국교직원노동조합이 1989년 독재 정권에 반대하여 교육의 민주화 일환으로 탄생했다면 '교사공동체'는 1970년대 문화혁명의 분위기 아래에서 세계를 여행하면서 세계의 현실을 목격한 이들의 손으로 만들어졌다. 우리나라에서 1980년대 학생운동을 했던 이들을 386세대라고 부르는 것처럼 이곳 또한 1968년 문화혁명 당시의 세대들을 68세대라고 부르고 있다. 이 당시 생태 공동체, 여행 공동체, 무정부 공동체, 히피족 등이 생겨나는 등 68세대를 비롯한 젊은이들이 다양한 방식의 삶을 선택했다. 자국에서 벗어나 세계로 떠나고 싶은 사람들이 많이 생겨났던 1970년 여행시민대학의 학생들이 버스를 빌려서 덴마크에서 인도까지 여행하면서 개발도상국의 기아, 질병, 문맹에 의한 고통을 직접 목격하면서 고통받는 개발도상국 국민들의 삶을 변화시키는 데는 교육이 중요하다는 생각으로 교사공동체를 설립했다. 그들은 1972년도에 덴마크의 트빈 지역에서 대안사범대학(The Necessary Teacher Training College : www.dns-tvind.dk)을 만들었다. 대안사범대학에서는 '행함으로써 배운다

Learning by doing'방식으로 교육활동을 하고 있다.

세계의 가난한 나라의 사람들 중 1억여 명은 하루 1달러로 살고 있고, 매일 7~8천여 명의 사람들이 에이즈(HIV/AIDS)에 걸려 죽고, 수천 명의 아이들이 고아가 되고 있는 현실에서 살고 있다. 교사공동체는 사람들이 고통스런 현실에서 벗어나 같은 인간으로 행복하게 사는 것에 교육의 목적을 뒀다. 또한 선진국에서도 많은 청소년들이 범죄, 마약, 성매매 등에 노출되어 있고, 이 아이들은 전통적인 학교에서 거부당하고 있다. 점점 이런 아이들이 많아지고 있지만 그들을 받아주는 곳이 없기에 그들이 새 출발하게 돕는 일에도 주력하고 있다.

교사공동체는 덴마크의 대안사범대학을 모델로 앙골라와 모잠비크에 미래의 교사를 위한 대학(EPF : Escola de professores do Futuro : www.humana.org/dns)이라는 이름으로 14개의 사범대학을 만들었다. 이곳을 졸업한 교사들은 초등학교 교사가 된다. 이 대학은 2년 반 동안 여덟 학기로 나누어 주제별로 학습한다. 앙골라와 모잠비크의 경우 문맹률이 높고 교사들 또한 에이즈나 말라리아로 사망하는 경우가 많아서 초등학교 교사의 수요가 높다. 교사공동체에서는 이런 현실에 도움을 주고자 사범대학을 만들고 거리 아동 프로젝트, 아동 원조 프로젝트 등을 만들었다. 덴마크에서 시작된 공동체가 세계로 퍼져 나가 현재는 큰 그룹으로 나누어져 대륙별로 연대해 나가고 있다. 아프리카 교사공동체, 유럽 교사공동체, 아시아 교사공동체로 나뉘어져 함께 교육과 미래에 대해 연구하고 정보를 교환하고 연대해 나가고 있다. 교사공동체에 소속된 일원들은 국적을 뛰어넘어 자신이 원하는 공간에서 교사로 일할 수 있다.

1) 여행시민대학과 대안사범대학

공부와 노동이 분리되지 않고, 교사와 학생을 서열로 나누지 않고, 교사와 학생이 함께 운영하는 학교가 있다. 교사공동체에서 만든 여행시민대학(Travelling Folk High School)과 대안사범대학(The Necessary Teacher Training College)

이다. 여행시민대학은 학생들이 아프리카나 인도에서 국제구호활동을 하도록, 대안사범대학에서는 다양한 경험과 새로운 도전을 통해서 교사가 되게끔 교육한다. 이곳에서 교사와 학생은 공동체로 학교에서 함께 살면서 공부하고 요리하고 건물을 보수하고 돈을 번다. 학생들은 머리로 지식을 쌓는 것뿐만 아니라 삶을 살아가는 데 필요한 기본적인 의식주를 함께 해결하고 다양한 사람들과 함께 공존하는 방법을 배우며 경험을 쌓는다.

여행시민대학과 대안사범대학은 교사공동체에서 운영하고 있다. '공동시간, 공동분배, 공동경제'에 동의하는 사람은 연령, 국적, 학력, 능력에 상관없이 누구나 교사공동체의 일원이 될 수 있다. 이곳에서는 하루 중 오전 8시부터 오후 4시까지를 업무 시간이라고 따로 정해 놓지 않는다. 노동과 놀이를 구분해 놓고 같은 시간 안에서 모든 교사와 학생들이 똑같이 행동하는 일반적인 시간 운영에서 벗어나 개인이 자율적으로 하루를 기획한다. 교사는 학생들이 준비한 저녁 이벤트에 참여하고 상담하는 등 학생들과 함께 공동체의 일원으로 살아가기 때문에 업무 시간과 휴일이 따로 정해져 있지 않다. 이것이 교사공동체에서 말하는 '공동시간'이다.

교사공동체는 여행시민대학과 대안사범대학뿐만 아니라 아프리카에서 사범대학(Teacher Training College), 아동 원조 프로젝트(Child Aid Project), 거리 아동 프로젝트(Street Children Project), 직업학교(Vacational School) 등을 운영하고 있고 유럽과 미국에서 헌옷 수거와 관련한 사업을 진행하는 등 다양한 분야에서 활동하고 있다. 이 경험 안에서 교사는 자신의 능력과 관심에 따라 어떤 활동을 할 것인지 정하게 된다. 교사는 한 분야에서 2~5년 동안 활동하고 그 이후 다른 분야에서 활동하는 '공동분배'의 생활을 경험한다. 교사공동체는 교사 개인이 다양한 경험을 통해서 새로운 도전을 만나고 성장하도록 도와준다.

'공동경제' 또한 교사공동체의 중요한 구조이다. '공동경제'는 모든 구성원들이 활동 중에 번 돈을 다 모아서 각 구성원들이 필요한 만큼만 쓰고 나머지는 새로운 프로젝트나 경제적으로 문제가 있는 프로젝트에 쓰는 것을 말한다. 비즈니스와 관련해서 활동하는 교사의 경우 비즈니스의 이익금 모두 교사공

건축 주말에 학교 지붕을 수리하고 있는 여행시민대학 학생들

동체에 내고 개인이 필요한 만큼만 조달받는다. 자본주의 사회에서 살고 있는 우리의 경우 경제적인 어려움 때문에 현실과 이상 사이에서 괴로워하지만 이곳에서는 경제적인 문제를 홀로 짊어지지 않고 모든 것을 공동의 책임 아래 서로 협력하여 문제를 해결하고 있다.

대안사범대학의 경제는 공동의 책임이기 때문에 교사가 되고 싶은 사람들은 학비가 무료다. 학교를 다니면서 교육에 필요한 재정을 함께 풀어 나간다. 4년제 대학으로 매년 3개월 동안 거리에서 기부금을 마련하거나 건물을 짓고 보수하는 일도 하면서 학비를 함께 벌고 3개월 동안 교육학에 관련한 이론을 공부하고 나머지 6개월은 실습을 한다. 1학년 때에는 6개월 동안 아시아를 돌아다니면서 세계를 바라보는 지평선을 넓히게 된다. 또 팀원들이 주로 함께 여행을 하면서 공동체 의식을 드높이고 새로운 도전들을 극복하는 경험을 한다. 2학년 때에는 6개월 동안 덴마크 내에 있는 자유학교나 여행시민대학에서 실습을 통해 교사의 역할을 경험한다. 자유학교에서는 마약이나 술 중독 혹은 정서적으로 불안정한 청소년들을, 여행시민대학의 경우 전 세계의 청년들을 대상으로 교육을 하기 때문에 늘 새로운 도전에 직면하게 된다. 폭력, 폭언 등이 난무하는 자유학교에서 평정심을 유지하지 못하고 좌절하는 이들의 경우 교사의 길을 포기하기도 한다. 새로운 도전을 이겨낸 친구들은 3학년 때 6개월 동안 아프리카에 있는 사범대학에서 실습한다. 학생들은 새로운 언어와 문화를 배우고 느끼며 아프리카의 교사들이 희망의 바람을 일으킬 의지를 심어주는 일에 힘쓴다. 4학년 때에는 3년간의 경험을 바탕으로 새로운 프로젝트를 직접 만들어서 실행하게 된다.

2) 교사공동체에서 본 교사라는 존재

이곳에서는 교사의 존재를 학교라는 틀에만 한정 짓지 않고 사업장을 이끌어가는 리더로 본다. 교사는 다양한 교육 프로젝트와 연계하여 협력해 나가며 구성원들이 각 사업장에서 잘 성장하도록 돕는 역할을 한다. 두 달에 한 번씩 유럽의 교사공동체에 속한 일원들이 모두 모여서 다양한 주제를 연구하고 토론하며 각 학교의 문제점에 대해서 논의한다. 교사들은 자신의 관심사에 따라 다른 교사의 조언을 받으며 학습할 수 있다. 그리고 덴마크에 있는 교사공동체 일원은 두 달에 한 번씩 모든 학생과 교사들이 모여서 함께 건물을 보수하거나 건설하는 '건축 주말(Building Weekend)'의 시간을 보낸다. 이곳에서 이루어지는 교육은 교사와 학생의 내적 성장과 행동에 의해서 실질적으로 변화를 일으키는 데 주안점을 두고 있다.

나는 영국에 있는 여행시민대학에서 14개월 과정을 마치고 교사공동체에 소속되어 현재 덴마크의 린다스벌드 여행시민대학(Lindersvold Travelling Folk High School, www.lindersvold.dk)에서 교사로 활동하고 있다. 이 학교에는 18~50세의 다양한 국적을 가진 14명의 학생과 나를 포함한 3명의 교사가 있다. 3명 모두 여행시민대학을 졸업했고 미국인 켈리는 10년 동안 건축업에서 활동했고 에스토니아인 테노는 고등학교를 졸업하고 곧바로 여행시민대학을 나와 현재 최연소 교사다. 이곳에서 교사는 국제구호 양성 프로그램을 먼저 경험한 사람으로 학생들이 프로그램에 따라올 수 있도록 조언해주는 조력자다. 그렇기 때문에 어떤 능력과 자격증을 갖고 있는지 평가하는 게 아니라 학생들과 함께 살면서 그들의 성장을 돕고 교사도 자신의 부족한 면을 보완하면서 성장해 나간다.

국제구호활동가가 되기 위해서는 기본적으로 의식주를 스스로 해결할 줄 알아야 한다. 또 구호활동의 기본 지식과 해당 나라의 언어를 익혀야 하고 그곳에서 활동할 수 있는 경비를 벌어야 한다. 이곳에서 교사의 역할은 알고 있는 지식을 말로 학생들에게 전달하는데 그치지 않고 학생들 스스로 책임의식을 갖고 문제를 해결할 수 있도록 도와야 한다. 나는 건물 짓기, 포르투갈어 가르치기, 밭 만들기, 학점 및 회계 관리, 다양한 주제에 대한 강연, 요리 및 청소 관리 등 다양한 일들을 기획하고 학생들이 책임의식을 갖고 실행할 수 있게 돕는 일을 하고 있다. 어떤 분야의 경우 학생들과 동료들이 나보다 더 전문적이기에 기획한 것들을 이룰 수 있게 그들의 조언에서 도움을 받는다. 모든 정보, 지식, 경험들을 함께 공유하기 때문에 이곳에는 권위 의식이 존재하지 않는다.

토플, 토익 시험을 통과하지도 않았고 영어를 유창하게 구사하지도 못하는 교사가 어떻게 부족한 영어 실력으로 학생들에게 다양한 분야를 가르칠 수 있을까? 또 짧은 6개월 동안 포르투갈어를 공부한 한국인이 유럽 친구들에게 어떻게 포르투갈어를 가르칠 수 있는지 의문이 생길 것이다. 이곳에서 언어란 소통의 수단이지 그 자체가 목적은 아니다. 여기서 중요하게 여기는 가르침의 자격 조건은 가르칠 의지가 있고 그것을 행할 자신감이 있느냐이다. 나는 포르투갈어를 가르칠 때 학생들이 스스로 공부할 수 있게 조직화하고 학습을 안내할 뿐이다. 포르투갈어를 유창하게 할 수 있는 사람이 교사라고 반드시 학생들의 포르투갈어 실력을 키워줄 수 있는 것은 아니라고 생각한다. 나는 학생들에게 동기를 부여해서 스스로 학습하게 하고 팀원들이 함께 협력하여 다양한 경험을 하게끔 도와주고 있다.

　교사의 자질에 대한 검증된 문서도 평가도 없이 교사가 되는 일이 과연 합당한 일인가 의아해하는 사람이 있을 것이다. 이곳에서는 교사 또한 학생처럼 불완전한 이들이며 실수와 경험을 통해서 배우는 존재로 본다. 교사는 학생들이 경험해야 할 것을 앞서 경험한 덕분에 얻은 노하우를 공유하고 기획할 뿐이다. 교육이라는 테두리 안에서 우리의 삶을 바꾸게 하고 영향을 끼치는 것은 인간이지 책과 자격증이 아니지 않는가? 이곳은 교사의 다양한 경험과 세계를 바라보는 안목이 학습에 더 큰 영향을 미친다고 보고, 교사는 지식보다 학생의 내적 계발과 변화에 더 주목해야 한다고 여긴다. 따라서 교사 자격의 기준을 그 사람의 지식과 자격증으로 보지 않고 공동체로 살면서 교사가 되고 싶은지로 가늠한다. 교사나 학생들 모두에게 열린 장소다. 사람은 누구나 각자에게 맞는 공간이 있듯이 공동체로 사는 게 싫다거나 학교제도가 마음에 들지 않으면 떠나면 된다. 대신 함께 시련을 이겨내고 즐길 마음이 있다면 학생으로서 혹은 교사로서 누구나 들어올 수 있다.

　교사공동체의 활동과 이념은 우리나라 교사 양성과 교사들의 연대에 시사하는 바가 크다고 생각한다. 이들은 교사 양성 과정에서 배운 경험 중심의 교육과정을 바탕으로 자신의 학교를 넘어서 세계 학교들과 연대하며 더 나은 미래를 만들기 위해 활동하고 있다. 나 또한 교사공동체에서 새로운 방식의 연대와 교육방식을 몸으로 익히고 배웠기에 우리나라의 뜻있는 이들과 나누고 싶다는 희망을 갖고 있다. 뜻 맞는 이들과 함께 머리를 맞대고 내가 배운 새로운 교육방식, 다양한 교육방식을 우리나라에 풀어내고 연대하는 일을 해보고 싶다.

학교 같지 않은 학교,
니 릴레스콜레

1. 학교 같지 않은 학교

덴마크의 니 릴레스콜레는 진짜 가르침이 이루어지는 학교다. 이곳 아이들은 어른들과 자유롭게 관계를 맺고 두려움 없이 솔직하게 어른을 대하기 때문이다. 2년 동안 이 학교에서 일했던 내 친구 페기 휴즈(Peggy Hughes)는 학교에 관한 30분짜리 흑백 영화를 만들었다. 제목은 '우리는 이곳을 학교라 불러야 해요'이다. 영화의 앞부분에 교사 한 사람이 이렇게 말한다.

"우리는 이곳을 학교라고 불러야 해요. 아이들은 학교를 가야만 하거든요. 그러니 우리가 여기를 학교라고 부르지 않으면 아이들이 오지 않는답니다."

하지만 학교에 가야 하는 시간에 아이들이 가는 장소라는 사실을 제외하면 이곳은 전혀 학교 같지가 않다. 어떤 '교육'도 이곳에는 없다. 이곳은 사실상 뭔가를 '하는' 장소다. 여기에는 6세에서 14세에 이르는 아이들 85명쯤이 6명의 어른들과 함께 잘 지내고 있다. 이 어른들은 아이들과 더불어 활기차고 재미있고 안전하며 서로 신뢰하고 협동적이며 온정 넘치는 공동체를 만들기 위해 일한다. 이 공동체 속에서 아이들은 자기들이 좋다고 생각하는 대로 산다.

'자기들이 좋다고 생각하는 대로' 이 말은 말 그대로 학교에서 드러난다. 서

존 홀트(John Holt) · 이수영 옮김 미국의 대표적인 홈스쿨링 운동가. 교사생활을 하며 성찰한 것을 토대로 『아이들은 왜 실패하는가』 같은 책을 썼다. 이 글은 『Instead of Education』에서 뽑아 정리한 것이다.

로에게 상처를 주지 않는다면 서로의 물건이나 공동 소유물을 부수거나 하지 않는 한도 안에서 아이들은 자기가 원하는 걸 할 수 있다. 그것도 원하는 사람과 원하는 만큼 언제든지! 교사들은 아이들이 이렇게 지낼 수 있는 장소를 마련해주고 지켜볼 뿐이다. 물론 아이들이 흥미를 가질 만한 일을 몇 가지쯤 생각해 내고 준비물을 제공하기도 한다. 교사가 가진 자원과 재능을 아이들이 충분히 활용할 수 있도록 하는 것이다. 아이들이 뭔가를 하면서 도와 달라고 하면 기꺼이 돕는다. 대체로 아이들이 놀이에 열중해 있는 걸 지켜보고 질문에 답해주거나, 이야기를 나누며 아이들 곁에 가까이 있을 뿐이지만.

그러나 교사들은 단지 '어른의 책임감'을 발휘하려고 거기에 있는 건 아니다. 어른들이 결정한 일을 하도록 아이들에게 힌트를 주거나 그들을 유도하지는 않는 것이다. 영국의 '열린 학교'나 비슷한 성격의 미국 학교 교사들처럼 먼저 "이걸 하자"고 말하지 않는다. 어른들의 가치 기준으로 아이들이 해야 할 것을 정해서 던져 주지 않는 것이다.

이 학교에는 학구적으로 보이는 교육 프로그램이 거의 없다. 학력 수준 발달의 기준이 되는 정해진 교과서나 교육과정, 미리 계획된 교안도 없다. 시험도 등수도 성적표도 숙제도 없고, 특별한 경우가 아니라면 학부모회의 조차 열리지 않는다. 또한 아이들에게 읽기 공부를 시키려는 어떤 종류의 압박도 없다. "읽는 게 좋지 않겠니?" "이제 읽을 때가 되지 않았을까?" 따위의 말도 하지 않는다. 다른 열린 학교나 대안학교에서 수시로 열리는 전시회나 외부인에게 보이기 위한 행사도 이 학교엔 없다. 연극, 춤, 가장행렬 같은 구경거리를 내놓아 아이들이 얼마나 창조적인가를 세상에 보여주는 일은 하지 않는다.

이와는 대조적인 한 미국 학교가 생각난다. 이 학교는 내 생각에 미국에서도 상위 1~2% 안에 들 만한 학교인데, 어느 날 이 학교 게시판에 친절하고 지적인 교장이 쓴 여러 편의 여행기가 붙어 있었다. 배에서 짐 내리는 장면을 보고, 상수도 급수원을 탐방하고, 기차역 사람들을 인터뷰하고… 여행을 하면서 경험했던 여러 장면들을 묘사한 글이었다. 다음은 그 여행기의 일부이다.

우리는 여행을 통해 많은 생각을 할 수 있었다. 모르는 사람들이 볼 땐 그저 차만 많이 타고 돌아다닌 걸로 보일 수도 있겠지만 그렇지 않다. 한 학부모는 왜 굳이 이런 여행을 하냐며 엄청나게 불평을 했다. 가족끼리도 이 지역을 수없이 여행했는데, 학교에서는 좀더 나은 일을 해야 된다는 것이다. 하지만 그분도 결국에는 이 여행의 취지를 이해하게 되었다. 아이들의 계획을 들어보고 여행길에서 만난 사람들에게 할 질문을 써 놓은 질문 목록을 본 것이다. (중략) 이 여행의 '결과물' 중 하나는 어른 키만 한 모형 지도이다. 이 모형 지도는 큰 관심을 끌었다. 이걸 둘 만한 공간이 없어 도르래를 써서 천장에 들여 올려 전시해 두었기 때문이다. …… 여행의 성과는 모형 지도뿐 아니라 사진, 일람표, 춤, 구두 보고를 통해서도 나타났다. 나는 아이들이 경험한 걸 춤으로 표현하는 걸 보고 그 능력에 놀라움을 금치 못했다.

도대체 모형 지도를 만드는 건 누구의 생각이었을까? 실제로는 누가 진짜 그 계획을 짰고 누가 그 질문 목록을 만들었을까? 왜 항상 눈에 보이는 결과물, 즉 '성과'가 있어야 하는 걸까? 관심이 있는 뭔가를 보러 갔다 와서 꼭 춤으로 표현한다거나 6피트나 되는 모형 지도를 만들어 천장에 매달아야 할 필요는 없지 않을까? 나 같으면 꼭 누구에게 보여주려고 애쓰기보다 그 열매가 저절로 맺혀서 모습을 드러낼 때까지 여유 있는 마음으로 기다릴 것 같다. 열매가 익기까지는 시간이 걸리기 마련이기 때문이다. 어떤 경우에는 여러 해가 걸리기도 한다. 너무도 '창조적인' 교사들이 애써서 성과품을 만들도록 부추기지 않는다면 그런 식의 결과물이 생기지는 않을 것이다, 결코.

물론 나도 학교에 있을 때는 '너무나 창조적인' 교사였다. 그래서 잘 안다. 그렇게 눈에 보이는 성과물이 어떻게 만들어지는지. 그리고 교사들이 의심 많은 학부모들도 달랠 겸 얼마나 아이들 마음을 드러내고 싶어 하는지도. 교장은 이런저런 것들을 춤으로 표현하는 아이늘의 능력에 놀라움을 표할 것이다. 아이들 역시 교장이 감탄하는 걸 알아채리라. 이런 학교에선 교사들이 무엇에 감탄하는지, 어떤 모습을 원하는지 아이들이 금세 알아챈다. 엄청난 칭찬, 미소, 찬사, 상, 훌륭한 평가서가 보상으로 온다는 것을 금방 배우게 되는 것이다. 어른들이 원하는 걸 하지 않는 아이, 또는 그걸 하고 싶어 하지 않는 아이가 되는 건 빛나는 원의 중심부에서 밀려나 바깥의 어둠 속으로 떨어진다는 의미란 걸 곧 깨닫게 된다. 그러나 니 릴레스콜레에서는 그런 일이 없다.

니 릴레스콜레가 어떤 학교인지 알려면 비슷한 곳을 보아야 한다. 우리는 아이들이 주도적인 이런 학교가 어떻게 돌아갈지 상상도 못한다. '열린' 학교에서조차 어른들은 늘 아이들이 무언가 하게 하려면 어떻게 해야 할까 궁리하며, 아이들이 '그걸' 제대로 하고 있는지 염려하고 있기 때문이다.

니 릴레스콜레에 가보고 나서 다른 학교를 방문하는 게 싫어졌다. 불과 얼마 전까지 내가 훌륭하다고 생각했던 학교들도 마찬가지였다. 니 릴레스콜레 아이들은 자연스럽고 꾸밈없고 솔직하고 열려 있고 정직하고 대담하고 생기 있는 반면, 다른 학교 아이들은 감정을 숨기고 소심하고 속이고 신중하고 이런저런 체하고 음울하거나 유혹적이어서 그 차이가 너무 크게 느껴졌기 때문이다. 나는 아이들이라면 다 좋아한다. 아이들에게 둘러싸여 있는 게 좋다. 하지만 이런 나도 다른 학교 아이들보다는 니 릴레스콜레의 아이들에게 둘러싸여 있는 게 훨씬 좋다고 느낀다.

니 릴레스콜레가 어떤 곳인지는 책 한 권을 쓴다 해도 다 표현할 수 없을 것이다. 아이들이 그 속에서 무엇을 하며 얼마나 변화하고 얼마나 강해지고 얼마나 성장하고 있는지…. 모든 아이들은 각자의 일을 하고 날이면 날마다 그곳에선 새로운 일이 펼쳐진다. 무엇보다 중요한 건 그 학교는 '되어가고 있는'(성장하는) 학교라는 점이다. 많은 부모나 교사들이 염려하는 학습능력의 기준에서 봐도 니 릴레스콜레는 아주 성공적이다.

이 학교의 아이들은 지능지수나 학습능력을 기준으로 뽑은 아이들이 아니다. 입학을 위한 시험은 전혀 없다. 성적이 나쁘다는 이유로 다른 학교에서 전학을 온 아이들도 있다. 그러나 이 학교 아이들 대부분은 입학이 아주 어렵다는 전통 있는 상급학교에 들어간다. 그곳에서도 성적이 좋다고 하는데 거의 모두가 고급 전문직을 갖기 위한 진로를 밟는다. 이 나라의 젊은이들 중 오직 5%만이 이 안에 드는데, 내가 아는 어떤 뛰어난 학교도 이 정도는 아니다.

이 학교의 아이들과 부모들이 덴마크 사람들을 대표한다고 말할 사람은 아무도 없을 것이다. 덴마크인들도 역시 이런 학교에 아이를 보내는 걸 쉽게 결정하지는 않는다. 니 릴레스콜레 부모들의 한 가지 공통점이 있다면 '아이들에 대한 신뢰'일 것이다. 아이들을 믿지 않는다면 이 학교에 아이들을 보낼 수 없을 것이다. 그런 점에서 보면 이들 부모와 아이들은 남다르다. 우리가 아이들이 세상의 참모습을 알아낼 거라는 걸 믿어줄 때, 신뢰를 줄 때 아이들은 진실을 발견할 수 있다.

2. 학교 풍경

소박한 학교

코펜하겐 교외에 있는 작은 도시 바스바르에 자리 잡고 있는 이 학교는 아주 소박하고 돈이 적게 드는 한에서 필요한 물품을 갖추고 있다. 미국이나 덴마크의 다른 학교 교사나 행정직을 맡고 있는 사람이 이 학교같이 허술한 설비를 갖춘 학교에서 근무해야 한다면 아마도 기막혀 할 것이다.

학교에서 가장 눈에 띄는 물품은 나무로 된 맥주상자이다. 양조장에서 공짜로 얻어온 이 상자는 칸막이가 되기도 하고, 탁자, 책꽂이, 의자가 되기도 한다. 소박하고 튼튼한 이 나무상자는 이 학교의 정신을 대변한다. 이 나무상자 없이는 이 학교를 상상하기 어렵다.

이 학교에서 내가 본 것에 관해서 다음 세 가지를 얘기할 수 있다.

첫째, 이 학교는 오늘날 기존의 초등학교나 열린 교실에서 찾아볼 수 있는 설비와 물품의 극히 일부분만 가지고 있다.

둘째, 학교에 있는 어떤 비품이든 아이들이 쓰기 위해 존재한다. 전형적인 미국 학교에서 보이는 굳게 잠긴 시청각 교재실, 또는 도서관에서 책을 빌릴 때 거쳐야 하는 복잡한 절차 같은 것은 없다.

셋째, 가장 중요한 건 아이들을 위한 공간을 만들고자 하는 사람이면 누구든지 비품을 구하는 데 많은 돈을 들일 필요가 없다는 점이다. 아이들이 공부하는 데 멋진 교재나 교구가 그렇게 많이 필요한 건 아니다. 아이들이 얼핏 수학교구나 과학교구를 좋아하는 것처럼 보이는 이유는 그걸 다루는 편이 전통적인 학교 공부, 교사의 말에 귀를 기울이고 공책을 메우는 일보다는 훨씬 낫기 때문이다. 하지만 진정한 선택권이 있다면 어느 누구도 수학교구나 주물럭거리고 닭 뼈다귀나 끼워 맞추면서 시간을 보내려 하지 않을 것이다.

다른 이유 한 가지를 말하자면 이 학교는 더 이상의 비품을 갖출 만한 돈이 없다는 말도 해야겠다. 만약에 그럴 돈이 있다면 갖추고 싶어 할 물건이 분명 있을 것이다. 하지만 이 학교 교사와 학생들은 자기들이 필요한 것 중 많은 부분을 빌리거나, 폐품을 이용하거나 값싸게 구입하는 데 그 꾀가 보통이 아니다. 아마도 학교에 돈이 많아도 물건을 사기보다 다른 재미있는 일을 하는 데 쓸 가능성이 높다. 이 학교는 짧은 여행을 자주 하는데 주변을 돌아다니는 건 물론 더 멀리까지도 간다. 스웨덴을 횡단하는 도보여행을 하기도 했다. 돈이 더 있다면 여행을 더 많이 하리라.

출석에 대해

이 학교에서도 출석 기록은 한다. 하지만 이 말이 출석을 확인하기 위해 이름을 부른다거나 특정한 시간에 학교에 모든 아이들이 있어야 한다는 뜻은 아니다. 아무 날이나 정해서 교사 중 한 사람이 누가 학교에 있고 누가 없는지 확인한다. 누가 없다고 걱정하고 전화를 걸고 하는 따위의 조치가 따르지는 않는다. 학교가 친밀하고 개방적인 공동체인 만큼 누군가 학교에 없는 아이의 행방을 알고 있기 마련이다. 그렇지 않을 경우에도 누군가 하루 이틀 학교를 빼먹었다 해도 다시 돌아오면 그동안 뭘 했는지 여러 사람에게 이야기하기 마련이다. 이유를 아는 사람이 아무도 없는데 아이가 학교를 이틀 이상 빼먹는 일은 극히 드물다. 이런 상태가 계속되면 교사들은 무슨 일인지 알아볼 것이다. 한 번은 한 아이가 아주 여러 날 연달아 학교에서 사라진 일이 있었는데 이때는 교사들이 이 아이를 학교에 돌아오게 하려고 궁리하기 시작했다. 하지만 아이들은 보통 스스로 생각하기에 이유만 충분하다면 자유롭게 학교 밖 어디든 가도 된다. 아이들은 허락을 받거나 돌아와서 결석에 대한 변명을 할 필요가 없다. 누구도 학교에 없는 동안 시간을 헛되이 보내지 않았음을 증명할 필요가 없다. 체험학습 프로그램에 참여한 미국 학생들처럼 학교 밖에 있으면서 한 일에 관한 보고서를 낼 필요가 없는 것이다.

내가 그 학교를 찾았을 때는 모두 봄이었다. 길고 어두운 겨울이 끝나고 햇살이 비치면 스칸디나비아 사람들은 밖으로 나와 햇볕을 쬐고 싶어 한다. 이때는 아이들 중 거의 절반이 학교에서 빠져나가고 없는 것 같다. 겨울 동안에는 학교 안에 있는 것을 훨씬 좋아하지만.

3. 아이들은 학교에서 무엇을 하나

에너지가 넘치는 아이들

그런데 아이들은 뭘 하면서 지낼까? 아주 다양한 활동이 있지만 내가 봤던 몇 가지만 얘기해보겠다.

2년 전 학교회의에서 많은 논의 끝에 점심식사를 공동 급식으로 하기로 결정했다. 여기는 모든 아이들이 참여하는데, 몇몇 아이들이 음식 재료를 사오고 빵과 고기를 자르고 캔 뚜껑을 따는 등 분주하게 움지여서는 점심을 차려 같이 먹는다. 아주 생동감 있고 시끄럽고 다정한 광경이다.

자주 접하게 되는 또 다른 활동은 학교 총회이다. 아이들과 교사들이 모두 참석하는데 누구나 발언과 투표를 할 수 있고 한 표 한 표는 똑같은 효력을 갖는다. 니일은 서머힐 총회에서 열두 살 아래 아이들은 능동적인 역할을 하는 경우가 드물다고 했는데, 이 학교에서는 그렇지 않다. 어린아이들이 긴 의견을 낼 때가 자주 있다. 학교는 웬만해선 비공개 투표로 뭔가를 결정하지 않으려고 애를 쓴다. 모두가 아니면 거의 모두가 동의할 수 있는 해결책을 찾으려 한다. 회의에서는 누가 누구를 괴롭히거나 귀찮게 군다든가 하는 사적인 문제를 이야기하기도 하고 돈은 어떻게 써야 한다든지 하는 학교 정책을 두고 이야기하기도 한다. 이 점에서 나는 이 학교가 서머힐보다도 훨씬 멀리 나아갔다고 믿는다.

학교 일상에서 가장 중요한 일과 중 하나는 아침 체조 시간이다. 율동과 춤도 함께하는데 작은 체육관에서 한다. 체육관이라고 하기에도 뭣한 그곳은 스쿼시 코트나 핸드볼 코트보다 약간 클까 말까 한 천장이 낮은 방으로, 비치된 비품은 두꺼운 텀블링 매트 하나와 콩고드럼 두 개가 전부다. 아침이면 노련한 음악가이자 댄서이기도 한 교사 한 명과 아이들 거의 모두가 이 체육실에 모인다. 교사는 북 하나를 차고 앉아 빠르고 신나게 리듬을 치기 시작한다. 그러면 아이들은 몸을 움직이고 뛰어오르며 춤을 춘다.

이 수업시간이 똑같이 진행되는 때는 단 한 번도 없다. 몸놀림은 자유롭게 즉석에서 만들어지고 한 사람이 먼저 하면 모두들 따라 한다. 아이들이 전에 했던 동작을 다시 할 때도 자주 있겠고 분명 더 좋아하는 동작도 있겠지만 수업이 계속되면서 생기 있고 우아한 새로운 동작들을 개발해 낸다. 새로운 리듬이 새로운 동작을 이끌어 낸다. 아이가 북을 칠 때도 있고 아이와 교사가 함께 치기도 한다. 이런 장면이 연출하는 그 유쾌함과 에너지는 말로 표현하기 힘들 정도이다. 나는 이에 비할 만한 장면을 본 적이 없다. 북소리, 율동, 춤은 오랫동안 계속된다. 아이들 대부분은 너무나 건강하고 에너지에 넘쳐 있는데, 아이들은 그 열기의 많은 부분을 여기서 태운다(무슨 수를 써도 다 태울 수는 없겠지만). 학교는 고요하고 사색적일 때도 있지만 거의 언제나 아이들은 엄청나게 사교적이고, 말 많고 활동적이고 시끄럽다. 미국 학교에서 훨씬 덜 활동적인 아이들도 '활동과다'라고 딱지를 붙여서 약을 먹이는 것과는 참 대조적이다.

지켜보는 것의 가치

용접 장비를 갖추기 전에 이 학교에는 분젠버너가 한 대 있었다. 하루는 약 한 시간가량 서너 명의 아이들이 버너를 둘러싸고 앉아 있었는데, 나도 그 속에 끼어 있었다. 우리들은 각자 집게로 못 하나씩 집어 들고는 불꽃 속에 담그고 있었다. 못이 붉게 달구어져서 작업하기 알맞게 물러지자 다들 철도레일 토막을 모루 삼아 못을 두드려 댔다. 그런데 학교에 새로 온 7, 8세가량의 남자아이 하나는 뜨겁게 달구어진 못을 나뭇조각에 꽂아 넣는 일을 반복했다. 나무가 그을려지면서 연기가 피어올랐다. 만약 다른 누군가가 자기 못에 닿거나 불꽃을 너무 많이 차지했다 싶으면 그 아이는 욕을 퍼붓고 으르렁거렸다. 그 때문에 다른 아이들이 겁을 먹거나 하진 않았지만 나는 당황했다. 어린아이 속에 그토록 큰 폭력성과 분노가 들어 있는 것을 한 번도 본 적이 없었기 때문이다. 나는 그 아이가 못을 나무에 꽂을 때 무슨 상상을 할지 감히 생각도 할 수 없었다. 그것이 당시 우리의 유일한 만남이었다. 그 2년 후, 두 번째로 학교를 찾았을 때 그 아이는 평화롭고 친절하고 행복한 아이가 되어 있었다. 게다가 우연인지 모르겠지만 금속공예나 용접 분야에서 가장 숙련된 아이들 중 한 명이 되어 있었다. 놀랍고 또 기뻤던 것은 그 아이가 나를 기억하고 게다가 친구로 기억해주었다는 사실이다.

　어느 날의 음악실 풍경이다. 훌륭한 재즈 피아니스트인 교사 한 분이 한 아이에게 전기기타로 재즈 화음 연주하는 법을 가르쳐주고 있었다. 교사는 설명하고, 직접 시연을 보여주고, 피아노로 같이 연주했다. 그런데 다른 두 아이가 살짝 콩고드럼을 치면서 연주에 끼어들었다. 아이들은 제때 박자를 맞출 만한 실력조차 없었다. 하지만 제발 연주를 그만두라고 말리는 사람은 아무도 없었다. 신경질적인 시선을 보내지도 않았고, "우리가 바쁘다는 것 몰라?"라는 분위기를 자아내는 어떤 감정적 대응도 없었다. 두세 명의 다른 아이들도 그 방에 있었는데 나처럼 그저 쳐다보고 있었다. 가끔씩 피아노와 기타가 제 가락을 낼 때면 나는 평소처럼 블루스 곡을 혼자 흥얼거렸다. 또 다른 아이는 창턱에 걸터앉아 바깥을 바라보고 있었다. 그곳에 있는 사람들은 저마다 나름대로의 수준에서 기능과 집중력을 발휘하며 참여하고 있었고 그 모두가 허용되고 있었다.

　스톨리브라스 여사(Mrs. Stallibrass)가 이렇게 말했다. "본다는 것은 소중한 행위다. 아이들에게 봐야 할 필요성은 존중되어야 하고 다른 이들을 바라보는 데 빠져드는 일을 방해해선 안 된다. 오히려 '격려해야' 한다. …… 어떤 아이들은 스스로 하기 전에 다른 이들이 하는 것을 보는 걸 좋아한다. 그 아이들은 자신이 하기 전에 무엇을 할 것인지를 곰곰이 씹고 생각해보길 좋아한다." 니릴레스콜레에서는 모두가 이 점을 알고 있는 것 같다.

난폭한 아이도 변한다

이 학교에 들어온 지 얼마 안 되는 한 남자아이는 난폭하고 곧잘 화를 내는 성격이었다. 아이들 스스로 "테러리스트들"이라 부르는 한 떼거리에 속해 있었다. 이 아이가 한번은 종이상자를 박살내다가 실수로 열 살짜리 소녀의 눈을 때렸다. 어찌나 심하게 쳤던지 진짜 다칠 뻔했는데, 그 아이는 뺑소니를 쳤고 자기가 무슨 짓을 저질렀는지도 모르는 것 같았다. 소녀는 두 손으로 눈을 감싸고는 아픔에 못 이겨 주저앉았다. 다른 아이들과 교사 한 명이 이 광경을 목격했다. 옆에 있던 사람이 괜찮냐고 물으면서 다독거려 주었다. 다른 일은 아무것도 일어나지 않았다!

내가 알고 있는 대부분의 다른 학교에서라면 소녀는 큰소리로 울기 시작할 테고 다른 아이들이 교사에게 일러서 이 일을 해결해 달라고 요구할 판이었다. 그러면 그 어린 남자애는 붙들려 와서 사과를 해야 했을 것이고 아마도 벌도 받았을 것이다. 여기서는 어른과 아이들, 그리고 다친 소녀까지도 모두 그 사나운 꼬마가 고의로 소녀를 아프게 한 건 아니라고 생각했다. 아마 그 아이는 이미 겁을 먹고 부끄러워하고 있을지 몰랐다. 그러니 무엇 때문에 더 벌을 주고 수치스럽게 만들 필요가 있겠는가? 뭐하려고, 그 아이가 이미 알고 있는 이상으로 훨씬 심하게, 자기는 나쁜 아이라는 걸 느끼게 할 것인가? 그 아이가 그토록 거칠게 행동하도록 만드는 건 바로 이 느낌인데 말이다.

그보다는 이곳에서라면 비난받고 벌 받을 걸 염려할 필요는 없구나 하고 느낄 수 있도록 도와주는 게 더 낫지 않을까? 학교가 교내의 테러리스트들을 교화하는 방식은 설교나 벌이 아니라 바로 이런 방법을 통해서이다. 어른들은 아이들을 참을성을 갖고 대하고 믿음을 갖고 용서한다. 그러다 때가 되면 아이들도 서로를 같은 식으로 대하게 된다. 그렇다고 그 아이들이 다른 아이들의 샌드위치를 빼앗거나 서로 밀치고 싸우고 큰소리로 다투거나 고함을 질러대지 않는다는 뜻은 아니다. 서로에게 화를 내긴 하지만 대부분의 학교에서처럼 늘 고자질을 입에 달고 있거나 교사를 자기편에 끌어들이려 애쓰지 않는다. 그리고 오랫동안 원한을 품고 분노를 간직하지도 않는다.

4. 이 학교가 잘되는 이유

대화 그리고 경험의 연속체

지금까지 들려준 이야기가 이곳에서 아이들이 생기 있고 행복한 데 대한 어느 정도의 설명이 될지도 모르겠다. 하지만 아이들이 학업 면에서도 그토록 좋은 성적을 보이는 이유를 설명해주지는 못한다. 그 대답은 영화에서 해설을 맡은 교사의 말에서 짐작할 수 있다. "우리는 주로 이야기를 나누고 서로의 말에 귀를 기울입니다." 교사들이 말하고 아이들은 일방적으로 듣는다는 뜻이 아니다. 의도를 숨기거나 목적이 있는 어떤 강의도 없다. 뿐만 아니라, 수많은 첨단 학교에서처럼 교사가 토론을 장악하지도 않는다. 단지 대화가 있을 뿐이다. 아이들 사이에, 아이와 어른 사이에.

아이들과 어른들 사이의 대화는 어떻게 시작되는가? 보통, 아이들과 어른들이 함께 뭔 일을 '하고' 있기 때문에, 그 일을 하면서 이야기가 시작된다. 때로는 다른 사람들도 끼어든다. 대화는 수시로 방향을 바꾸면서 진행된다. 진짜 대화란 원래 그렇다. 중간에 대화에서 빠지는 사람도 있고 새롭게 끼어드는 사람도 있다. 대화 도중에 무리가 갈라져 두세 개의 다른 무리를 이루기도 한다. 대화는 끝이 없다. 대화는 얼마 동안 중단될지도 모르지만, 생각은 계속된다. 그리하여 같은 맥락의 대화가 며칠 후 다시 이어진다.

행동할 때와 마찬가지로 생각 속에서 아이들은 데니슨(Dennison)이 『아이들의 삶』에서 언급했던 '경험의 연속체(continuum of experience)'를 갖게 된다. 그런 경험은 거의 모든 학교에서는 결코 가질 수 없는 것으로, 종소리와 분절된 수업시간, 수업계획, 유도된 토론 등 온갖 것들이 이런 경험을 방해하고 흩뜨려 놓는다. 아이들이 어른들의 이야기에 귀를 기울일 때도 있고 어린아이가 나이든 아이의 말에 귀를 기울일 때도 있다. 교사회의조차 아이들에게 닫혀 있지 않다. 끼어들기를 조장하지는 않지만 나가달라고 말하지도 않는다.

비범한 교사들

이러한 설명을 학교를 운영하는 방법론이나 공식으로 받아들이지는 말기 바란다. 이 학교는 하나의 공동체이며 학교를 움직이게 하는 큰 부분은 그 속에 있는 어른들이다. 이 어른들은 아주 비범한 교사들의 모임인데, 내가 볼 때 적어도 세 관점에서 그렇다.

첫째는 이 교사들이 가르치는 기술만이 아니라 여러 가지 면에서 유능하다는 점이다. 교사들 대부분은 여러 종류의 일을 하다가 교사가 된 사람들로 일 속에서 얻은 많은 경험과 유능함을 학교로 가져온 셈이다. 교사들은 뭐든 할 줄 알고 만들 줄 알고 고칠 줄 안다. 이 점은 아이들에게 매우 중요하다. 아이들은 뭐든 하고 싶어 하고, 또 그래서 일을 할 줄 아는 어른들에게 지대한 관심과 매혹을 느낀다. 이 교사들이 지닌 자연스런 권위의 많은 부분이 이 유능함에서 온다.

일반학교든 자유학교든 문제의 많은 부분이 교사들의 실력이 부족하다는 데서 온다. 자기들이 얼마나 아이들을 좋아하고 존중하는지, 그리고 프리스쿨 같은 데서 아이들과 더불어 지내기를 얼마나 원하는지 아주 진지하고 설득력 있게 말하는 젊은이들이 많다. 그때 내가 "자네는 뭘 할 수 있나?" 하고 물으면 그들은 깜짝 놀란다. 아무것도 할 줄 아는 게 없을 때가 너무 많은 것이다. 몇 년 동안 그들이 해온 일이라고는 학생으로 공부한 게 고작이었다. 사랑과 좋은 의도만 있다면 충분하지 않은가 반론이 있을 법하다. 그런데 그건 그렇지 않다. 대부분의 아이들은 거의 언제나 한 줌의 능력과 한 아름의 사랑을 기꺼이 바꿀 것이다. 이런 점 말고도 니 릴레스콜레의 교사들은 지적이고 지식이 풍부하며, 호기심이 많고 재미있는 사람들이다. 교사들은 이 세상에 대해 많이 알고 있고 또 이 세상에 대해 많이 생각한다.

니 릴레스콜레의 교사들은 소외된 사람들이 아니라는 점 역시 중요하다. 그들은 자기 나라인 덴마크를 미워하거나 경멸하지 않는다. 바꿨으면 하는 점이 물론 많지만 그들은 자기 나라를 좋아한다. 덴마크는 그들이 살고 싶은 땅이다. 그들은 이 세상을 혐오하지도 않는다. 그 모든 결점에도 불구하고, 세상은 여전히 아름답고 매혹적인 장소이고, 신나고 할 일이 가득한 곳이다. 그들은 자신의 삶을 싫어하지 않는다. 그들은 어른이 된 자신을 좋아하고, 열정과 에너지에 넘친다. 학생들에게 어린 시절이 인생에서 최고의 시기라고 말하지 않는다. 그들은 아이들이 어른이 되고 보다 강해져서 세상을 더 많이 알고 세상 속의 일을 더 많이 하기를 원한다는 것을 알고 있다. 그래서 아이들이 그렇게 할 수 있게 도울 만반의 자세를 갖추고 있다.

아이들은 세상과 반목하지 않는다. 세상은 있고, 아이들은 그 속에서 뭔가를 발견하고 싶어 한다. 세상이 아주 끔찍한 곳이고 그 속에는 할 만한 가치가 있는 일이 없다는 둥, 단 하나 가치 있는 일이 있다면 세상을 부숴 버리는 일이라는 둥, 가능하면 이 세상에서 멀리 도망치는 것이 상책이라는 식의 이야기를 아이들은 듣고 싶어 하지 않는다. 아마 무엇보다 중요한 점은 니 릴레스콜레의 교사들이 정직하다는 사실이다. 무슨 말이냐 하면, 그들은 아이들이 이야기하고 싶어 하는 주제가 어떤 것이든 가리지 않고 이야기를 나누며, 진짜 생각하는 것을 말하고, 모르는 게 있으면 모른다고 인정한다. 대부분 교사들의 진실은 이렇지 않다.

내가 지금까지 니 릴레스콜레를 설명한 것은 아이들과 어른들이 같이 살고 일하면서 서로 관계를 맺고 서로에게서 배우는 또 다른 길을 제시해보려 한 것이다. 또 교묘한 조종이나 매수, 협박이 존재하지 않는 장소, 짧게 말해 학교가 없는 사회에서 그렇게 하는 길을 제시해보려 한 것이다. 나는 사람들이

"자, 우리 서둘러 우리 학교들 전부를 니 릴레스콜레처럼 만들자"라고 생각하도록 만들려는 것은 아니다. 모든 학교가 니 릴레스콜레 같은 학교가 되는 걸 허용하는 사회가 있다면 이미 그 사회는 아예 학교를 원하지 않는 사회일 것이다. 그래서 간단하게 학교라는 제도를 없애버릴 것이다.

나는 아이들이 그들을 위해 특별히 준비된 곳에서, 그들을 돌보도록 특별히 훈련받은 사람들과 함께, 그들에게 주어진 모든 시간을 보내야 한다는 데 반대한다. 그 장소와 사람들이 얼마나 멋진가는 문제가 안 된다. 아이들에게는 그보다 훨씬 많은 것이 필요하다. 나이를 가리지 않고 그 모든 구성원에게 열려 있고, 다가가기 쉽고, 환하게 볼 수 있는 그런 사회. 그 속에서 모든 구성원들이 나이야 어떻든, 능동적이고 진지하며 책임 있고 유익한 부분을 담당할 권리를 갖는 그런 사회가 필요하지 않을까.

부록

덴마크 자유학교협회 253개 회원 학교

덴마크 자유학교의 기본 교육철학 아홉 가지

자유학교의 철학적 명제 '아홉 가지'는 그룬트비와 콜이 19세기 학교제도를 둘러싸고 공적 영역에서 논쟁을 벌였을 때 기본으로 삼았던 것들로서 오늘날 소통할 수 있는 어법으로 제시해본다.

1. 학교는 아이가 사는 가정의 연장이다.
2. 학교는 아이들을 위해 존재한다-학교는 아이들을 위한 구조로 만들어내야 한다.
3. 손은 마음의 자궁이다
4. 배우는 법을 배운다
5. 구술언어, 이야기하기, 아침모임
6. 종교(기독교)적 전통
7. 친교와 자유
8. 교육과 자유-상호작용의 자유
9. 민주적 학교

올레 피더슨 Ole Pedersen 철공 장인(匠人)으로 살다가 자유교원대학에서 수학한 후 13년간 자유학교에서 교장으로 근무했다. 그 학교는 1858년에 설립된, 덴마크에서 가장 오래된 자유학교 중 하나이다. 1997년부터 덴마크 자유교육협회 자문위원으로 활동하고 있으며, 자유학교의 공립학교 관련 법 전문가로 활발하게 활동하고 있다. 2011년부터 '자유교원대학'(Den Frie Lærerskole, http://www.dfl-ollerup.dk) 학장으로 재직. 주요 연구논문으로는 '덴마크 자유학교의 배경과 유래 및 전개과정-자유학교와 국가 간의 관계를 중심으로'가 있다.

예네 옌슨 Jane Jensen 공립학교와 자유학교, 발도르프 학교에서 교사로 일했으며 덴마크 자유학교협회 위원으로도 활동했다. 2003년부터는 '바게래네드 자유학교'(Bakkelandets Friskole, http://bakkelandets-friskole.dk)에서 교장으로 재직하고 있다.

1. 학교는 아이가 사는 가정의 연장이다

학교는 또 하나의 가정이어야 한다는 뜻이다. 학교는 가르침 말고도 합리적인 사회적 개인을 양육해야 한다. 자기 자신이 누구인지 알고, 다른 사람들을 존중하며, 자신의 능력을 공적 사회를 위해 사용하고자 하는 개인 말이다. 학교와 교사들은 아이들을 돌보고 신뢰 분위기를 창출해낼 뿐더러, 무엇보다 인간으로서 갖춘 모든 힘이 아이들에게 능동적으로 쓰일 수 있도록 해야 한다.

2. 학교는 아이들을 위해 존재한다 – 학교는 아이들을 위한 구조로 만들어내야 한다

모든 아이들은 독특한 한 인간으로 간주되어야 한다. 교사의 과제는 모든 아이들을 이해하기 위한 것이어야 한다. 아이들이 어떻게 생각하고, 어떻게 세계를 바라보는지, 천부적으로 가지고 있는 자신의 능력이 제대로 발현되도록 도전하고 있는지 살펴야 한다. 교사는 모든 아이들에게 몸을 숙여야 한다고 말하는 이도 있다. 아이들이 교사라는 인간적 존재를 볼 수 있도록 말이다. 교육이 시작될 수 있으려면 그래야 한다. 가르침은 '아이들의 능력과 욕구에 맞게' 이루어져야 한다. 최근에는 분화된 학습구조에 기초하여 개별 아이들에게 맞는 학과목 '수준'을 조율할 뿐 아니라, 학생들 개개인 사이에 존재하는 다양한 '학습방식들'에 초점을 맞추어 접근하고 있다. 여기서 '다중지능'에 관한 인식이 중요해지고 있다. 학급은 이를 통해 유의미하게 조직할 수 있다.

3. 손은 마음의 자궁이다

자궁은 아이를 위한 삶의 '조건'을 제공해준다. 하지만 자궁이 곧 아이는 아니다. 마찬가지로 손은 마음의 활동을 위한 '조건'을 제공해준다. 하지만 손이 마음은 아니다. 그룬트비와 콜은 아이들이 세계를 '시도와 오류'를 통해서 파악한다고 보았다. 아이들의 신체활동은 뇌의 기본적 기능이 잘 발달할 수 있도록 도와준다. 이는 전 생애에 걸쳐 이루어져야 할 교육활동의 기반을 의미한다.

4. 배우는 법을 배운다

학교의 일상과 교사들의 노력에 대해 시험성적과 같이 학교 순위를 매기는 식으로 평가해서는 안 된다. 가장 중요한 결과는 졸업할 때 나타나는, 학생들의 인격의 일부로 체화된 삶과 학습에 대한 태도이다. 오늘날의 아이들은 어른들이 모르는 어떤 특정한 유형의 세계시민이 될 것이다. 이는 자기 인식, 문화적 의식, 일상사에서 마주치는 다른 방식들에 대한 개방적이고 호기심 어린 관점을 요구한다. 따라서 학교는 학교생활 전체를 통해서 아이들이 세계시민으로 자라날 수 있도록 초점을 맞추고 준비해야 한다.

5. 구술언어, 이야기하기, 아침모임

자유교육협회에 가입한 학교들은 대부분 매일 '아침모임'(morning assembly)을 갖는다. 이때 아이들과 교사는 함께 노래를 부르고, 기도문을 낭송하고, 이야기를 나눈다. 이 '이야기하기'는 매우 독특한 전통으로, 신화, 동화, 소설, 교사의 여행담, 성서에서 취한 이야기들 등으로 구성된다. 이 시간을 통해서 아이들은 경청하는 능력, 자기정체성, 한 사회의 전통적 가치와 언어구사 능력 등을 배우고 기른다.

6. 종교(기독교)적 전통

매년 학생들은 지역 교회에 가서 아기 예수의 탄생 설화를 소재로 연극을 준비하고 공연한다. 아침마다 부르는 찬송가와 노래를 통해서 아이들은 신앙과 다양한 삶의 관점에 대해 시적인 방식으로 접근하는 법을 익힌다.

7. 친교와 자유

똑같이 중요한 두 가지 주제가 있다. 하나는 '친교'이고 또 하나는 '자유'이다. 이 둘은 자유학교가 거론되는 자리면 언제나 동시에 거론된다. 왜냐하면 학교 공동체는 친교에 기반을 두고 있기 때문이다. 이는 학교생활에 참여한 모든 사람들 간에는 강한 친교가 이루어져야 하고, 개인의 다양성이 이 친교의 힘이라는 방식으로 나타나야 함을 뜻한다. 누구나 가능한 한 해마다 현재 시점에서 그들 자신과 다른 아이들을 위해 무엇인가 하도록 요구받는다. 이는 물론 모든 사람들이 같은 방식으로 행동해야 함을 뜻하지는 않는다. 시간을 낼 수 있는 사람이 있는가 하면, 돈을 기부할 수 있는 사람도 있고, 그저 자녀만 많이 두고 있는 사람도 있다.

8. 교육과 자유 – 상호작용의 자유

교육은 모든 인간의 상호작용의 자유를 기초로 한다. 그러한 상호작용은 모든 참여자들이 그들 자신의 자유로부터 출발하여 이 과정에 참여할 때 비로소 이루어질 수 있다.

9. 민주적 학교

학교는 그 자체가 하나의 강력하고도 오래된 민주적 전통에 기반을 두고 있다. 이 민주적 관점에서 주된 것은 다수는 '가능한 한' 소수의 관점을 고려해야 한다는 것이다. 다수의 의견이 진리 전체를 대변할 수 있다는 말은 고려할 가치가 없다. 우리 시대에 그러한 '진리 전체'란 환상일 뿐이다. 민주주의의 힘은 소수를 포용할 수 있는 능력으로 인식되어야 한다. 따라서 모든 사람의 의견은 경청해야 하고, 누구나 학교 공동체를 만들어나가는 전체 상(像)에서 각자의 역할을 마땅히 담당해야 한다. 이는 학교와 교육에 대한 전체적 사고라는 맥락에서 자유학교에서는 자연스러운 일로 간주된다.

덴마크 교육과 자유학교 관련 홈페이지			
덴마크 정부	www.denmark.dk	시민대학협회	www.folkehojskoler.dk
덴마크 교육부	www.uvm.dk	그룬트비 타운	www.grundtvig-byen.dk
자유학교협회	www.friskoler.dk	유럽자유교육포럼	www.effe-eu.org
자유중등학교협회	www.efterskole.dk	자유교원대학	www.dfl-ollerup.dk

덴마크 자유학교 관련 법

제1장 _ 교육

> 1.1 모든 자유학교는 저마다 교육과정을 정할 수 있고, 입학 전형 및 퇴학 규정을 결정할 자유가 있다.
> 1.2 자유학교가 제공하는 교육수준은 공립학교에서 기대되는 교육수준과 같아야 한다.
> 1.3 학교는 학생들이 기본권 및 자유, 양성 평등을 존중하며 민주사회에서 생활할 수 있도록 준비시켜야 한다.
> 1.4 학교는 특수교육을 필요로 하는 재학생에게 특수교육을 제공해야 한다.

1.1 교육과정 _ 자유학교는 학과목과 진도 및 목표를 스스로 정할 수 있는 권리를 부여받았다. 학과목들은 자유학교들마다 서로 다르지만 인문, 과학, 예술 영역은 공통적으로 있어야 한다. 또한 학교는 '인격 발달'이 다각적으로 이루어지도록 노력해야 한다. 단위 학교는 이 문제를 자유학교에 대한 평가 결과와 함께 기록물로 보관해야 하며, 이 문서들을 학교 홈페이지에 공시해야 한다.(학생과 학부모들은 인지적, 정서적, 사회적 영역에서 아동 발달에 관한 정보를 제공받는다)

1.2 교육수준 _ 공립학교 수준에 상응해야 한다는 이 조문은 매우 민감하고 불명확한 법조문이다! 지난 100여 년 동안 문제시되지 않은 채 기능해왔지만 최근 일부 정치가들은 이 조문을 점점 더 협소하게 만들려 하고 있다. 하지만 이 조문은 여전히 단위 학교들이 다양한 길을 통해 저마다 자유를 누릴 수 있도록 보장하고, 자유학교들로 하여금 전체적으로 공립학교와 동일한 수준의 사회경제적 조건에서 좋은 성과를 거두도록 돕고 있다.

1.3 민주사회 _ 학교는 학생들의 지식과 인간의 기본적 권리, 인권 및 양성평등 같은

올레 피더슨 Ole Pedersen & 예네 옌슨 Jane Jensen

문제에 대한 존중심을 증진 강화시킴으로써 그들이 민주사회에서 살아갈 수 있도록 준비시켜야 한다. 학교의 학습과정이나 일상활동은 지적 자유, 품위 및 민주사회의 정신 안에서 수행되어야 한다.

1.4 특수교육 _ 덴마크의 모든 학교들은 특수한 도움이 필요한 어린이들을 포함하여 모든 어린이들을 교육하도록 권한을 위임받았다. 학교는 부분적으로 학습부진이나 여타 특별한 돌봄을 필요로 하는 학생들을 가르칠 때 소요되는 추가 경비와 관련하여 특별 지원을 받을 수 있다. 이 지원은 사안 별 평가에 따라 받는다.

제2장 _ 학교

> 2.1 학교는 자율적이고 독립적인 기관이어야 한다.
> 2.2 학교장은 교수법을 지도하는 자로서, 학부모에 의해 선출되며 이사회의 승인을 받아야 한다.
> 2.3 모든 교직원은 국가와 교직원 조합 간의 단체 협상으로 체결된 협약에 따라 보수를 지급받아야 한다.
> 2.4 자유학교를 설립하기 위해서는 개교 전년도 8월까지 교육부에 신고해야 한다.
> 2.5 모든 9학년 학생은 기말고사를 치러야 한다.

2.1 독립기관 _ 학교는 '위원회'(학부모가 선출)를 갖춘 일종의 자치정부 같은 것으로 매년 총회를 개최한다. 위원회는 학교의 최고기관으로 교육부에 대해 책임적 관계를 갖는다. 학교는 위원회의 선출 방식, 학교 설립 이념에 관한 사항, 폐교 시 순자산의 용도 등과 관련하여 교육부가 인정하는 형태를 갖춰야 한다. 학교는 사적으로 소유할 수 없고 사적인 이익을 위해 운영할 수 없다.

2.2 학교관리자 _ 교장은 학부모들이(위원회와는 별도로) 해임할 수 있다. 이것은 교장직에 대한 특별한 조건과 교장에게 고도의 인격적 통합성과 수준 높은 자기 이해를 요구함을 뜻한다. 교장직은 누구나 수행할 수 있는 것이 아님을 전제로 하는 이 조건은 종종 문제를 야기 시키지만, 일반적으로는 매우 잘 기능한다. 이 점에서 교장은 학부모로부터

높은 존경을 받는다.

2.3 급여 _ 자유학교 교사는 공립학교 교사와 동일한 수준의 급여를 받는다. 하지만 상여금에 대해서는 개인적인 동의를 요하는 부분이 있다.

2.4 학교설립 _ 교육부에서 허가하는 방식이 아니라, 법이 정하는 바에 따라 교육부에 신고하는 방식이다.

2.5 졸업시험 _ 자유학교는 9학년을 마치는 시점에서 대부분 초등교육과 중등교육 I 단계를 결산하는 의미의 졸업시험을 실시한다. 이 시험은 공립학교와 동일한 조건 하에 치른다. 학생들의 시험 결과는 홈페이지에 공개한다. 자유학교는 이 졸업시험을 치르지 않을 수도 있는데, 이때 학교는 교육부에 '우리 학교는 시험을 실시하지 않는다'는 사실을 통지해야 한다. 이럴 경우, 당해 학교 재학생들은 공립학교 중등 II 단계로 진학할 시, 나중에 간단한 입학시험을 봐야 한다.

제3장 _ 감독

> 3.1 기초학교 급의 자유학교 운영은 학부모가 담당한다.
> 3.2 학부모는 한 명 이상의 감독관을 선출하여 국어, 수학, 영어, 과학 과목의 학업성취도를 감독하게 하고, 학교가 제공하는 교육이 공립학교에서 기대되는 수준을 충족하는지 감독하게 한다.
> 3.3 학교는 감독관을 두는 대신 자체 평가를 해도 된다.
> 3.4 교육부는 자유학교에 대해 강화된 감독을 실시할 권한이 있다.

3.1 학부모 역할 _ 학부모는 학교생활과 아이들의 학습과정에 참여해야 한다. 학부모들은 학교가 실제 학교설립 목적에 부합하여 운영되는지 평가할 수 있다. 이는 보통 총회에서 토의와 조율과정을 통해서 이루어진다.

3.2 감독관 _ 자유학교에서 감독기능은 매우 중요하다. 감독자의 진술은 자유학교를 시민

사회와 교육부에 대해 법적 정당성을 부여하고 승인하는 효력을 가진다. 감독자는 보통 매년 총회에서 소견을 밝히고, 그 결과는 학교 홈페이지에 게재된다. 감독자는 자유학교 뿐 아니라 공립학교 교육에 대해서도 잘 알고 있어야 한다.

학교는 감독에 드는 경비를 감독자에게 지불해야 한다. 그 액수는 작은 학교의 경우 약 1,200불, 큰 학교는 4,000불 가량 된다. 감독자는 학교의 크기, 복합성의 정도, 학생들의 학업성취도에 따라 '1년에 적어도 한 번' 이상 학교를 방문한다. 방문은 미리 고지한다. 하지만 고지하지 않고도 불시에 이루어질 수도 있다. 만일 학생들의 학업 상태가 부적절한 것으로 판명되면, 감독자는 이 사실을 교육부에 통보해야 한다.

3.3 자기 평가 _ 2010년부터 학교는 외부 감독자 대신 종합적인 자기평가 보고서를 작성할 수 있게 되었다. 이미 이런 평가구조가 매우 잘 이루어지고 있는 학교들도 있지만 대부분의 학교들은 외부 감독자의 평가과정을 수용하는 편이다.

3.4 감독의 강화 _ 종합적 평가과정을 의미하는 이 과정에서 학교는 폐쇄의 위험에 처할 수도 있다. 평가수준을 높여 감독하게 되는 이유는 학교가 평균수준에 미달한다고 평가하거나, 혹은 교육과정에 관한 정보가 불충분하다고 평가하는 학부모들의 불만이 그 원인일 수 있다.

제4장 _ 국가 보조금

4.1 덴마크 사립학교는 국가로부터 운영비를 보조받는다.(연간 학생당 지급)

운영비 보조:	$ 8,000
학부모 부담:	$ 2,500
방과후 학습활동(3학년까지):	$ 2,000
학부모 부담:	$ 2,000
건물 관리비 보조:	$ 500
특수교육이 필요한 학생을 위한 추가 보조금 _ 60% 지원	

> 보조금 분배:
> 보조금은 약 $ 725,000,000로 재무부가 매년 학교에게 다음 원칙으로 배분한다.
> 1. 작은 학교(학생 40명 이하)에 큰 학교(학생 400명 이상)보다 학생당 지원금을 30% 더 배분한다.
> 2. 13세 이상의 학생은 13세 이하 학생보다 학생당 보조금을 30% 더 배분한다.
> 3. 도시 소재 학교에는 농촌 소재 학교보다 일반 보조금을 2% 더 배분한다.
>
> 보조금 지급 조건:
> a. 0학년부터 7학년까지 있는 학교의 최소 정원:
>   개교 1년차 14명(신설 학교의 경우)
>   개교 2년차 24명(신설 학교의 경우)
>   개교 3년차부터는 32명 이상
> b. 학교 건물은 관할 지역 당국의 인가를 받아야 한다.
> c. 학칙은 교육부의 승인을 받아야 한다.
> d. 이사회는 학교를 지도한다.
> e. 학교장은 교수법을 지도한다.

4.1 공적 지원제도 _ 사립학교들은 연간 학생당 운영비를 지원 받는다(학생 1인당 2,000불, 최대 80,000불). 이 보조금은 원칙상 공립학교의 공적 지출금에 상응하지만, 학부모가 내는 사립학교 학비는 여기서 뺀다. 여기서 사립학교와 공립학교를 위한 공적자금 지출구조가 동일한 경로를 따른다는 점을 알 수 있다. 1990년 이후 이 보조금제도는 대부분의 학교들에게 확산, 적용되었다.

개별 학교는 보조금을 자체 필요로 하는 목적을 위해 자유롭게 사용할 수 있다. 중등자유학교의 교육-학습활동(After-school Activities-SFO)은 요리실습 등을 포함한 다양한 체험활동과 사회활동에 초점을 맞추고 있다. 소득이 적은 학부모들은 국가에 학비 전체나 일부를 신청할 수 있다.

학교는 이 보조금을 자신들의 선택에 따라 정상적인 운영비로 쓸 수 있다. 향후 필요한 재원을 위해 저축할 수도 있고, 너무 많이 써서 파산에 이를 수도 있다. 하지만 학교 재원은 반드시 그 학교와 학습활동만을 위해 사용해야 한다.

제5장 _ 회계 및 감사

> 5.1 학교 재정 상태의 안정을 기하고 회계 및 감사 규정을 준수하는 책임은 이사회에 있다.
> 5.2 교육부는 학교가 본 법 규정을 준수하지 않는다고 판단할 경우, 학교에게 재정 지출 방식을 수정하라고 주문할 수 있다.

5.1 교장이나 교감은 위원회의 예산 집행 계획에 따라 학교예산의 보존과 지출 상태를 매일 장부에 기록, 보존해야 한다. 학교는 매년 학교재정 상태를 외부의 회계사에게 의뢰하여 검토한 후 그 결과를 학교재정 감독자인 교육부에 제출해야 한다.
5.2 학교의 교육적 업무 외의 일은 일상적 절차에 준한다.

제6장 _ 지방정부 분담금(시 정부가 학교에 지급하는 보조금)

이 장은 자유학교에 그다지 중요하진 않다. 중요한 것은 지방정부가 아니라 중앙정부에서 직접 받는 보조금이다. 지방정부는 자유학교 재학생 한 명당 일정의 분담금을 부담해야 하는데, 그 금액 역시 공립학교에 평균적으로 지급하는 지원금의 65% 정도다.

제7장 _ 홈스쿨링

> 7.1 학부모는 자녀의 교육을 책임지는 주체로서 자녀를 가정에서 교육해도 되고, 신뢰할 만한 학교를 선택하여 입학시켜도 된다.
> 7.2 지방정부는 홈스쿨링을 감독하는 주체로서 홈스쿨러들의 학업 성취도를 평가하기 위하여 시험을 치르도록 명할 수 있다.

7.1 홈스쿨링 _ 부모들은 공립학교나 자유학교 중 원하는 학교를 택해서 아이들을 보낼 수 있지만 학교가 아니라 집에서 아이들을 가르칠 수 있는 권리도 있다. 덴마크에서 홈스쿨링을 받는 아동 수는 약 200여 명으로 매우 적다. 자유학교를 설립할 수 있는 조건이 잘 갖추어져 있기 때문에 그럴 것이다.

7.2 감독 _ 지방정부는 홈스쿨러 교육이 공립학교 교육이 제공하는 기회와 도전에 상응하는 수준을 갖추고 있는지 감독한다. 하지만 그것이 공립학교와 비교해 동일한 기회 또는 도전을 의미할 필요는 없다.

제8장 _ 유치원 및 취학 전 교육활동

8.1 자유학교는 30개월 이상의 유아를 위하여 유치원을 학교의 일부로 운영할 수 있다.

8.1 유치원 _ 이 법은 5년 전에 제정되었으며 오늘날에는 70개소 이상의 유치원이 자유교육협회 회원 자유학교 산하에 설립되어 있다. 직장에 나가는 부모들에게는 유아들을 돌볼 기회가 아주 적기 때문에 이런 형태의 유치원이 지방에 아주 많이 활성화되어 있다. 많은 학교들이 유치원과 연계된 탁아방을 운영한다. 유치원과 탁아방은 지방정부로부터 지원을 받는다.

제9장 _ 기타 조항

9.1 본 법 규정에 따라 학교는 학생에 대한 양육권을 가진 자를 학부모로 인정한다.

9.1 학부모이 자격 _ 현대에 들어 많은 부부들이 이혼을 하며, 그들 중 일부는 새 가정을 꾸리기도 한다. 이런 상황에서 이혼한 부모들이 아이들 문제에 합의하지 않을 때 문제가 일어날 수 있다. 이혼 후 아이 양육을 맡는 부모의 경우(일반적 경우에는 해당치 않음), 아이들을 학교에 위탁할 수 있다.

핀란드, 덴마크 교육에서 무엇을 배울 것인가?

핀란드 교육의 허실

김진우: 핀란드를 두 번째 방문했는데 1차 탐방 때와 다른 점이 있다면?

정병오: 1차 때는 핀란드 교육의 모범을 보았다고 할 수 있다. 팀티칭이나, 보완교육이 철저하게 시행되는 모습, 인문고나 직업교육에서도 최상의 학교를 본 것 같다. 그런데 이번에는 핀란드의 일반학교 모습을 본 것 같다. 팀티칭이 있는 것도 아니고, 프로젝트 수업을 하는 것도 아니고, 건물이나 체계가 지난번보다는 못한 느낌이었다. 그런데 이번에 본 것이 좀더 현실을 잘 나타내는 것이 아닌가 싶다. 이번에는 수업도 좀더 오래 볼 수 있었고, 교사와 학생들과도 이야기해보면서 핀란드 교육이라고 해서 특별하게 다른 것은 아니라는 느낌을 받았다.

김진우: 그럼에도 핀란드 교육의 강점을 확인할 수 있었다. 팀티칭이나 프로젝트 수업과 같은 것은 일반적이라 할 수 없지만 학습부진아에 대한 보완교육 시스템은 어떤 학교를 막론하고 강력한 형태로 자리 잡고 있는 것을 보면서 이것이야말로 핀란드 교육의 가장 큰 장점이라 할 수 있겠다는 생각이 들었다.

이 글은 2011년 1월 중순 좋은교사운동 소속 교사들과 함께 핀란드와 덴마크 교육 현장을 탐방하고 돌아와 정병오(좋은교사운동 대표), 김진우(좋은교사운동 정책위원)가 나눈 대담으로 탐방 자료집(90~96쪽)에 실린 내용을 수정 보완한 것이다.

정병오: 그 점은 확실하다. 보완교육 시스템은 독특하고도 뛰어난 점이다. 그런데 수업 현장을 볼 때는 스웨덴과 비교해보면 오히려 평범했다. 스웨덴은 프로젝트 수업을 강조하고, 학생들의 주도적 참여와 협력을 강조하는 데 비해 핀란드 교실은 우리나라 교실에서 자주 보는 것처럼 교사가 주도하고 학생들은 듣는 형태가 많았다. 그렇지만 교육과정이 획일적이지 않고 교사가 자율성을 갖고 수업을 할 수 있기 때문에 학생들 개인에 대한 배려를 좀더 할 수 있는 여건이 되는 것 같다. 어떤 면에서는 우리나라가 다인수 학급이다 보니 수업기법은 좀더 화려해진 측면이 있다.

김진우: 핀란드 학생의 성적이 우수한 이유를 교사 요인에서 찾는 분석이 많다. 수업에서 특별한 점을 발견할 수 없다면 핀란드 교사들의 우수성은 무엇일까?

정병오: 성적 측면에서 볼 때 핀란드의 교실수업 방식이 평가에 유리한 방식이 아니었을까 하는 추측도 가능하다. 서구의 교육이 상당히 아동중심, 활동중심적이고 자유로운 분위기인데 비해 핀란드는 그런 측면도 있지만 보다 더 체계성을 강조하고 일정한 수준의 목표 달성을 강조하는 형태로 보인다. 그런 점에서 교사들이 아이의 성취도에 보다 높은 책무성을 지니고 있는 것으로 보인다.

또 김병찬 교수의 분석(2010년 8월부터 핀란드 헬싱키 대학에서 연구년을 보내면서 한국과 핀란드 교육 간의 비교연구를 수행 중 탐방 팀과 가진 강연과 대화)과 연결해 본다면 그들은 연구자로서의 교사상을 강조한다. 학문 자체도 중시하지만 가르치는 활동 자체의 전문성을 중시한다. 교사교육에서 현장교육 실습을 상당히 중시하고 절대시간이 확보되어 있다. 그 시간들을 통해 현직에 나가기 전에 전문성을 갖추게 된다. 우리가 보기에는 평범해 보이지만 자신의 교과와 학생들의 반응들을 꿰고 있고, 자신의 수업을 반성적으로 검토하는 활동이 일상적으로 이루어지고 있지 않을까 생각한다. 그러한 전문성은 우리나라 교수나 교사들에게는 부족한 부분으로 생각된다.

김진우: 핀란드 학생들의 성적이 높은 이유들 중에는 학생 요인도 큰 것 같다. 덴마크 아이들과 비교해볼 때, 덴마크 아이들이 쾌활하고 자유분방하다면 핀란드 학생들은 상당

히 차분하다는 느낌을 받았다. 복도에서 뛰어다니거나 장난치는 아이들이 없고, 조용하게 이야기하고 수업 시간에는 경청한다. 그것이 민족성 때문인지 유아교육의 결과인지, 혹은 그들 말대로 마음껏 밖에서 뛰어놀게 하니까 그런 것인지는 잘 모르겠다.
핀란드 교육의 철학은 무엇이라고 보는가? 스웨덴이나 덴마크는 나름의 교육철학이 있는 것 같은데 핀란드의 경우는 색깔이 분명하지는 않은 것 같다.

정병오: 뚜렷하게 잡히지는 않는다. 크게 보면 교육을 복지의 한 부분으로 보고 평등교육을 중시하는 철학이 있지만, 보다 교육적인 측면에서 볼 때 세계 제일이라고 볼 수는 없지 않나 싶다. 어떤 면에서 핀란드 교육이 세계적으로 칭송받고 있는 것이 유럽 사람들이 볼 때는 좀 이해가 안 될 수도 있겠다 싶다. 단지 평가결과가 좋다는 것인데 그것이 교육의 질적 우수성을 보장하는 것은 아니기 때문이다. 다만 북유럽이 루터교 전통 안에 있기 때문에 루터의 인간관이나 교육관에서 영향을 받은 것이 많을 것이다. 루터는 만인제사장을 주장했다. 사람은 하나님 앞에 평등하고 한 사람 한 사람이 하나님 앞에 소중한 존재라는 생각, 누구나 스스로 성경을 읽어야 하고 이를 위해 모두가 글을 읽을 수 있어야 한다는 생각, 수도원 중심의 엘리트 교육이 아닌 평민교육에 대한 강조, 성직과 일상의 일을 구분하지 않고 일상의 모든 일이 중요하다는 생각들이 북유럽의 교육관에 영향을 미쳤을 것이다. 그런 점에서 볼 때 스웨덴, 덴마크, 핀란드가 공유하고 있는 교육철학이 있다고 할 수 있다.

덴마크 교육의 발견

김진우: 그와 같은 교육철학에서 볼 때 루터와 그룬트비는 어떤 관련이 있다고 보는가? 그룬트비가 말하는 자유교육 이념의 실체는 무엇이라고 보는가?

정병오: 이전까지의 교육이 라틴어와 고전을 배우는 것이었다면 그룬트비는 자기 민족의 노래와 전설을 중시했다. 이는 루터가 성경을 라틴어가 아닌 독일어로 읽어야 한다고

주장한 것과 상통한다. 루터는 성경을 독일어로 번역하고, 예배도 독일어로 집례하고, 식탁에서 부모가 아이들에게 가르치는 것을 중시했다. 식탁에서 이야기한 내용을 묶은 책도 있다. 시간이 흐르면서 루터교도 형식화된 측면이 있지만 정신적인 근원은 평민의 삶을 중시하는 것이었고, 그것이 그룬트비로 이어진다고 볼 수 있다.

김진우: 그런데 그룬트비의 정신이 현재 자유학교에 충분히 이어지고 있다고 보는가? 자유학교의 이념을 어떻게 이해해야 할까?

정병오: 자유학교의 이념은 삶에 대한 강조에서 찾을 수 있다. 당시가 농업사회이기 때문에 농사를 지으면서 땀을 흘리고 살면서 그것을 풍성하게 누리고 사랑하는 것이 교육의 본질이라고 보았다. 그렇기 때문에 라틴어를 배우기보다는 자신들의 노동과 생활 가운데 살아 있는 이야기와 노래를 중시했던 것이다. 당시의 지배적 교육이념으로부터 독립하여 자신의 정체성을 발견하고 삶을 긍정하는 그런 교육의 정신을 자유교육이라 한 것 같다. 하지만 150여 년의 세월이 흐르면서 사회가 많이 변했다. 지금은 음악, 미술, 체육 같은 감성을 강조하는 형태로 변모한 듯하다. 우리가 자유학교에 깊이 들어가지 않아서 삶을 위한 교육이라는 정신이 어떻게 실현되고 있는지는 확인하기가 쉽지 않다. 다만 제도적으로 볼 때 애프터스쿨이나 포크하이스쿨 같은 독특한 형태로 자유학교의 이념이 살아 있음을 확인할 수 있다. 지식교육보다도 자신을 찾을 수 있는 시간을 부여하는 것이다. 그것이 또 사회적으로 충분히 허용되고 있는 것이 덴마크 교육의 특징이라 할 수 있다.

김진우: 자유학교의 존재는 나로 하여금 교육의 본질에 대한 반성을 하게 한다. 예를 들어 우리는 기본적으로 가르쳐야 할 내용과 목표가 있다고 보고 그것을 평가하는 것을 당연하게 생각한다. 우리는 시험이 필요한 것 아닌가 하는데 자유학교는 그것이 교육을 망친다고 보고 있다. 또 자유교육의 이념은 아이들이 스스로 발견할 수 있도록 자발성을 강조하는데 비해 나는 개인적으로 내 안에 있는 지식과 신념을 전달하는 것이 수업의 중요한 내용이라고 생각했다. 그렇다면 지금까지 내가 해왔던 것은 교육의 본질과 거리가

멀었던 것이 아닐까 하는 생각이 든다. 나뿐 아니라 오늘날 학교가 주로 가르치고자 하는 지식과 기술 같은 것들이 자유교육의 차원에서 볼 때는 교육의 본질과 거리가 먼 것 아닌가? 그렇다면 지금까지 우리는 무엇을 했던 것인가, 현재의 학교교육은 정당화될 수 있는 것인가?

정병오: 그것은 사회 시스템과 맞물려 있다. 우리 사회는 학교가 학생을 구별하고 배분하는 역할을 하기를 원하고 그것을 위해 줄도 세우는데, 그들은 그것은 나중에 사회에서 할 일이고 학교는 아이들로 하여금 삶을 풍성하게 누리는 법을 교육하는 것이 중요하다고 생각한다. 사회는 학교가 그렇게 할 수 있도록 보장해준다. 교육가인 동시에 정치가였던 그룬트비는 이러한 사회 시스템 속에서 학교의 기능과 역할을 구상했던 것 같다. 우리나라 대안학교들도 덴마크 교육의 영향을 많이 받은 것 같은데, 학교의 자유로운 교육을 사회 시스템이 뒷받침해주지 않기 때문에 대안학교 학생들의 불안이 있는 것이다. 하지만 현재는 덴마크도 세계화 시대에 다른 나라와의 경쟁 상황에 노출되면서 평가가 강조되고 어느 정도의 위기감이 조성되고 있음을 감지할 수 있다.

김진우: 이러한 상황은 교사로서 실존적 고민을 하게끔 한다. 자유교육의 이념에서 보면 현재 한국의 학교교육은 거의 대부분 교육이 아니고 시험만을 위한 것인데, 그렇다면 우리는 교사의 정체성을 어디서 찾아야 하는가? 한국 공교육 교사는 자유교육의 이념을 어떻게 소화할 수 있을 것인가?

정병오: 한국 교육은 교사들이나 학부모들이 이런 체계 속에서 자랐고 그 안에서 아이들을 낳아서 기르고 있기 때문에 다른 상상을 할 수 없고 이것만이 방법이라고 생각해서 돌아가고 있다. 그러나 우리가 북유럽의 교육을 보면서 또 다른 교육이 존재하며 그것이 본질에 더 맞는 것이라는 인식을 갖고, 당장 이 현실을 바꾸지는 못한다 하더라도 그 속에서 아이들의 방패막이가 되어주고 교육의 본질을 경험할 수 있도록 숨통을 틔어주는 그런 변화들을 모색하는 것이 필요하지 않을까 한다. 그런 교육이 가능한 사회가 있다는 것을 아는 것과 모르는 것은 큰 차이가 있지 않은가?

공교육과 학부모의 자유

김진우: 덴마크 교육에서 인상적인 것은 공교육과 학부모의 자유가 조화를 이루고 있다는 것이다. 학부모의 자유로운 학교설립을 국가가 인정하고 지원해주고 있다. 이와 같은 정책을 한국에 적용하는 방안에 대해서는 어떻게 생각하는가?

정병오: 우리나라도 대안학교에 50% 정도를 지원해주게 되면 급격한 쏠림 현상이 나타날 수도 있을 것이다. 그것이 긍정적인 형태로 될 것인가는 미지수다. 문제는 덴마크와 달리 우리나라는 사회가 평등하지 않다는 것이다. 사회가 평등해야 교육이 다양화될 수 있는데 계층화된 상황에서는 끼리끼리 모이는 현상으로 나타날 가능성이 많다. 또 경쟁이 심한 상황에서 대안학교 교육의 건전성을 보장하기도 어려울 것이다.

김진우: 나는 국가가 대안교육을 지원하지 않을 때 오히려 계층적 분리를 부추길 수 있다고 본다. 지금의 대안학교가 공적 지원을 받지 못하기 때문에 서민들이 배제되는 형국이다. 만약 국가가 대안학교를 지원하게 된다면 누구나 갈 수 있게 된다. 필요하면 대안학교를 선택한 저소득층에 대해서는 공교육과 동일한 수준만큼 지원을 하면 계층화 문제는 방지할 수 있을 것이다. 물론 전제는 있을 것이다. 대안학교가 영리를 추구하거나 학생을 성적이나 계층으로 선발하는 것은 제한되어야 한다. 중요한 것은 다양한 교육을 원하는 학생들을 지원함으로써 공교육의 의미를 학생 중심으로 확장하는 것이다. 기존의 학교 형태에만 공교육의 의미를 가두어 놓을 필요가 없다는 것이다.

또 경쟁심화의 문제 또한 대안학교가 촉발하는 것은 아니다. 입시경쟁 문제가 있다면 대입제도 개선을 통해서 풀어야지 대안학교를 통제한다고 해결될 문제가 아니다. 어떻게 보면 지금보다 더 심해시키는 어렵다. 대안학교를 허용하고 지원한다고 해서 입시경쟁이 지금보다 더 심화된다고 보기 어렵다는 것이다. 모든 학부모가 입시교육을 원한다고 가정해서도 안 된다. 학부모가 원하는 것은 자녀들의 행복이다. 그 행복을 위해 입시도 필요하겠지만 건강한 교육을 원하는 학부모들도 많다. 그들의 욕구가 정당한 지원을 받을 필요가 있다. 만약 학부모들의 수준이 문제라고 본다면 올바른 교육적 모델을 통해

설득해가야 한다. 학부모들을 불신하고, 학부모들의 자유를 묶어둔 상태에서 출발하면 안 된다.

정병오: 대안교육을 조금씩 열어주는 것은 필요하다고 본다. 학교 설립요건을 완화하고, 지원을 조금 더 확대하는 실험 과정을 10년 정도 거치면서 점진적으로 가야 할 것이다. 교육에 대한 다양한 열정들을 열어주는 것이 굉장히 중요한 의미가 있다. 교육이 변해야 하는데 어떤 포인트를 주어서 변할 수 있을 것인가 할 때 우리나라처럼 관료제가 심하고 집단이기주의가 강한 상황에서 공교육 시스템을 강화하는 쪽으로 변화가 가능할까 의구심이 있다. 어떤 면에서 핀란드 방향으로 갈 것인가, 덴마크 방향으로 갈 것인가에 대한 고민은 필요하다. 에너지 측면에서는 덴마크가 더 역동적인 것이 사실이고 우리도 그런 고민을 해야 한다. 그런데 기반이 북유럽과 다르기 때문에 핀란드식 개혁도 쉽지 않지만 덴마크식도 쉽지 않다. 이들 나라는 사실상 절반쯤은 사회주의 국가에 가깝다. 핀란드나 덴마크는 사회가 상당히 평등하다는 공통점이 있다. 그러한 바탕 없이 교육만 건드려서 핀란드나 덴마크처럼 되는 것은 상당히 어려울 수 있다.

한국 교육문제의 해법

김진우: 교육문제의 근본이 결국 사회의 불평등 구조에 있다고 한다면 우리 교육문제의 해법은 어디서 찾아야 하는가?

정병오: 어려운 문제다. 우리 차원에서 직접적인 교육문제는 아니지만 우리 아이들의 미래를 생각할 때 사회구조에 관심을 가져야 한다. 우리 아이들이 명문대학을 나온다 한들 부의 세습이 없이 빈곤을 탈출하기가 쉽지 않다. 현재 복지 논쟁이 벌어지고 있는데 복지는 오대환 목사님(탐방팀의 안내를 맡은 덴마크 한인교회 목사) 말씀처럼 국가에 대한 신뢰를 전제로 한다. 평등한 사회로 가기 위해서는 정직한 사회가 되어야 하는 것이다. 이와 같은 큰 사회적 차원의 숙제가 하나 있고, 그 하위 차원에서 공교육을 강화하는

형태로 갈 것인가, 대안교육의 활성화로 갈 것인가 하는 고민이 필요하다. 핀란드와 덴마크, 두 메시지를 다 잡아야 한다. 공교육을 강화하고 보완교육을 철저히 하면서, 또 다른 교육에 대한 근본적인 열정들을 열어주고, 서로 경쟁하고 영향을 받도록 하는 것이 필요하다. 그 아래 차원에서는 교육운동이 필요한데 나는 무엇보다 교사의 전문성 운동이 필요하다고 본다. 그 전문성은 수업기법의 차원을 넘어서 교사됨에 대한 것, 자신의 정체성과 교육실천에 대해 고민할 수 있는 전문성을 의미한다. 이를 위해서는 풀뿌리운동도 필요하지만 교사로 하여금 교육에 집중할 수 있도록 하는 학교구조를 만드는 제도개혁이 필요하다.

김진우: 북유럽 같은 평등한 사회조차 세계화 속에서 도전받고 흔들리고 있는 상황인데 한국이 이 흐름을 거슬러 평등화된 사회로 갈 수 있을까?

정병오: 세계화를 무시할 수 없고 흐름을 거스르는 것이 어렵다고 보지만 한국 사회가 갖고 있는 역동성이 있다. 민주화가 안 될 것 같은 상황에서도 변화가 이루어진 것을 보면 경제적 계급적 고착화가 되어 있는 상황도 한번 뒤집힐 수 있지 않을까, 급진적으로 유럽처럼 복지사회 쪽으로 갈 수 있지 않을까 한다. 한국 사회는 역동성이 있기 때문에 알 수 없는 사회다. 그런데 제도적인 틀은 한판 뒤집기가 가능하지만 의식은 어렵다. 학벌, 문을 숭상하는 것, 과도한 경쟁성, 정직하지 않은 것 등 이러한 의식들은 또 다른 차원의 긴 호흡의 운동을 필요로 한다.

교육과 종교

김진우: 교육과 종교의 관계도 중요한 주제다. 예를 들어 자유학교에서 성경을 가르치지 않는다고 하는 것을 어떻게 보아야 하나?

정병오: 유럽에서 여러 흐름이 있는 것 같은데 개혁주의 아브라함 카이퍼 전통에서는

영역 주권이라 해서 하나님이 영역마다 주신 고유한 목적이 있다고 본다. 기독교 학교의 경우는 신앙을 직접 지도하기보다는 교과를 기독교적으로 해석해서 가르치는 것이 중요하다. 교회는 교회대로 가정은 가정대로의 고유한 기능이 있기 때문에 학교에서는 직접 예배를 드리지 않지만 교과를 어떻게 기독교적으로 가르칠 것인가 하는 데 관심이 있다. 칼빈은 하나님 나라의 상으로 세상 나라를 변화시키는 것을 강조한다. 이에 비해 루터파 전통에서는 약간은 분리주의적 접근을 하고 있다. 세상 나라와 하나님 나라가 따로 존재하면서 긴장 관계에 있다고 본다. 루터교에서는 종교 과목을 따로 두고 성경을 별도로 가르치는 전통이 강했다. 지금은 신앙이 약화되어 다른 종교도 가르치거나 하는 방식이 되었는데 그것이 원래는 성경을 가르치는 것이다. 하지만 지금은 이슬람교도 들어오고 하는 종교다원적 상황이 되어서 종교 과목의 기독교성이 약화되었다고 볼 수 있다.

김진우: 기독교 교육의 맥락에서 볼 때 종교와 교육이 분리될 수 있는가 하는 생각을 한다. 교육에서 종교적 측면을 제거할 때 올바른 교육이 될 수 없다고 보는데 우리는 이와 같은 분리를 어떻게 받아들여야 할 것인가?

정병오: 종교는 삶에서 아주 중요한 가치다. 그것들이 교육에 포함될 때 교육이 풍성해진다. 유럽은 종교를 강요하지도 않지만 배제하지도 않는 가운데 기독교를 자연스럽게 포함시키는 데 비해 우리나라는 너무도 경직된 자세로 종교를 배제하려고 한다. 마치 종교가 악인 것처럼 하다 보니 교육에서 굉장히 중요한 부분이 비게 되는 현상이 발생한다. 물론 종교다원주의 상황에서 조심할 부분도 있지만 아예 다 빼버리는 식으로 하려다 보니 문제가 생긴다. 한국인은 상당히 종교적이고, 분명히 종교의 실체가 있고, 그것이 삶에서 중요한 부분을 차지한다. 그러므로 이 문제는 미션 스쿨뿐 아니라 공교육에서도 어떻게 가르칠 것인가 하는 것을 논의할 필요가 있다.

김진우: 그룬트비가 학교에서 성경을 가르치지 않는다고 했는데 이것은 루터의 입장이라고 보아야 하나?

정병오: 콜은 가르쳐야 한다고 주장했는데, 그 둘의 차이가 그렇게 큰 것 같지는 않다. 왜냐하면 유럽이라는 사회는 종교가 삶의 중심이었기 때문이다. 교회를 빼고 생각할 수 없는 사회 속에서 굳이 학교에서 성경을 안 가르쳐도 가정에서 가르친다는 점을 볼 때 그룬트비는 가정과 학교의 기능을 분리해서 생각한 것 같고, 콜은 교육이 삶이라 했을 때 종교를 배제할 수 없다고 본 것 같다. 실제로 그룬트비의 노래책에는 찬송가가 있고 성경 이야기를 중요하게 취급했다.

김진우: 유럽의 기독교를 어떻게 보아야 하는지 좀 혼란스러웠다. 우리나라는 신앙적으로 뜨거운 것 같은데 의식과 문화는 못 따라가는 것 같고, 유럽은 문화적 수준은 높은데 신앙은 없는 것 같은 이 부조화를 어떻게 이해해야 할 것인가?

정병오: 원래부터 유럽 사람들은 우리처럼 새벽 기도회, 수요 예배, 철야 예배 등과 같은 것은 없었고, 주일 예배는 준수했었는데 주일 예배도 안 나가게 된 것이 불과 40-50년 전부터 갑자기 나타난 현상이다. 그 윗세대는 상상할 수 없는 현실이라 제대로 대처도 못하고 방치한 상태에서 지금 대세가 되었다. 지금은 교회에 잘 안 나가지만 어릴 적 전통의 영향 아래 있는 사람이 아직은 남아 있는데 앞으로 또 30년 정도가 흐르면 자신이 기독교인이라고 생각하는 것도 약화될 것이다. 그렇게 될 때 앞으로도 유럽의 문화가 유지될 것인가는 알 수 없다. 지금 유럽의 문화수준은 과거의 열매라고 보아야 한다. 한국은 반대다. 지금은 삶의 열매가 별로 없지만 새로운 싹이 많이 돋아나고 있다. 문화를 형성하는 것은 20-30년의 일이 아니고 수백 년이 걸리는 것이고, 형성도 그렇고 쇠퇴도 그렇다고 보아야 할 것이다.

탐방 이후

김신우: 탐방을 함께한 다른 선생님들은 무엇을 느꼈을지 궁금하다.

정병오: 한국에서는 상상할 수 없었던 것인데 그런 것들이 이루어지고 있는 것들을 보면서 교육이 무엇인가 하는 것을 느꼈다. 나는 선생님들이 좌절하지 않을까 생각했는데 오히려 열심히 해야겠다는 생각을 하고 회복을 경험했던 것 같다. 파커 파머가 말한 '영성의 회복'이 있지 않았나 싶다. 탐방 자체도 중요하지만 과정에서 같이 이야기하고 나누는 시간을 통해 많은 영적 회복이 있었던 것 같다.

김진우: 탐방과 관련하여 보완해야 할 점은 무엇이라고 생각하는가?

정병오: 한 번 가서 보는 것만 해도 의미가 있지만, 그 교육을 좀 깊게 탐구하기 위한 접근이 필요한 것 같다. 자연 속 한적한 곳에 자유대학 같은 공간이 있어서, 대화하면서 공부하고 중간에 탐방하고 그런 식으로 하면 좋지 않을까? 어쨌든 삶을 나누면서 회복을 위한 그런 대학원 같은 것이 필요하다고 본다. 한국 상황이 교사들을 너무 지치고 힘들게 하기 때문이다. 탐방만이 아니라 대학원 과정과 연결하는 형태를 모색할 필요가 있을 것 같다.

위대한 평민을 기르는
덴마크 자유교육

초판 1쇄 발행 2010년 11월 10일
개정증보판 5쇄 발행 2018년 3월 15일

편저자 송순재 · 고병헌 · 카를 에기디우스
펴낸이 현병호
편　집 권정민 · 김경옥 · 김진한
펴낸곳 도서출판 민들레
주　소 서울시 마포구 성산동 209-4
전　화 02) 322-1603
전　송 02) 6008-4399
누리집 www.mindle.org
전자우편 mindle98@empas.com

ⓒ 2010, 도서출판 민들레
ISBN 978-89-88613-43-6 03370

이 도서의 국립중앙도서관 출판시도서목록(CIP)은
e-CIP 홈페이지(www.nl.go.kr/ecip/)에서 이용하실 수 있습니다.
(CIP 제어번호: CIP2010004009)

값은 뒤표지에 있습니다. 잘못된 책은 바꾸어 드립니다.